ONTEM, HOJE E AMANHÃ

SOPHIA LOREN
ONTEM, HOJE E AMANHÃ

A minha vida

Tradução
Eliana Aguiar

1ª edição

Rio de Janeiro | 2014

CIP-BRASIL. CATALOGAÇÃO NA PUBLICAÇÃO
SINDICATO NACIONAL DOS EDITORES DE LIVROS, RJ

L864o
Loren, Sophia, 1934-
    Ontem, hoje e amanhã / Sophia Loren ; tradução: Eliana Aguiar. – 1. ed. – Rio de Janeiro : Best*Seller*, 2014.
    il.

Tradução de: Ieri, oggi, domani
ISBN 978-85-7684-867-7

1. Loren, Sophia, 1934-. 2. Mulheres – Itália – Biografia. I. Título.

14-15587
                                                              CDD: 920.72
                                                              CDU: 929-055.2

Texto revisado segundo o novo Acordo Ortográfico da Língua Portuguesa.

Título original
IERI, OGGI, DOMANI
Copyright © 2014 by RCS Libri S.p.A.. Milano
Copyright da tradução © 2014 by Editora Best Seller Ltda.

Editoração eletrônica: Abreu's System

Todos os direitos reservados. Proibida a reprodução, no todo ou em parte, sem autorização prévia por escrito da editora, sejam quais forem os meios empregados.

Direitos exclusivos de publicação em língua portuguesa para o Brasil adquiridos pela
EDITORA BEST SELLER LTDA.
Rua Argentina, 171, parte, São Cristóvão
Rio de Janeiro, RJ – 20921-380
que se reserva a propriedade literária desta tradução

Impresso no Brasil

ISBN 978-85-7684-867-7

Seja um leitor preferencial Record.
Cadastre-se e receba informações sobre nossos lançamentos e nossas promoções.

Atendimento e venda direta ao leitor:
mdireto@record.com.br ou (21) 2585-2002

*Aos meus quatro netos,
o grande milagre da minha vida*

Sumário

	Prólogo	9
I	Sofia Palito	13
II	A oficina dos contos de fada	33
III	O homem ideal	51
IV	Quem é aquela *piccerella*?	71
	Interlúdio	91
V	Mambo	93
VI	As rosas de Cary	111
VII	Uma mãe de Oscar	145
VIII	La dolce vita	163
IX	Matrimônios	185
	Interlúdio	203
X	Estrelas	205
XI	Chegadas e partidas	223
XII	Dezessete dias	247
XIII	O sorriso da Mona Lisa	265
XIV	Voltando para casa	287
XV	Vozes	307
	Epílogo	323
	Índice onomástico	325
	Créditos de fotos	333

Prólogo

A campainha continua a tocar, enquanto acabo de preparar os últimos *strufolli*. Corro para abrir a porta com as mãos sujas de farinha, limpando-as de qualquer jeito no avental.

O florista esboça um sorriso, quase escondido atrás de um gigantesco buquê de bicos-de-papagaio.

– É para a senhora, dona Sophia. Agora é só botar seu autógrafo aqui...

Por um instante o selo no laço que envolve o buquê me leva até a Itália e me emociona. Coloco a planta em um móvel e abro o cartão. São votos de afeto e alegria.

Os gritos das crianças, recém-chegadas da América para as festas de fim de ano, enchem a casa de uma adorável confusão. Amanhã é véspera de Natal. Finalmente estaremos todos juntos, mas a verdade verdadeira é que não me sinto pronta. Como vou fazer para que caiba todo mundo na mesa? E para fritar a tempo todos os *struffoli*?

O mundo gira ao meu redor num turbilhão e não sei como detê-lo. Estou me sentindo meio perdida, como se tudo estivesse escapando do meu controle. Volto à cozinha em busca de certezas, mas não encontro. Passo para a sala de jantar, esperando melhor sorte. A mesa! Sim, a mesa de amanhã. Quero vê-la resplandecente, cheia de cor. Num impulso de inspiração, pego os copos de cristal, arranjo pratos e talheres, dobro com todo cuidado os guardanapos, divirto-me designando os lugares de cada um.

Nasci sob o signo de Virgem e, em geral, consigo exasperar até a mim mesma com um perfeccionismo levemente obsessivo. Mas hoje, não, hoje me parece que a desordem vai levar a melhor sobre tudo isso. Recomeço, tentando controlar a emoção. Vejamos: dois, quatro, oito, mais cinco, treze, mais quatro, dezessete... não, dezessete, não! Preciso contar de novo.*

Carlo sorri numa foto em cima da cômoda, aquele sorriso especial do dia do nosso casamento. Nunca esquecerei a primeira vez em que senti aqueles olhos sobre mim, muitos anos atrás, num restaurante que dava para o Coliseu. Eu, pouco mais que uma menina, ele um homem feito. O garçom se aproxima trazendo o bilhete com o qual o "Produtor" demonstra que notou minha presença. Depois, o passeio no jardim, as rosas, o perfume de acácia, o verão chegando ao fim. O início da minha aventura.

Toco a poltrona verde onde ele adormecia lendo o jornal. Sinto um pouco de frio, amanhã preciso me lembrar de acender a lareira. Por sorte, Beatrice chega para afastar a saudade.

— Vovó Sophia, vovó Sophia! — É a mais nova dos meus netos, muito loura e determinada. Atrás dela, enfileiram-se os outros, como pequenos apaches numa missão diplomática: é hora de ir para a cama, mas eles não querem saber de dormir. Olho para eles, que sorriem para mim, e fazemos um acordo.

— Que tal vermos um filme?

Sentamos todos juntos diante da TV. Entre gritos de alegria, começa a guerra pela escolha do desenho animado. No final, *Carros 2*, o sucesso do momento entre a criançada, vence a disputa.

— Vovó, faz a Mamma Topolino para a gente?

---

* Na Itália considera-se que o número dezessete traz má sorte, como acontece no Brasil com o treze. (*N. da T.*)

Prólogo

— *Hê, hê, vou preparar uma coisinha pra você* — recito minha fala fazendo caretas engraçadas.

— De novo! De novo! Por favor, vovó, de novo!

Eles ficam loucos ao ouvir minha voz na boca de um carrinho. Quem poderia prever tanto sucesso quando aceitei, com um pouco de hesitação, a proposta de fazer aquela estranha dublagem! Pouco a pouco, Vittorio e Lucia, Leo e Beatrice se deixam hipnotizar pelas imagens e caem no sono, antes mesmo que o filme chegue ao fim. Cubro as crianças com uma manta e olho o relógio, pensando no dia seguinte. Começou a nevar, mas, na confusão, nem percebi. As chegadas e partidas são sempre momentos especiais, que fazem girar o carrossel das lembranças.

Quando penso na minha vida, às vezes me parece impossível que seja tudo verdade. Um dia desses, penso comigo, vou acordar de manhã e perceber que tudo não passou de um sonho. Mas devo dizer que não foi nada fácil. Certamente, foi maravilhoso e foi difícil, mas sem dúvida valeu a pena. O sucesso tem um peso que temos de aprender a administrar.

Ninguém pode ensinar isso, pois a resposta, como sempre, está dentro de nós.

Volto para o quarto na ponta dos pés. É gostoso ficar um pouco sozinha. Bem sei que é só parar um instante para reencontrar o ritmo sereno do coração e restabelecer o meu ritmo.

Assim que entro, noto que ainda estou de avental. Trato de tirá-lo, descalço os sapatos e caio na cama: a revista ainda está aberta no mesmo lugar em que a deixei pela manhã. Nestas últimas noites, a emoção de voltar a abraçar meus filhos me tirou o sono – e, sem sono, fico perdida.

— Boa noite! – grita Ninni. – Tente dormir!

Ninni, Ninni... está conosco há quase cinquenta anos. Cuidou de Carlo Jr. e de Edoardo, cuidou de mim e agora, quando eles aparecem por aqui, cuida dos pequenos apaches com o entusiasmo de sempre. Às vezes me pergunto onde encontra paciência para nos aturar.

– Já estou dormindo – minto, para tranquilizá-la. Na verdade, continuo deitada ali, com os olhos bem abertos grudados no teto.

Enquanto me acalmo, os pensamentos voam para longe. Será que as crianças vão gostar dos meus *struffoli*? Os de tia Rachelina, lá em Pozzuoli, eram muito melhores. Mas assim não vale: os sabores da infância sempre vencem qualquer comparação.

Meio sobressaltada, como acontece quando deslizamos lentamente da realidade para outro mundo, feito de sonhos ou recordações, não consigo ficar quieta. Visto o roupão e vou para o escritório, no fundo do corredor. Fazer o quê, não sei. Olho para a estante, ajeito os livros, os bibelôs, as fotos, os pesos de papel. Agitada, como se procurasse alguma coisa. Já estou começando a me irritar quando descubro, no fundo da prateleira, uma caixa de madeira escura. Reconheço aquela caixa imediatamente: num segundo, cartas, telegramas, bilhetes, fotografias deslizam diante dos meus olhos. Era isso, era esse o fio vermelho que guiava meus passos naquela fria noite de inverno.

É o meu baú de segredos e, de repente, sinto um aperto no coração. Tenho a tentação de deixá-lo onde está. Muito tempo se passou, muitas emoções. Mas resolvo pegá-lo, tomo coragem e volto lentamente para o quarto.

Talvez seja este o meu presente de Natal. Só me resta abri-lo.

I

SOFIA PALITO

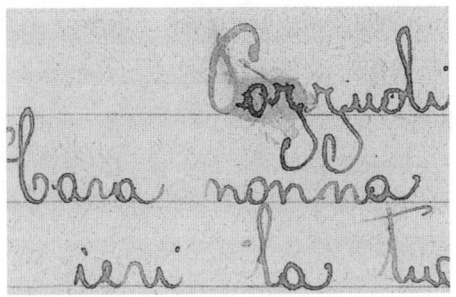

VOVÓ-MAMÃE E MÃE-MÃEZINHA

Abro um envelope com a inscrição "Vovó" e revejo minha silhueta magra, a boca grande demais sob os olhos amarelos, a expressão surpresa. Não consigo conter um sorriso diante de minha caligrafia de menina e, num segundo, retorno a Pozzuoli, à minha infância tão árdua. Há certas coisas que não conseguimos esquecer, mesmo querendo.

Era uma cartinha na qual eu agradecia à minha avó Sofia pelas trezentas liras que ela me mandara da parte de seu filho, Riccardo Scicolone. Meu pai conseguia ser ausente até por carta. Vovó Sofia era uma mulher fria e distante, que só vi uma vez. No entanto, escrevi aquela carta para contar que o dia de minha primeira comunhão e crisma tinha sido o mais bonito da minha vida, que "dindinha" tinha me dado uma pulseirinha de ouro e, também, que tinha passado "para a quinta série, com as melhores notas". Em suma, dizia aquilo que qualquer avó gostaria de ouvir, fazendo de conta que ela estava interessada, que me queria bem. Cheguei ao ponto de pedir que agradecesse a meu pai pelo presente.

Não sei quem me incentivou a escrever. Talvez vovó Luisa, que mesmo nas situações mais difíceis insistia nas regras da boa educação. Ela, que me recebeu em sua casa com minha mãe quando eu tinha só alguns meses, sempre me quis bem de verdade; um bem simples e caloroso, cheio de cuidados. Mas talvez tenha sido minha mãe, que usava qualquer pretexto para se aproximar de meu pai, na esperança de reconquistá-lo, recorrendo a todas as artimanhas possíveis e imagináveis. No fundo, era só uma moça cuja juventude tinha sido roubada. Pensando bem, não é por acaso que sempre chamei meus avós Domenico e Luisa de "papai" e "mamãe", enquanto minha mãe era simplesmente "mãezinha".

Quando era mocinha, minha mãe, Romilda Villani, irradiava charme e era cheia de talentos. Não se interessava muito pela escola, mas tocava piano muito bem e, graças a uma bolsa de estudos, conseguiu entrar para o Conservatório de Nápoles San Pietro, em Majella. No prova final apresentou *La campanella*, de Liszt, diplomando-se com mérito e louvor. Meus avós, apesar das dificuldades econômicas, compraram um piano de meia-cauda, que reinava soberano no pequeno salão de casa. Mas seus sonhos iam bem mais longe, talvez justamente por causa daquela sua beleza inquieta.

Deixou-se levar pela ilusão de um concurso da Metro Goldwyn Mayer, o grande estúdio cinematográfico. Estavam procurando uma sósia de Greta Garbo, a rainha das estrelas de cinema, em toda a Itália. Romilda, que só tinha dezessete anos, não perdeu tempo e, escondida dos pais, apresentou-se diante do júri, certa de que poderia vencer. E tinha razão: como num conto de fadas, venceu o concurso e ganhou uma passagem para Hollywood. Mas seus pais, Domenico e Luisa, não quiseram saber de discussão: nada de viagem! Além do mais, a América ficava realmente do outro lado do mundo.

Reza a lenda que os diretores da MGM foram à sua casa pessoalmente para tentar convencê-los, mas saíram com o rabo entre as pernas, incrédulos e decepcionados. O prêmio passou para a segunda colocada, e Romilda jamais perdoou os pais. Na primeira oportunidade, saiu de casa para seguir seus sonhos: Roma e Cinecittà. Queria tudo a que tinha direito, custasse o que custasse.

Mas havia uma coisa que a jovem Garbo de Pozzuoli não levou em conta: a imprevisibilidade do amor. O encontro fatal com Riccardo Scicolone Murillo aconteceu na rua, mais precisamente na via Cola di Rienzo, numa noite do outono de 1933. Ele era bonito, alto, elegante e sabia se apresentar. Ficou impressionado com a beleza daquela moça em busca de glória e, para conquistá-la, não encontrou nada melhor do que encorajá-la, inventando uma posição no mundo do cinema que na verdade não tinha. Ela, que já conhecia bem as longas filas de aspirantes a figurantes, quase não acreditou que, finalmente, havia encontrado o seu príncipe.

Riccardo tinha vinte anos, algum dinheiro e uma família de origem nobre. Depois de uma tentativa fracassada de ser engenheiro, tinha um trabalho precário como técnico na estatal Ferrovie dello Stato, trajeto Roma-Viterbo. Pouco depois, a paixão levou os dois a um pequeno hotel no centro, onde passaram longas noites de amor. Mas eis que, de repente, eu apareço para estragar a festa. Diante da notícia da gravidez de Romilda, Riccardo vacilou e, pouco a pouco, o romance esfriou. Eu não fazia parte dos projetos de vida dele, assim como minha mãe também nunca fez.

Em defesa da filha, vovó Luisa abalou-se para Roma, exigindo o matrimônio reparador. Riccardo parecia quase convencido, mas um detalhe banal atrapalhou tudo: ele não tinha recebido o sacramento da crisma e remediar isso era mais complicado do que parecia. O casamento não aconteceu, mas meu pai me deu, querendo ou não, seu sobrenome e uma gota de sangue azul. É paradoxal pensar que nunca tive um verdadeiro pai, mas em compensação posso ostentar o título de viscondessa de Pozzuoli, fidalga de Caserta, título dado pela família Hohenstaufen, marquesa de Licata Scicolone Murillo.

UM BAÚ DE SABEDORIA E POBREZA

Nasci em 20 de setembro de 1934, magra e feiosa, na ala de mães solteiras da clínica Santa Margherita de Roma. Como costumo dizer, recebi como dote um baú de sabedoria e pobreza. Minha mãe insistia o tempo todo para que me pusessem logo a pulseirinha, tinha pavor de que me trocassem no berçário. Por um momento, Riccardo, sem perspectivas de estabilidade e cheio de dúvidas, teve esperanças de que sua mãe, Sofia, nos recebesse. Romilda ainda tentou agradá-la batizando-me com seu nome, porém, mais uma vez, foi inútil. Ele resolveu alugar um quarto para nós em uma pensão e durante algumas semanas vivemos juntos, como uma família. Ou quase.

Infelizmente, faltava dinheiro, faltavam condições — faltava tudo. Meu pai era arrogante demais para aceitar um trabalho qualquer, mas não possuía os documentos necessários para os trabalhos que ambicionava. O leite de minha mãe secou, e ela começou a temer seriamente por minha saúde. O temor transformou-se em certeza no dia em que me deixou aos cuidados da dona da pensão e saiu para procurar trabalho. Quando voltou, encontrou-me à beira da morte: a senhora, talvez com a melhor das intenções, tinha me dado uma colherinha de lentilhas que estava me levando para o outro mundo. E Riccardo? Desapareceu, é claro.

Romilda fez a única coisa que podia fazer. Arranjou um jeito de comprar uma passagem de trem para Pozzuoli e voltou para casa. Sem dinheiro e sem marido, com uma recém-nascida moribunda nos braços e carregando nas costas uma "culpa" que tinha manchado a reputação da família, com certeza não estava em uma situação invejável. Como seria recebida pelos Villani? Desesperada, temia ser rejeitada por eles também. Quem abriu a porta foi vovó Luisa. Bastou um olhar para que escancarasse a porta e nos abraçasse, como se nunca tivéssemos saído de lá. Pegou o licor, os copos de festa e, depois de um brinde cheio de emoção, começou a cuidar do meu caso.

— Esta menina precisa de uma ama de leite – sentenciou, sem perda de tempo.

Chamaram a babá Zaranella, conhecida em toda a Campânia. Para a minha sobrevivência, os Villani fizeram uma promessa a San Gennaro e renunciaram à carne durante meses: ela ia toda para Zaranella, que a devolveria na forma de um leite rico e nutritivo.

Ninguém reclamou do sacrifício: nem papai Mimì, tampouco tio Guido, tio Mario e tia Dora. A união faz a força sempre foi o lema da família.

Mas o leite de Zaranella não foi suficiente para restabelecer minha saúde. "A menina não está nada bem", sentenciou o médico, auscultando meu peito atormentado por uma tosse compulsiva. "O ar da montanha lhe faria muito bem."

E foi assim que vovó Luisa se organizou para deixar o pequeno apartamento à beira-mar e mudar-se com toda a família para a parte alta de Pozzuoli, na via Solfatara. Foi a escolha certa. O primeiro passeio no frescor do fim de tarde foi suficiente para devolver um belo sorriso ao meu rosto abatido. "Está salva!", disse minha avó e, finalmente tranquila, pôde retomar suas preocupações cotidianas.

Domenico, um homem pequeno e forte, era chefe de departamento na fábrica de munições de Sansaldo, que em poucos anos transformaria Pozzuoli em alvo privilegiado de terríveis bombardeios. Trabalhava muito, demais para a idade, e só voltava para casa de noite, exausto. Tudo que queria era seu jornal e um pouco de tranquilidade. Mas encontrava uma grande família, sempre tumultuada, que mamãe Luisa administrava como podia, com força de vontade e muita imaginação. Os dois rapazes trabalhavam na fábrica, mas em postos temporários, e tia Dora era datilógrafa. No entanto, somados todos os salários, o dinheiro não dava nem para colocar um jantar na mesa toda noite.

De fato, mais que o pão e talvez mais até que o amor, o ingrediente principal da cozinha de minha avó era a imaginação. Lembro-me de sua massa com feijão, que borbulhava alegremente em nossa pequena cozinha, espalhando no ar o perfume do refogado com lardo picado, quando tinha. Era o cheirinho de casa, da família, que nos protegia e defendia das bombas, da morte, da violência. Ainda hoje esse cheiro me traz lágrimas aos olhos. E lembro também da *farinella*, da massa com abóbora, da *panzanella*, das castanhas secas cozidas... Uma cozinha pobre, feita de quase nada. No entanto, comparada com a fome que a guerra iria provocar, era um banquete digno de um rei, sobretudo no final do mês, quando metade do pagamento do meu avô Mimì ia parar diretamente no ragu de Luisa. Uma delícia impossível de esquecer.

O edifício da via Solfatara tinha uma entrada de mármore vermelho, de uma tonalidade belíssima, que não ficava devendo nada às grandes mansões hollywoodianas que eu conheceria mais tarde. Um vermelho quente, alaranjado, muito napolitano. Quando o vi de novo, anos depois, pareceu muito diferente, com tristes nuances arroxeadas. Talvez tenha sido o tempo, talvez as feridas da guerra, talvez os meus olhos mais fracos.

O apartamento era pequeno, mas se abria como uma sanfona para abrigar todo mundo, pois a família continuava a aumentar. Minha mãe tocava nos cafés e *trattorias* de Pozzuoli e Nápoles para ganhar algum dinheiro. E de vez em quando conseguia juntar dinheiro para ir a Roma, onde encontrava Riccardo. Foi assim que um belo dia apresentou-se toda trêmula diante dos pais, anunciando que estava grávida de novo.

– Claro, "por cima da ferida, Deus joga sal" – respondeu Domenico, conformado diante da falta de juízo daquela filha teimosa e indomável.

Dessa vez, o jovem Scicolone não caiu na armadilha da chantagem e não quis nem saber de nós. Minha irmã nasceu Maria Villani, em 1938, e ainda conservaria este sobrenome por muito tempo.

A primeira vez que revi meu pai foi por volta dos cinco anos. Para obrigá-lo a vir, minha mãe teve a ideia de mandar um telegrama dizendo que eu estava muito doente. Assim, sempre no seu ritmo, ele apareceu um dia trazendo um lindo carrinho de pedal azul-celeste com rodas vermelhas, com meu apelido gravado em um dos lados: Lella. Fiquei tão emocionada com o encontro que não consegui nem encará-lo nos olhos; no entanto, para mim, meu pai continuava a ser Domenico, e ninguém nunca poderia roubar seu lugar. De vez em quando, pergunto aos meus botões se Riccardo ficou chateado. Mas, a bem da verdade, aquele carrinho permanece guardado em meu coração até hoje.

Outra vez, trouxe um par de patins, com o qual eu deslizava feito uma flecha pelo corredor. Minha irmã me perseguia o dia todo com pedidos de empréstimo, e eu, a sádica irmã mais velha, só emprestava logo depois de lubrificar as rodinhas. Quantos tombos levou a pobre Maria!

Nesse ínterim, eu ia vivendo a vida como podia, escondida por trás do fino, mas persistente véu da timidez. Sei que é difícil de acreditar, mas eu era realmente tímida, talvez até por causa da nossa condição. Meu pai não aparecia, e minha mãe era loura demais, alta demais, cheia de vida e, sobretudo, solteira. Sua beleza excêntrica e exagerada me deixava constrangida. Sonhava com uma mãe normal, que transmitisse segurança, com cabelos escuros, avental sujo, mãos gastas e olhos cansados. Como vovó Luisa ou como Antonietta, a quem emprestei meu rosto em *Um dia muito especial*.

Pedia a Deus que Romilda não viesse me buscar na porta da escola, porque ficava com vergonha das colegas. No colégio de freiras onde eu estudava, entrava na sala antes ou depois de todo mundo. Tinha medo que zombassem de mim. Como todos sabem, crianças podem ser muito malvadas. Era organizada e diligente, cumpria meu dever como um soldadinho, mas não me sentia à vontade entre as pessoas. Também porque era bem escura e muito magra, e todos me chamavam de "Palito".

Mas eu tinha uma amiga, uma verdadeira amiga, que me acompanhou pela vida inteira. Ela não está mais aqui e, ao partir, levou consigo a minha infância e todos os seus sabores, bons e maus. Seu nome era Adele, e vivia no mesmo andar que eu. Assim que acordávamos, nos encontrávamos nas escadas e ficávamos juntas até de noite. Depois do ensino elementar, a escola nos afastou — ela iria para o curso preparatório e eu, para o magistério —, mas nada conseguiu nos separar de verdade.

Sua família era um pouco menos pobre ou talvez apenas menos numerosa que a nossa. E, assim, ela sempre ganhava uma boneca de aniversário, que partilhava comigo. Minha avó, ao contrário, dizia que a Befana havia deixado um carvão para mim, pois eu não tinha me comportado bem.*

Mas olhava para mim com tanta ternura que eu sabia que não era verdade: o problema tinha sido, mais uma vez, o dinheiro.

Com a guerra, a fome tornou-se mais dura: muitas vezes não conseguia resistir ao perfume exalado pela cozinha de Adele e me aproximava cheia de esperança. Algumas vezes, não muitas, sua mãe me convidou para almoçar.

Quando voltei a Pozzuoli para filmar um "especial", muitos anos depois, pedi que a convidassem. A partir daquele momento, não nos deixamos mais, até o dia em que ela não respondeu a meu telefonema. Era meu aniversário, um dos mais tristes que tive. Adele teve uma apoplexia e estava presa a uma cadeira de rodas. Chorava em silêncio quando suas filhas falavam de mim, de nós, de nossa vida de meninas.

* * *

---

* Na festa da Epifania ou dos Reis Magos, em 6 de janeiro, é costume na Itália distribuir presentes para as crianças que se comportaram bem e um carvão para as que se comportaram mal. A Befana, uma velha feia, mas bondosa, é a personagem encarregado dessa missão. (*N. da T.*)

Na escola, eu era fascinada pelas orfãzinhas, que as irmãs sempre colocavam nas últimas filas, justamente para mostrar como eram infelizes. Eu sentava bem na frente delas, como se me colocasse no meio do caminho entre sua desgraça e uma normalidade que não possuía. Na época, queria muito visitar o orfanato anexo ao convento, mas para chegar lá teria de passar por uma grande escadaria, absolutamente proibida às outras alunas.

As irmãs eram severas e me davam medo, embora sempre tenham me olhado com certa compaixão. Na hora das punições, mandavam que estendêssemos as mãos para a palmatória: as minhas nunca sequer foram tocadas.

Era tímida, é verdade, mas gostava de andar contra a corrente. Quando anunciei solenemente para minha avó Sofia que tinha feito a primeira comunhão, eu já tomara a comunhão um bom tempo antes, no maior segredo e por conta própria. Fui à igreja, entrei na fila, ajoelhei diante do padre e, abaixando os olhos, respondi amém. Quando voltei para casa e contei minha façanha à vovó Luisa, certa de que ficaria orgulhosa de ter uma netinha santa, ela ficou horrorizada:

– O que você fez, o que fez! – gritou, desesperada com aquela transgressão mais ou menos inconsciente.

Na verdade, o gesto não era mais do que um modo instintivo de tentar me aproximar de Deus. E até hoje procuro por Ele, encontrando-O nos lugares mais impensáveis.

AQUELAS NOITES NA GALERIA

Eu tinha seis anos quando a guerra começou e onze, quando terminou. Meus olhos estavam cheios de imagens que nunca mais conseguiria apagar. Quando penso nas minhas primeiras lembranças, relembro as bombas, o som da sirene antiaérea, as fisgadas da fome. E também o frio e a escuridão mais escura. De vez em quando, de repente, sinto aquele medo. Parece incrível, mas durmo de luz acesa até hoje.

Primeiro chegaram os alemães, que no começo eram nossos aliados. De manhã, passavam marchando na rua, altos, louros, com os olhos azuis, e eu observava pela janela, fascinada, dividida entre o medo e a excitação. Para os meus olhos de menina, não pareciam maus nem perigosos, mas meus avós, cujas conversas às vezes eu ouvia sem querer, falavam de judeus e de deportações, de torturas e unhas arrancadas, de represálias e traições, e pareciam ter uma imagem bem diferente deles. Sem saber o que pensar, corria até a cozinha e perguntava aos dois, mas eles negavam: "Não falamos nada disso", afirmavam impassíveis.

A verdade é que estávamos no olho do furacão e não ia demorar para que isso ficasse bem claro. Pouco a pouco, tudo parou — a escola, o cine-teatro Sacchini, os concertos da banda na praça: tudo, menos as bombas.

Nápoles representava um alvo fundamental para os Aliados: era um dos portos mais importantes do Mediterrâneo, no centro das rotas para o norte da África. Além disso, hospedava parte da nossa frota nos portos de Taranto e de La Specia. Ao redor da cidade havia uma concentração industrial importante, que tornava a região ainda mais estratégica: Baia Domizia, Castellamare di Stabia, Torre Annunziata, Pomigliano, Poggioreale, Bagnoli e, não menos importante, a nossa Pozzuoli. Se no início da guerra os ataques visavam objetivos militares, depois de certo ponto as bombas começaram a cair como um tapete sobre toda a cidade e sobre a costa. Demorei um pouco para entender que os rastros deixados pelas bombas no céu não tinham nada a ver com os fogos de artifício da festa da Madonna de Pompeia. Casas e escolas, igrejas e hospitais, hotéis e mercados foram atingidos. Lembro-me de tudo isso como se fosse ontem.

Assim que soava a sirene, corríamos buscando abrigo no túnel da estrada de ferro, no trecho Pozzuoli-Nápoles. A estrada de ferro era um objetivo sensível, como todas as vias de comunicação, mas aquele túnel era para nós um lugar protegido.

Levávamos colchões que eram estendidos sobre o cascalho, ao lado dos trilhos. Ficávamos amontoados no centro do túnel — era perigoso ficar perto da saída — e nos preparávamos para passar a noite, que podia ser úmida e fria ou abafada, sem um fio de ar, mas sempre infestada de ratos e baratas, assolada pelo estrondo dos aviões, pela angústia de não sair vivo dali.

No túnel, todos dividiam o pouco que tinham, encorajavam-se mutuamente, choravam e tentavam dormir, brigavam, e houve até alguns partos. Todos juntos, uns sobre os outros, gritando, dando e recebendo consolo, esperando que aquele pesadelo chegasse ao fim. Ao amanhecer, por volta das quatro e meia, saíamos apressados para não sermos pegos de surpresa pelo primeiro trem.

Muitas vezes os bombardeios começavam de repente — a sirene nem sempre funcionava —, e eu ficava tão assustada que, em vez de me vestir, tirava a roupa. Aconteceu muitas vezes ser surpreendida pelos primeiros aviões ainda em casa e nua. Junto com minha mãe, corria desabaladamente para o abrigo, mas uma noite um estilhaço de bomba feriu meu queixo. Cheguei ao túnel aterrorizada e sangrando: não era nada grave, mas ficou uma cicatriz que durante alguns meses renderia um monte de comida de presente.

A fome foi o tema dominante da minha infância.

Às vezes, quando saíamos do túnel, minha mãe nos levava para o campo, nos arredores de Pozzuoli, onde ficavam as grutas dos pastores. Passávamos na casa de um amigo do meu tio que nos dava um copo de leite fresco, *'a rennetura*, isto é, tirado logo depois de o bezerro mamar, mais denso que o normal. Era amarelado como manteiga e compensava dias e dias de jejum. Sim, porque quanto mais a guerra avançava e os bombardeios se intensificavam, mais escassos eram os alimentos e a água. Os racionamentos não eram suficientes, os transportes estavam bloqueados, as bombas destruíam as tubulações de água. A população estava reduzida à miséria.

Vovó Luisa me mandava fazer compras no armazém da Sra. Sticchione, onde tínhamos uma espécie de conta aberta, anotada num pedaço do papel marrom que ela usava para embrulhar o pão. No dia três de cada mês o dinheiro acabava, e ela nos vendia a crédito, murmurando acidamente com seus botões: "Lá vêm eles de novo."

A bem da verdade, estávamos todos no mesmo barco. Eu comprava oito grãos de café numa colherinha, uma *cuppetielle*, que vovó moía e usava para "disfarçar" a cevada. E também meio quilo de pão, com uma pequena *pagnottella, 'a jonta*, um pãozinho de brinde que nunca chegava em casa, comido por mim, que não resistia à fome. Minha avó perguntava "Cadê a *pagnotella?*", mas preferia não se zangar. Ela me amava profundamente e sofria demais por me ver sofrer.

Com o tempo, não havia mais compras, nem dinheiro, nem provisões. Havia dias em que não comíamos nem uma migalha. Numa belíssima cena de *Os quatro dias de Nápoles*, de Nanni Loy, um dos pequenos protagonistas se lança sobre um pãozinho com uma voracidade desesperada, na qual me reconheço ainda hoje a menina que fui. Aqueles quatro famosos dias do final de setembro de 1943, nos quais Nápoles se rebelou contra os alemães, foram o auge de um período terrível, mas marcaram a aurora de um novo dia.

Alguns meses antes, quando os bombardeios sobre Pozzuoli ficaram insustentáveis, recebemos ordens de evacuar a cidade. Sem alternativas, procuramos refúgio em Nápoles, na casa de parentes de vovó Luisa: a família Mattia. Meus tios Guido e Mario, que conseguiram escapar do recrutamento para o front, saíram de seus esconderijos e partiram conosco, mas passaram maus bocados no trem: a certa altura, os alemães entraram no nosso vagão e faltou muito pouco para que fossem pegos. Num segundo, duas freiras que dividiam o compartimento conosco esconderam os dois debaixo do hábito, salvando-os. Mais tarde, o fato se transformou numa espécie de lenda, de piada da família. Mas na época não havia nada para rir, apenas uma enorme gratidão para com aquelas duas mulheres que arriscaram a pele por dois desconhecidos.

Os Mattia nunca foram muito acolhedores. Não tiveram coragem de nos expulsar, mas nos receberam em casa com certa má vontade. Eu estava reduzida a um esqueleto, Maria tinha contraído tifo — que, aliás, grassava por toda a cidade.

Minha mãe esmolava comida para nós, mas nem sempre conseguia alguma coisa. Trazia uma batata, um punhado de arroz ou aquele pão preto, cuja casca era duríssima, que depois grudava na faca porque o interior era úmido e pastoso. Nós, meninas, ficávamos sempre em casa, para não abandonar o posto e não dar aos Mattia a oportunidade de impedir que voltássemos para lá. Modelávamos bonecos com a massa do pão, que botávamos para secar no peitoril da janela, mas que comíamos, famintas, na manhã seguinte.

Certa noite, Romilda avistou da janela uma mulher com um carrinho de bebê e uma sacola de compras. Contando com a sua solidariedade materna, desceu desabalada para implorar um pedaço de pão, indicando nossos rostos desnutridos. Aquela mãe se comoveu e dividiu conosco sua ração de pão.

Depois de oito de setembro, os alemães se transformaram de repente em ocupantes e esmagaram a cidade com punho de ferro. Sentiam o cheiro da derrota e descontavam em nós a sua frustração, de forma cruel e indiscriminada. Os napolitanos, exauridos pela fome, pelas doenças e pelas bombas, começaram a reagir. Lembro-me do dia em que um jovem marinheiro foi preso, que não tinha outra culpa senão a de ter festejado a notícia do armistício, na esperança de que a paz estivesse chegando. Foi fuzilado nas escadarias da universidade, diante de um povo obrigado pela força a aplaudir. A cidade insurgiu-se espontaneamente, de bairro em bairro, de casa em casa. Não importando a idade ou a classe social, todos lutavam. Os homens dos dezoito aos trinta e cinco anos foram convocados pelos alemães para o serviço de trabalho obrigatório: de trinta mil, apenas cento e cinquenta se apresentaram. A guerra estava declarada. Até os *scugnizzi** entraram em campo e se transformaram nos heróis da revolta. Depois de quatro dias os alemães negociaram com os rebelados, e abandonaram a cidade. Em 1º de outubro de 1943 o general Clark entrava na cidade comandando as tropas aliadas.

O primeiro soldado que vi usava saia: fazia parte das tropas escocesas que desfilaram pelas ruas da cidade entre risadas e piadinhas dos meninos. Os americanos logo começaram a distribuir caramelos, biscoitos e chicletes. Um soldado jogou um chocolate para mim, mas, sem saber o que era, não ousei comer. Levei para casa uma latinha de café solúvel, que entreguei a vovó Luisa. Ela demorou um pouco para entender que bastava acrescentar água quente para transformá-lo numa bebida cujo sabor já tínhamos quase esquecido.

"PINHO SOLITÁRIO..."

Voltamos para nossa casa em Pozzuoli a pé, com Maria, ainda doente, nas costas de tio Mario. Nosso edifício ainda estava de pé, embora muito avariado. Era tempo de recomeçar, com papelão nas janelas e filas no mercado negro. À fome e à sede juntaram-se os piolhos, que nos atormentaram por meses a fio, até que foram debelados graças a uma grande invenção americana,

---

* Meninos que perambulam pelas ruas. É uma palavra napolitana que passou a fazer parte do idioma italiano. (*N. da T.*)

o DDT. O fim dos piolhos foi para mim um sinal evidente de que a guerra tinha realmente acabado.

Os Aliados começaram a distribuir comida de verdade — inclusive pão branco, que era para nós um verdadeiro luxo —, e pouco a pouco os camponeses voltaram a trabalhar a terra. Mas o frio era de tirar o fôlego. Nesse meio-tempo passamos a somar nove pessoas, com o nascimento de um primo — ficávamos apertadinhos na cozinha, a peça mais quente da casa. E o mundo lá fora ainda dava medo.

Um destacamento de soldados marroquinos tinha ocupado o nosso andar, sob o comando de um oficial francês. Sem o menor respeito, comportavam-se como se estivessem em casa, farreando da manhã à noite. Tão escuros e barulhentos, não eram uma presença tranquilizadora, e de vez em quando batiam à nossa porta, perturbando nosso sono. A lembrança deles reaflorou em mim alguns anos depois no set de *Duas mulheres*, ajudando-me a tornar mais verdadeiro aquele papel tão intenso, tão difícil. Quando descia para ir à escola de manhã, encontrava a entrada cheia de preservativos e, naturalmente, não sabia o que era aquilo. Um dia, peguei um deles, achando que era um balão de encher. Mais uma vez, como no episódio da comunhão, fui mostrar à minha avó, toda exultante com meu pequeno troféu na mão. E mais uma vez entendi que estava clamorosamente enganada. Minha avó não me deixou descer mais. "Nunca mais pegue um balão desses!", e trocou duas palavrinhas com o oficial francês que daquele dia em diante controlou um pouco mais os seus comandados.

Minha mãe tinha recomeçado a tocar piano numa *trattoria* de paredes azuis bem em frente à nossa casa. Muitas vezes minha irmã, que já estava recuperada, ia junto com ela: "Pinho solitário escute este adeus que o vento vai levar..." Maria era apenas uma menina, mas parecia uma artista madura. Eu assistia admirada e, como sempre, cheia de vergonha, enquanto os soldados americanos se entusiasmavam e se sentiam em casa. Foi justamente daí que veio a ideia de recebê-los em nossa salinha, nos domingos à tarde, abrindo uma espécie de bar caseiro para faturar algum dinheiro. Vovó Luisa oferecia um conhaque doméstico, misturando álcool comprado no mercado negro com o *strega* de cereja; nossa mãezinha tocava e os militares cantarolavam Frank Sinatra ou Ella Fitzgerald. Quanto a mim, eu carregava garrafas d'água para misturar às bebidas para cima e para baixo e aprendia a dançar o boogie-woogie.

Um desses soldados percebeu a cicatriz em meu queixo e levou-me para o acampamento, onde um médico a fez sumir como num passe de mágica. Não satisfeito, nos mandou de volta para casa num jipe cheio de provisões. Tinham até *stortarielli*, uma massa curta feita de farinha branca. Parecia que estávamos sonhando.

Naquela época, minha mãe tentou me ensinar a tocar piano, que eu gostava muito, mas, quando errava, ela ficava tão furiosa que seus cascudos me provocavam dor de cabeça. Tive de desistir, mas me consolava com o cinema, no cine-teatro Sacchini.

Quando a guerra acabou, os filmes americanos invadiram as salas e quase tive uma indigestão de *Sangue e areia*, perdidamente apaixonada por Tyrone Power e pelos cabelos cor de cobre de Rita Hayworth. Depois foi a vez de *Duelo ao sol*, pelo qual me apaixonei da mesma forma. Solitária como era, me perdia nos olhares lânguidos de Jennifer Jones e Gregory Peck e sonhava em ser como eles. Não era a vida de estrela que me fascinava, mas antes a capacidade que tinham de expressar o que sentiam.

Eu gostava de estudar, mas, com o tempo, meu interesse foi diminuindo. No último ano o boletim estava cheio de notas baixas, vários quatros e três. Para fazer os deveres, esperava que tia Dora, a literata da família, voltasse do trabalho. Chegava tão cansada que muitas vezes dormia entre uma versão do latim e um exercício de verbos. "Tia, *scietete*, acorde!", sussurrava, meio culpada.

A professora de química me adorava e a de francês, também. Sempre tive facilidade com as línguas, o que muito me ajudou na carreira. Mas ainda não tinha ideia do que faria quando crescesse. No que me diz respeito, seria professora, como queria meu pai. Ou, pelo menos, é do que me lembro.

Voltando a Pozzuoli muitos anos depois, encontrei por acaso um velho caderno de escola em que estava escrito, para meu espanto: "Sofia Scicolone um dia será uma atriz." É evidente que já intuía, por alguma razão obscura, qual seria o meu futuro. No entanto, quando Maria e eu montávamos nossos espetáculos na cozinha, com vovó Luisa no papel de costureira, nos ajudando a cortar e costurar os figurinos de papel, era minha irmã quem se exibia diante de todos, familiares e vizinhos. Eu ficava num cantinho olhando e tinha vergonha até disso.

Mas as coisas começaram a mudar. Eu estava crescendo e o patinho feio se transformava em cisne. E, sobretudo, amadurecia dentro de mim a vontade, a necessidade quase física de externar minhas emoções, de traduzir em gestos e palavras todas as sensações que tinha acumulado e ainda não conseguia interpretar. Queria mergulhar em um mar mais aberto. Pouco importava se não sabia nadar.

II

A OFICINA DOS CONTOS DE FADA

PRINCESAS EM CARRUAGENS

A passagem de patinho feio a cisne aparece por inteiro em uma capa amarelada de *Sogno*, que surge de uma outra época para despertar minhas lembranças. É datada de 1951 e estampa um nome antigo e quase esquecido: Sofia Lazzaro.

A guerra terminou, a Itália reaprendeu a viver, as pessoas, a sonhar. Até para mim é difícil reconhecer por trás do olhar lânguido da heroína de fotonovelas, a Sofia Palito de algum tempo atrás. A verdade é que, no espaço de uns poucos anos, eu tinha mudado quase tudo: formas, rosto e nome. E mudei também de cidade.

Foi uma verdadeira revolução, imprevisível como toda revolução é. Às vezes, o tempo acelera sem que a gente espere. Velhos medos dão lugar a novos desafios e tudo ganha nova aparência à medida que trilhamos caminhos desconhecidos e inesperados.

Minha adolescência desabrochou muito tarde em relação às minhas colegas, tanto que quase nem esperava mais que chegasse. De repente, às vésperas dos quinze anos, deparei com um corpo bem-torneado e solar, cheio de vida e de promessas. Quando andava pelas ruas de Pozzuoli, os rapazes viravam para me acompanhar e assoviavam para mim.

O primeiro a perceber a mudança foi meu professor de educação física. Era um jovem bonito e solícito, que via a vida como um simples exercício de ginástica livre. Apresentou-se em nossa casa num dia de primavera, o olhar sério e o chapéu na mão, para me pedir em casamento.

— Dona Romilda, tenho por sua filha um sentimento verdadeiro. Tenho casa e também um trabalho seguro. Se vocês concordarem, podemos nos casar agora mesmo em setembro.

— Caro professor, sinto muito mesmo, mas não, de modo algum: Sofia é muito jovem para se casar.

Dispensou o pretendente com gentileza, mas sem um segundo de hesitação. Sentia muito por aquele rapaz tão educado, mas tinha outros planos para mim. Eu observava a cena de uma certa distância, como se não dissesse respeito a mim: na realidade, estava me sentindo aliviada. Eu ainda precisava descobrir quem era, imaginem se pensava em casamento!

Mas um outro rapaz atraiu por um instante a minha atenção. Chamava-se Manlio e vivia em La Pietra, que distava algumas paradas de trem de Pozzuoli. Conheci Manlio na rua, gostamos um do outro e, certa tarde, resolvi superar os limites do meu pequeno mundo para ir a seu encontro. Só me lembro dos seus olhos vermelhos e de uma ânsia para a qual não estava preparada. Talvez tivesse bebido, talvez fosse apenas o ardor da juventude, mas o fato é que me assustou: não estava pronta para aquilo e fugi correndo, sem olhar para trás. Se por fora já era uma mulher, por dentro ainda era uma menina, esquiva e introvertida. Sentia que precisava sair de mim, mas não sabia como, nem para onde.

Quem me ofereceu trampolim foi o Círculo da Imprensa de Nápoles. Mas nunca teria chegado lá se minha mãe não tivesse me levado, desafiando minha timidez e nossa pobreza. Uma espécie de fada madrinha que, contra qualquer previsão, levou Cinderela ao baile. Não adianta negar, aqueles anos da minha vida têm um sabor de conto de fadas, de sonho que se torna realidade. E como em todo conto de fadas que se preze, haveriam obstáculos e provas nem sempre fáceis de enfrentar.

Num dia do outono de 1949 um vizinho foi à nossa casa com um recorte de jornal. Anunciava um concurso de beleza organizado pelo *Corriere di Napoli*, o jornal vespertino da cidade, no qual seriam eleitas a Rainha do Mar e suas princesas. A vencedora desfilaria de carruagem pelas ruas do centro, transformando as ruínas da guerra em um reino encantado como num passe de mágica.

Os olhos de Romilda brilharam, pousando em mim um olhar de cumplicidade. Tinha chegado o nosso momento, aquele que ela esperava há tempos. Respondi com minha habitual resignação: "Se você insiste..." Mal tínhamos dinheiro para comer, mas com certeza minha mãe não ia deixar passar aquela oportunidade. Seus pais lhe negaram a sua, coisa que ela jamais esqueceria. Agora, faria de tudo para ter sua revanche. Eu ainda não tinha a idade mínima para participar do concurso, mas ela prendeu meus cabelos para que parecesse mais velha e lançou-se de cabeça na empreitada. Dessa vez, nem minha avó ousou se opor e, meio a contragosto, deu até a sua contribuição.

Não existe baile que mereça este nome sem vestido e sapatos novos. Assim, vovó pegou as cortinas de tafetá rosa da sala e, num estalar de dedos, transformou-as em um vestido de baile que, se não era exatamente elegante, tinha certa dignidade. Quanto aos sapatos, eu só tinha um par, escuro e gastos: bastava pintá-los com cal branca e pareceriam novos. "Madonna santa, não permita que chova", suplicavam minhas fadas madrinhas.

E foi assim que minha mãe e eu embarcamos no trem, num vagão de terceira classe, rumo a Nápoles. Fazia frio e tive de vestir o casaco do dia a dia, o único que tinha, sobre o vestido. Todo mundo olhava para mim, parecia fantasiada para o Carnaval. Um simples sopro de vento, uma gota de chuva, um minuto de atraso seriam suficientes para transformar minha carruagem em abóbora e despedaçar o sonho.

O concurso teria início no Cinerama, um cine-teatro na via Chiaia, e terminaria no Círculo da Imprensa, dentro da sede da

Prefeitura, um palácio belíssimo, hoje abandonado. Na época, era a flor na lapela da cidade, empenhada na reconstrução do que a guerra havia destruído. Eu ia ao encontro do meu destino como um cordeiro para o altar do sacrifício, mas, assim que entrei, percebi que estava chamando atenção. Pode ser que tenham sido atraídos por minha atitude reservada, tão diferente das outras moças, talvez mais afortunadas que eu, que, reunidas num grupo, se agitavam como galinhas num galinheiro. Respirei fundo e fui em frente: diante dos membros do júri, sobre o fundo cintilante do Golfo, minha proverbial timidez deu lugar à alegria.

Isso sempre me acontece, até hoje: antes de qualquer performance fico paralisada de medo, mas assim que se acendem os refletores, não sei como, consigo arrancar o melhor de mim.

Depois de um tempo, que me pareceu uma eternidade, o júri deu o veredicto. Lembro até hoje a alegria que senti ao ouvir pronunciarem meu nome entre os das princesas eleitas. Foi só uma meia vitória, porém: a rainha não era eu, mas isso não importava. Sabia que não correspondia exatamente aos cânones clássicos de beleza, o que certamente tinha complicado as coisas. No entanto, justamente essa minha singularidade, vista por olhos de especialistas, acabaria se transformando em um dos segredos do meu sucesso. Mas, por ora, o importante era acreditar em mim.

Cercada por aplausos, fotos, entrevistas e por um belo buquê de flores, minha primeira aparição diante do mundo foi um triunfo, o que me deu muita força. Percorremos as ruas do centro acompanhadas pela banda, enquanto as pessoas nos cobriam de flores: a rainha, sozinha numa carruagem dourada, e nós, princesas, logo atrás: via Caracciolo, via Partenope, piazza Municipio, via Depretis, corso Umberto e, depois da piazza Nicola Amore, subindo pela via Duomo, piazza Cavour, descendo em seguida pela via Roma (que hoje se chama via Toledo) e de novo em direção ao mar. Vendo a cena com os olhos de hoje, parece até um filme de De Sica! Estava no sétimo céu, sem ligar para a chuva que, a meus olhos, tornava tudo aquilo mais romântico e irreal. Os anais recordam que Tina Pica, Sergio Bruno e até Claudio Villa estavam entre os que festejavam as mais belas moças de Nápoles.

Na hora, não percebi como aquele dia mudaria o rumo de minha vida. Como as outras moças, eu estava concentrada sobretudo no prêmio, que parecia bom demais para ser verdade: um papel de parede com grandes folhas verdes, que deixou minha avó felicíssima, uma toalha com doze guardanapos e vinte e três mil liras, uma soma que nunca tinha visto junta em toda a minha vida e, acima de tudo, uma passagem para Roma, que na hora não me causou grande impressão. Minha mãe, ao contrário, tremia de excitação: tínhamos nas mãos o passaporte para Cinecittà.

A primeira coisa que ela fez foi me inscrever numa escola de teatro em Nápoles, pagando as aulas com as de piano que ela havia recomeçado a dar. Na realidade, não era uma escola propriamente dita, mas o fruto da arte de se virar de um napolitano da gema. O Actor's Studio à sombra do Vesúvio onde ensaiei meus primeiros passos baseava-se, de fato, na longa experiência de um único professor, Pino Serpe, que se vangloriava de ser capaz de transformar até uma pedra em um ator. Como? Ensinando a fazer caras e bocas. Todos os nossos músculos eram educados para a imensa tarefa de expressar a vasta gama dos sentimentos humanos: horror, alegria, desespero, tristeza, surpresa, prepotência, esperança. Protagonistas absolutas: as sobrancelhas. Parece piada, mas esse pequeno jogo de mímica, que me obrigou a sair de mim mesma e me expor diante dos outros, ia me ajudar muito na hora de enfrentar o mundo das fotonovelas, que me esperava logo adiante.

Alguns anos depois, quando já estava em Hollywood, recebi uma carta: "Sou D'Amore, estudamos juntos no curso de Serpe, *t'a ricuorde?*" Fiquei emocionada ao saber que meu colega lembrava-se de mim. Lembro-me bem dele: vinha do campo, tinha recursos, comia. Pagava o professor com pão, salame e ovos.

Foi justamente o professor Serpe quem agendou alguns testes fotográficos, conseguiu para mim uma ponta em *Cuori sul mare*, de Giorgio Bianchi, e *Il voto*, de Mario Bonnard, e, sobretudo, me avisou que a Metro Goldwyn Mayer buscava figurantes para um filme histórico ambientado na Roma antiga. Mais uma vez, minha mãe mostrou que tinha ideias muito claras e, mesmo contra a vontade dos meus avós, decidiu que nos mudaríamos para lá. Maria, que ainda era bem pequena e de saúde delicada, ficou com eles, enquanto nós, cheias de entusiasmo e medo, nos lançávamos à conquista do nosso sonho.

QUO VADIS?

Roma nos recebeu de braços abertos, ou pelo menos essa foi a nossa impressão. Não posso dizer o mesmo do meu pai, a quem Romilda telefonou assim que saímos da estação. Era tão inexperiente que nem sabia usar o telefone público de ficha e teve de procurar um bar. Riccardo, escorregadio como sempre, concordou com má vontade em marcar um encontro na casa da mãe dele, mas parecia claramente incomodado com aquela chegada inesperada.

Minha avó Sofia me ofereceu um copo de leite e, sem uma pergunta ou um carinho, deixou-nos sozinhas esperando na sala. Quando entrou, meu pai olhou para mim displicentemente, cheio de rancor. Não demonstrou surpresa em me ver tão crescida e preferiu usar toda a sua energia para tentar nos convencer a desistir dos nossos planos. Se fosse por ele, voltaríamos imediatamente para Pozzuoli, deixando sua nova família em paz: nesse meio-tempo, ele tinha se casado com outra mulher, Nella Rivolta, com a qual teria dois filhos, Giuliano e Giuseppe.

Lembro bem do dia em que ele apareceu em Pozzuoli para informar minha mãe de seu próximo casamento. Até aquele momento, eu não tinha percebido o grande sofrimento que pairava entre os dois, já que ele não fazia outra coisa senão nos rejeitar. Quando a pequena Maria entrou na sala, ele perguntou com desprezo: "E essa aí, quem é?", embora soubesse muito bem.

No salão da minha avó Sofia, minha mãezinha não se deixou desanimar pela frieza do seu primeiro e único amor e sequer considerou a possibilidade de desistir. Resolveu procurar uns primos distantes, a quem pediu hospitalidade. Eles também tentaram nos convencer a voltar, mas, sem obter sucesso, concordaram em permitir que dormíssemos num sofá. Com certeza, nada fizeram para que ficássemos à vontade, mas ninguém poderia nos impedir de seguir nosso destino. Na manhã do segundo dia em Roma fomos para a "oficina de sonhos" da via Tuscolana, vestidas de preto, tentando parecer elegantes.

A História com H maiúsculo também não tinha poupado Cinecittà, que foi reduzida a escombros durante a guerra, como o resto do país. Em novembro de 1943, todas as máquinas foram levadas para o norte e os grandes edifícios transformados em depósito de material bélico dos alemães. Sete dos mais importantes estúdios haviam sido destruídos pelas bombas aliadas. Com a libertação da cidade, a área se transformou em um campo de refugiados e o estúdio Pisorno di Tirrenia foi usado pelas forças americanas como base logística. Operários, técnicos, diretores, atores que não cederam diante das vantagens oferecidas por Salò lançaram mão das poucas máquinas que tinham conseguido esconder e começaram a trabalhar imediatamente, à espera da libertação do resto da Itália. As tomadas de *Roma, cidade aberta* começaram em janeiro de 1945 e o filme saiu em setembro, poucos meses depois do fim de guerra.

A hora de recomeçar tinha soado também para os diretores italianos. Tiveram de partir do zero e retomaram o caminho com poucos recursos e muitíssimas ideias. Havia bastante coisa a dizer, coisas belas e fortes: a roda da vida tinha recomeçado a girar.

Era o início do movimento neorrealista, que mudaria para sempre a história do cinema. Enquanto Rossellini, De Sica, Visconti desciam às ruas para documentar a realidade a partir de gestos, rostos, objetos comuns, as tropas americanas inundavam a Itália de filmes hollywoodianos que impunham um outro sonho, pleno de liberdade e de vitória.

Até o deputado Giulio Andreotti, que desde 1947 era o jovem subsecretário da Presidência do Conselho, entrou na guerra aberta entre diretores e produtores italianos, de um lado, e os grandes estúdios americanos, do outro. Ele se empenhou a fundo no reerguimento de Cinecittà e criou uma lei que congelava na Itália os lucros dos filmes americanos, concentrando dinheiro e trabalho em Roma. Mais tarde, quando a Metro Goldwyn Mayer desembarcou com a produção de *Quo Vadis?*, surgiu uma verdadeira Hollywood à beira do Tibre. E também o verdadeiro início da minha carreira.

Naquela manhã de maio de 1950, eu e minha mãe pegamos o bonde azul que saía da Stazione Termini e descemos no ponto final. Diante dos meus olhos abriu-se a cena de um exército de romanos às portas de Cinecittà, em busca de trabalho e à disposição de quem precisasse. O campo se ampliava, enquadrando uma multidão de gente enfileirada para fazer a inscrição como figurante ou como "ponta", uma participação mais definida e reconhecida. Tomamos nosso lugar na fila, concentrando ali todas as nossas esperanças.

Assim que chegou, Mervyn LeRoy, diretor de *Quo Vadis?*, enfileirou-nos diante dele para escolher os rostos mais promissores. Minha mãe tinha recomendado que eu respondesse sempre sim, qualquer que fosse a pergunta. Pena que ele falava inglês e eu, não.

Tratei de preparar essa pequena cena, inconsciente das suas possibilidades cômicas.

Quando me chamou, dei um passo adiante e estampei o meu melhor sorriso.
— *Do you speak english?*
— *Yes.*
— *Is it your first time in Cinecittà?*
— *Yes.*
— *Have you read* Quo Vadis?
— *Yes.*
— *What's your name?*
— *Yes.*
— *How old are you?*
— *Yes.*

LeRoy caiu na gargalhada e, talvez enternecido com a minha ingenuidade, me deu uma pequena ponta, sem diálogos previstos. Interpretaria uma simples escrava que jogava flores sobre o triunfante Marcos Vinicius, um belíssimo Robert Taylor. Minha mãe, por sua vez, passou o dia inteiro com uma enorme cesta de bronze na cabeça: no final, ela não sentia mais o pescoço. Descobrimos depois que as outras figurantes, muito mais espertas do que ela, recuaram no último momento, deixando aquela pesada honra para a novata.

Ainda me lembro do alvoroço, das luzes, dos gritos, do calor sufocante. Centenas e centenas de pessoas em pé durante horas a fio, deslocadas de um lado para o outro como pacotes postais. Os figurantes eram as últimas rodas do carro e nem sempre eram bem-tratados, sobretudo quando, mesmo sem querer, arruinavam uma cena, obrigando a equipe a filmar tudo de novo. Quando estava na primeira fila, na frente das câmeras, sonhava que estavam me filmando. Na verdade, estava fora de foco, um detalhe marginal em um quadro majestoso. Na maior parte do tempo eu me sentia pequena e insignificante, mas sabia que estava no lugar certo e, bem lá no fundo, alimentava a certeza de que, com muita paciência e tenacidade, conseguiria chegar ao centro da cena.

Entre os figurantes, embora eu não tivesse como saber disso, estava também o jovem Carlo Pedersoli, futuro Bud Spencer, naquela época campeão italiano de natação. Graças ao físico de atleta, recebera o prestigioso papel de legionário. Muito jovem, mas já famosa, Elizabeth Taylor aparecia num papel pequeno. Tinha apenas alguns anos a mais que eu, mas havia conquistado fama mundial com *Lassie, a força do coração*.

Com olhos embevecidos, admirava Robert Taylor e Deborah Kerr, vistos tantas vezes na tela do cine-teatro Sacchini. Respirar o mesmo ar que eles parecia um sonho!

Mas toda rosa tem seus espinhos, e a parte ruim chegaria em seguida. Depois de passar pela escolha do diretor, chamavam os figurantes pelo alto-falante para o registro na lista de pagamento. Depois de Villani, foi a vez de Scicolone, mas quando cheguei lá, vi que éramos duas. Uma era eu, a outra, a mulher de meu pai. Não lembro bem a dinâmica dos fatos, mas nunca consegui esquecer o profundo sofrimento que vivi naquele momento. Era pouco mais que uma menina e não tinha nenhum interesse pelos dramas dos adultos. Além do mais, que me importava aquele sobrenome, sem o afeto do homem que o tinha? Cresci sem pai e nada no mundo poderia remediar isso.

A Sra. Nella Scicolone ficou furiosa e me destratou na frente de todo mundo. Minha mãe me defendeu como podia, jogando em cima dela toda a sua frustração. O verdadeiro culpado, como sempre, estava ausente. Fiquei calada, não sabia o que fazer. Finalmente, um empregado da produção veio me socorrer: "Scicolone... Sofia."

Com certeza, foi uma situação difícil para as duas, ou, melhor, para as três, e por sorte nunca mais se repetiu. Uma vez foi mais que o suficiente! Seja como for, aquele trabalho rendeu cinquenta mil liras, que nos alimentaram por duas semanas. E depois? Bem, depois o dinheiro acabou, e junto com ele as esperanças de Romilda. Até que um dia ela se dirigiu a mim, olhando dentro dos meus

olhos: "Sofia, talvez tenha chegado a hora de voltarmos para casa..."
Embora fosse pouco mais que uma menina, não me deixei levar por seus justos temores: "Nada disso, mãezinha, temos que ficar aqui e temos que insistir. Mais cedo ou mais tarde..."

Talvez ela tenha se deixado convencer pelo brilho nos meus olhos que, sem dúvida, confirmou pelo menos que o sonho, o *seu* sonho, era também o meu.

Nesse meio-tempo, chegou a notícia de que Maria estava mal novamente, e minha mãe voltou correndo para Pozzuoli, deixando-me sozinha na casa dos primos. Estava apavorada e tentei ficar ainda mais invisível. Educada na escola de minha avó Luisa, tentava não incomodar, ia dormir depois de todo mundo e acordava com o sol, arrumando rapidamente as minhas coisas para não atrapalhar. Antes de partir, minha mãe fez uma longa preleção, alertando para os perigos da cidade grande, que ela conhecia muito bem. Mas eu tinha nascido prudente. Tinha a cabeça no lugar e uma missão a cumprir. Não corria o risco de cair em armadilhas fáceis. E uma bela novidade veio me ajudar: o diretor da revista *Sogno* tinha notado minha presença e me introduziu no mundo mágico das fotonovelas.

NÃO POSSO AMÁ-LO

"O que tem, por que não diz nada?"

"É o filho do homem que matou meu pai, não posso, não devo amá-lo."

"Minha vingança começa hoje e será terrível. Mas você, mamãe, pode ver meu coração e sabe que ele está sangrando e cheio de dor..."

"Não, Greg, não..."

Relendo estas linhas que vibram nas fotonovelas da época, me sinto em um outro planeta, mas creio que elas já me faziam sorrir naquela época. No entanto, as fotonovelas viveram um *boom* no pós-guerra, encarnando a vontade dos italianos e, sobretudo, das italianas, de voltar a rir e chorar livremente, de fugir de uma realidade que ainda era dura, para sofrer as dores de amor de outro alguém e esquecer os sofrimentos causados pelas bombas e pela fome. Uniões contestadas, sofrimentos terríveis, pecados impronunciáveis, trocas de pessoas, traições e ciúmes despertavam as emoções de leitoras e leitores, sem muitas pretensões ou ambições particulares.

Os comunistas diziam que eram o ópio do povo, os católicos, que eram instrumentos de perdição, os intelectuais — muitos dos quais figuravam entre seus idealizadores e escritores —, que eram produtos de segunda classe. Talvez a verdade estivesse no fato de que, pelo menos no início, as fotonovelas tinham em si um elemento de transgressão, de juventude, de modernidade, que podia até assustar. A força da fotografia, a brevidade do texto nos balõezinhos e legendas, os corpos jovens e bonitos e as tramas muitas vezes ousadas contribuíam para a mudança das regras do jogo e para expressar a urgência das mulheres, depois da guerra, de conquistar seu lugar ao sol. Fosse como fosse, a fotonovela ensinou os italianos a ler e escrever e contribuiu para unificar o país de Norte a Sul, dos campos às cidades. Com o tempo, muitos perceberam isso: o Partido Comunista usou-as em suas campanhas eleitorais, e a Igreja teve a boa ideia de atrair os fiéis com as vidas dos santos, entre os quais brilhava, estrela absoluta, Santa Rita de Cássia.

A ideia de juntar quadrinhos e romance foi dos irmãos Del Luca, da editora Universo, de Milão, que publicava *L'Intrepido*, uma revista que publicava histórias em quadrinhos para rapazes e distribuía romances de amor em fascículos de porta em porta. Da imaginação deles nasceu *Grand Hotel*, que oferecia paixões complicadas e aventuras impossíveis numa série de quadrinhos criados por dois grandes desenhistas, Walter Molino e Giulio Bertoletti. Foi o primeiro passo para a fotonovela. Em 1957, fui protagonista de um romance em quadrinhos, *La Peccatrice*, desenhado por Molino, que não só conseguiu retratar fielmente os meus traços, mas também as minhas expressões. *Grand Hotel* foi lançada nas bancas em 1946, com suas "almas em conflito" e "lágrimas de ouro". Gostava muito dos desenhos e lembro que, em Pozzuoli, comprávamos um exemplar por edifício, que era passado de mão em mão pelos apartamentos. Mas os edifícios como o nosso deviam ser muitos, pois o primeiro número foi reeditado catorze vezes em uma semana.

No ano seguinte chegou a resposta romana, com *Bolero* e *Il mio sogno*, que logo se transformou simplesmente em *Sogno*, que já começaram usando a fotografia, mais imediata e rápida. Foi assim que a fotonovela como conhecemos ganhou forma, e *Grand Hotel* também não demorou a se adaptar. A primeira capa de *Il mio sogno* trazia o rosto de Gina Lollobrigida, e muitas das que a seguiram teriam o meu.

Para nós, que ambicionávamos o mundo do cinema, era uma passagem quase obrigatória, que servia para nos tornarmos conhecidos, mas também ensinava como se colocar diante de uma objetiva, além de responder às ordens de um diretor, vencer as próprias resistências e, como bem dizia Vincenzo Mollica, acertar as contas com a própria expressividade. E foi assim também para mim, que finalmente tive oportunidade de praticar as caras e caretas ensinadas com tanta paciência pelo professor Serpe. Costumava ensaiar horas a fio diante do espelho, à noite: passava sem problemas do desespero à melancolia, do ódio furioso ao amor mais meloso, do desprezo à preocupação, da raiva ao ardor simplesmente erguendo uma sobrancelha, arregalando os olhos, franzindo a boca.

Não havia um set propriamente dito — ainda estávamos no início daquilo que se transformaria em uma indústria —, mas apenas um salão decadente onde eram realizadas as fotos, com os refletores e dois móveis como cenografia. Líamos o roteiro e, como num jukebox humano, produzíamos a expressão correspondente. Era um trabalho duro, que eu levava muito a sério. Várias fotos para cada pose, pouco menos de vinte quadrinhos por número, três ou quatro dias por semana, um cachê menos polpudo que o do cinema, mas muito melhor em comparação com o nada do qual eu vinha. Ora era a "prisioneira de um sonho", ora a "adorável intrusa", ora a "princesa no exílio", ora — como o grande Alberto Sordi em *O sheik branco* — passeava pelo "jardim de Alá" com muita areia, brincos enormes e exóticos turbantes. A fotonovela permitiu que eu ficasse em Roma e ganhasse o pão de cada dia: pude me ambientar, conhecer as pessoas certas, ganhar prática e me divertir. E Deus sabe o quanto precisava disso depois dos anos difíceis em Pozzuoli. Tornei-me a rainha do gênero, juntamente com Vera Palumbo e Anna Vita, e compreendi que tinha possibilidades de conseguir o que queria.

Naturalmente, a fotonovela se alimentava das tramas e intrigas do cinema hollywoodiano, mas pescava também no folhetim e nos romances de aventuras. *Grand Hotel* tendia mais para o estilo jet-set, enquanto *Bolero* privilegiava o exótico. *Sogno*, ao contrário, atirava para todos os lados. Éramos pequenos astros feitos em casa. Folheando hoje aquelas revistas, revejo com certa surpresa as cartas enviadas pelos leitores e, sobretudo, as nossas respostas insinuantes. Quem será que as escrevia, umas e outras?

Para Benito, Caserta: "Da próxima vez, como segundo estágio do seu amor platônico, pode me chamar de você, é claro. Viu como fui audaciosa: tomei a iniciativa de tratá-lo por você!" Assinado: Sofia Lazzaro. Sim, porque, nesse ínterim, Stefano Reda, diretor de *Sogno*, tinha trocado meu sobrenome de Scicolone para Lazzaro, argumentando que minha beleza era tão extraordinária que seria capaz de ressuscitar os mortos.

Enquanto encarnava estáticas princesas e sedutoras exiladas romenas, camareiras orgulhosas e heroínas ciganas, continuava a frequentar as produções cinematográficas: consegui papéis em muitos filmes, alguns até de diretores importantes. Lembro, por exemplo, de *Mulheres e luzes*, dirigido por um juveníssimo Federico Fellini com Alberto Lattuada. Fazia um pequeno papel em um teatro, ao lado de Carla Del Poggio, mulher de Lattuada. Nas pausas para que os maquinistas trocassem as luzes e remontassem o palco, minha mãe, que tinha voltado para Roma com Maria e sempre me acompanhava ao trabalho, tocava o piano da cena, para deleite de Federico. Passando do set de *As seis mulheres de Barba Azul* para o de *Tototarzan*, de *Sou o capataz* a *Lepra branca*, meu objetivo sempre era observar, entender, aprender o ofício.

Passo a passo, começava a ficar conhecida. As produções me ligavam para pequenos papéis, minhas fotos começavam a sair na imprensa e no ano seguinte, 1952, comecei a obter os primeiros papéis de protagonista. Graças também às fotonovelas estava me transformando em uma verdadeira atriz.

A fotonovela foi uma etapa dura, mas divertida, que me ensinou muito e permitiu que medisse o meu sucesso junto ao público. No entanto, como tudo neste mundo, ela também chegou ao fim.

Na capa de *Sogno* de cinco de abril de 1952 eu fitava o horizonte com um olhar inspirado e levemente nostálgico. Ao pé da fotografia, uma nota discreta, mas sentida: "Sofia lazzaro, a inesquecível intérprete de tantas de nossas fotonovelas, foi definitivamente raptada pelo cinema. Mas Sofia não esqueceu os leitores e as leitoras de *Sogno* e a eles dedica afetuosamente as suas melhores lembranças."

III

O HOMEM IDEAL

O JARDIM DE ROSAS

Não importa para onde olhe — os olhos dos meus filhos, as fotos espalhadas pela casa, as mil coisas acumuladas no curso da nossa vida —, posso vê-lo diante de mim, sorridente e seguro. Mesmo agora que não está mais aqui, ele mora nos meus pensamentos e inspira meus projetos. Minha história — pessoal, profissional e, sobretudo, familiar — gira em torno do meu encontro com Carlo. Desde aquele momento, foi sempre um longo, longuíssimo começo que vivemos juntos, sem nos separarmos jamais.

Era uma noite de setembro de 1951. Em Colle Oppio, em um lindo restaurante ao ar livre na frente do Coliseu, tinha lugar o meu enésimo concurso de beleza. Miss Lácio ou Miss Roma, não lembro bem. Soprava uma leve brisa marinha, o ar ainda tinha o suave perfume do verão. Naquela altura, eu já era uma *habituée* daquele tipo de concurso, com uma preferência grande pelos segundos lugares. Para mim, era um divertimento, uma distração, uma ocasião para dançar, o que eu fazia muito bem. Estava com uma amiga napolitana um pouco mais velha que eu, que também havia se mudado para Roma em busca da sorte e com dois rapazes como acompanhantes. Na época, moças de família não saíam sozinhas.

Meu último concurso, um ano antes, tinha sido Miss Itália. Classifiquei-me depois de Miss Cervia, mas, mesmo sem vencer, fui selecionada para o grande concurso nacional. Armadas de paciência, minha mãe e eu rumamos para o Norte, tentando aquela vitória que a sorte parecia querer me negar. Era importante ser vista, encontrar as pessoas do meio, atrair a atenção dos fotógrafos, uma tarefa ingrata, mas inevitável para quem tivesse a pretensão de ser alguém na vida. E eu estava ali para vencer minha batalha, para resgatar minha família e a mim mesma, para proporcionar a Romilda o sonho que ela nunca pôde viver como protagonista.

Daquela noite distante em Salsomaggiore recordo apenas a piscina, em torno da qual desfilaríamos em traje de banho. Meu coração batia forte, era o assunto do momento em toda a Itália, bem diferente do concurso da Rainha do Mar que, apesar de tudo, era apenas um evento provinciano. Só tinha se passado um ano, mas para mim parecia uma vida inteira.

Nossas madrinhas eram Gina Lollobrigida e Gianna Maria Canale, vencedoras de 1947, atrás de Lucia Bosè, que tive durante muito tempo como modelo. Cortava os cabelos curtos para ficar como ela, e, de fato, parecia um pouco. Sua história também tinha sido um belo conto de fadas que, de vendedora da famosa confeitaria Galli, em Milão, transformou-a na atriz que trabalhou com os maiores diretores da época. Um conto de fadas no qual todas as moças da nossa geração acreditavam, pois falava de renascimento, de glória, de felicidade.

O momento crucial seria a noite de gala, em que teríamos de desfilar diante do público pagante. E mais uma vez surgiu o problema do vestido: "E, agora, o que vou vestir?" Dino Villani, patrono do concurso, talvez comovido com minha inexperiência e falta de recursos, resolveu me ajudar, deixando-me aos cuidados de uma amiga dele, dona de uma butique elegantíssima. Era uma senhora adorável, habituada a lidar com grandes damas, mas também com pequenas cinderelas, nem todas destinadas a chegar ao baile.

— Prove este aqui, querida, creio que vai ficar bom... — disse ela com seu lindo sotaque emiliano, estendendo um longo vestido branco com franjas, escolhido sem titubear entre os muitos que tinha.

Meus olhos brilhavam, mas eu não ousava nem tocá-lo.

— Mas, senhora, eu... — tentei responder, enquanto ela me ajudava a enfiar o vestido, quase à força.

— Não se preocupe, menina, ficou lindo em você. Pense apenas nesta noite. Amanhã, quando tudo estiver terminado, você me devolve.

Agradeci do fundo do coração e voltei para o hotel bem mais tranquila.

Aquele seu pequeno gesto, generoso e desinteressado, significou tudo para mim naquele momento. É exatamente assim: o que fazemos ou não fazemos pelos outros pode ter para eles uma importância muito maior do que pensamos.

O vestido me favorecia, mas infelizmente não foi suficiente. Mais uma vez, o júri, presidido pelo grande jornalista Orio Vergani, ficou desconcertado diante da minha estranha beleza. Não conseguiam confiar totalmente nas minhas qualidades: "alta demais, magra demais, postura inadequada" — mas também não podiam me ignorar. E foi assim que deram a vitória a Anna Maria Bugliari e inventaram uma categoria especial para mim, tipo um prêmio da crítica ou um *hors concours*: subi ao pódio com uma bela faixa que dizia: Miss Elegância. Paradoxal, se pensarmos na extemporânea casualidade da minha elegância.

Em 1950 foi o primeiro ano em que a proclamação das vencedoras foi transmitida ao vivo pelo rádio. Minhas fotos, tiradas por Federico Patellani e Fedele Toscani, pai do célebre Oliviero e primeiro repórter fotográfico do *Corriere della Sera*, foram enviadas a todos os produtores e diretores de cinema e fotonovela, e talvez aquele título insólito tenha despertado a curiosidade em torno do meu nome.

Exatamente doze meses depois estava naquela mesma mesinha do Colle Oppio, de frente ao palco onde ficava o júri. De repente, um garçom se aproximou trazendo um bilhete para mim:

Por que não participa também do desfile? Seria um prazer.

"O que será que ele pretende?", pensei comigo mesma. "Além do mais, quem ele pensa que é? Não, nem pensar, não estou com a menor disposição."

Mas os amigos insistiam: "É gente de cinema, vai ver que é a hora certa!"

Quando o convite retornou, dessa vez assinado por Carlo Ponti, cedi. Nem preciso dizer que fiquei em segundo lugar, dessa vez com uma pequena, mas fundamental diferença: tinha atraído o olhar do grande produtor.

Carlo tinha trinta e nove anos, vinte e dois a mais do que eu e já era um nome conhecido, no auge de sua fulgurante carreira. Como se apressou a dizer quando se apresentou, no final do concurso, tinha descoberto grandes divas como Gina Lollobrigida, Sylva Koscina e a minha adorada Lucia Bosé.

– Vamos dar um passeio no parque? É um lugar encantador, conhecido como o "jardim das rosas", vai sentir o perfume...

Enquanto isso, me ajudava a levantar, ajeitando o leve xale de organza nos meus ombros.

"Lá vamos nós", pensei comigo, já me preparando para resistir às investidas de praxe.

Mas, na verdade, Carlo foi muito profissional, ganhando imediatamente minha confiança. Falou dos filmes que estava realizando, perguntou de mim, sondou minhas intenções.

– De onde você veio? Ah, Pozzuoli... Se não me engano, têm um belíssimo anfiteatro romano. Estive lá alguns anos atrás.

– Fica bem na frente da minha casa, dá para ver da janela – respondi, grata por esse ponto de contato entre nós.

Carlo me passou imediatamente uma sensação de segurança e de familiaridade, como se nos conhecêssemos desde sempre. Tive a estranha impressão de que tinha me compreendido, de que havia percebido, por trás da minha beleza impetuosa, os traços de um temperamento reservado, de um passado difícil, de uma grande vontade de fazer as coisas bem, com seriedade e paixão. Para mim, não se tratava de um jogo: era muito mais que isso.

Ele percebeu e foi direto ao ponto.

— Já fez algum teste? — perguntou à queima-roupa quando nosso passeio parecia estar chegando ao fim.

— Na verdade...

— Você tem um rosto muito interessante — continuou ele, com uma autoridade difícil de resistir. — Venha ao meu escritório. Vamos ver que efeito terá na tela.

Ele me deu seu endereço e despediu-se com uma gentileza tão grande que soava quase formal. Habituado a tratar com belas mulheres, talvez tivesse ficado um pouco intimidado com aquela moça tão diferente, que queria a lua, mas carregava consigo os sólidos princípios de uma educação provinciana, impermeável a concessões.

Carlo nasceu em Magenta, cidadezinha vizinha a Milão, e seu avô havia sido prefeito da cidade. Queria estudar arquitetura, mas na última hora optou por direito; no entanto, manteve a paixão pela arte e pela literatura. Começou a trabalhar no cinema meio por acaso, tratando de contratos. Em 1940, ainda muito jovem, fundou a produtora Artisti Tecnici Associati [ATA], em Milão, desafiando o monopólio romano. Seu primeiro filme importante foi *Pequeno mundo antigo*, de 1941, dirigido por Mario Soldati, que lançou a baronesa Von Altenburger, nome artístico de Alida Valli, e lhe valeu uma condenação por suspeita de antifascismo.

Depois da guerra, casou-se com a advogada Giuliana Fiastri, filha de um general, com a qual teve dois filhos, Guendalina e Alex. Transferiu-se mais tarde para Roma para trabalhar com Riccardo Gualino, fundador da mítica produtora Lux. Carlo, porém, mesmo tendo por ele grande respeito e admiração, era empreendedor demais para acomodar-se num emprego e, em 1949, juntou-se a Dino De Laurentiis, que também cresceu à sombra da Lux, para dar vida a uma produtora própria, que exibia em seu *cast* nomes como De Sica e Lattuada, Zampa e Rossellini, Blasetti, Camerini, Visconti. Será que eu tinha consciência disso na época? É difícil dizer.

O indiscutível é que meu instinto me disse para aceitar imediatamente o convite feito naquele romântico jardim de rosas. Não lembro se fui logo na manhã seguinte ou deixei passar um ou dois dias. O fato é que eu não via a hora de descobrir se o interesse dele por mim era sincero e concreto como parecia. Minha mãe quis ir comigo, como de hábito, mas dessa vez recusei.

– É melhor eu ir sozinha, mãezinha.

Ela lançou um olhar ofendido e preocupado e tentou insistir. Mas minha decisão estava tomada e nada me faria mudar de ideia.

Apresentei-me, ofegante, no endereço que Ponti tinha me dado e dei de cara com um quartel dos *carabinieri*. Fiquei arrasada: a desconfiança instintiva, talvez estimulada justamente por minha mãe, logo me fez pensar numa brincadeira de mau gosto. "Estava zombando de mim, é isso. Esse sujeito é tão produtor quanto eu sou bailarina!" Senti a raiva tomar conta de mim misturada à amarga sensação de humilhação. "Como pude cair nessa! Idiota, idiota, idiota!" Meu pensamento logo voou para o meu pai e para as artimanhas que usou para envolver Romilda na sua teia.

Mas graças a Deus as histórias nem sempre se repetem, e a minha estava para ser escrita. Quem me tranquilizou foi o jovem *carabiniere* de plantão. "Se está procurando pela produtora Ponti-De Laurentiis, é no portão ao lado." Fiquei me sentindo tola e infantil, agradeci com um sorriso e apressei-me a entrar no coração do cinema italiano. Em poucos dias estaria completando dezessete anos.

A FAVORITA

Carlo me recebeu depois de cerca de meia hora de espera. Nunca tinha visto um estúdio tão imponente, tão luxuoso. Ainda me lembro do meu espanto diante do número de telefones enfileirados sobre sua escrivaninha. "Servem para as diversas linhas intercontinentais", antecipou ele com seu sorriso irresistível. Falei pouco, pois não sabia o que dizer, mas me sentia estranhamente à vontade, como se sempre estivesse estado ali. Sua experiência e meu frescor se encontraram em algum lugar no meio do caminho e começaram a se conhecer.

Atrás da escrivaninha, Carlo tinha um baú, herdado de um filme recém-terminado com Lollobrigida, talvez *Corações sem fronteira*. Ele o abriu e retirou um lindo vestido rosa-escuro, fumê.

– Talvez possa servir para as fotos – comentou discretamente.

– Pode ser, não sei... – respondi, tímida, mas finalmente aceitei, sem experimentá-lo. O que, aliás, não poderia fazer nem se quisesse, pois não tinha onde. Esse simples pensamento já me deixou vermelha.

Aproveitando um set já montado, Ponti levou-me para o estúdio que ficava ao lado do escritório e pediu que fizessem um teste imediatamente. Não foi fácil nem divertido e, para piorar, o resultado foi horrível.

– Vista isso – disse o técnico estendendo um maiô, de um jeito tão brusco que fiquei sem fôlego.

E pensar que estava ali com o produtor. "Imagine como seria se tivesse vindo sozinha", pensei comigo, horrorizada. Troquei de roupa atrás de um biombo e voltei. Estava me sentindo nua e minha timidez queimava como uma ferida. Completamente indiferente, um cameraman estendeu um cigarro, ordenando que o acendesse e caminhasse de um lado para outro, olhando para a objetiva. Nunca tinha fumado na vida, nem tampouco ficado sozinha diante de uma câmera de cinema. Sentia-me completamente inadequada e o câmera parecia concordar comigo.

— Doutor, é impossível fotografá-la. Tem o rosto curto demais, a boca larga demais, o nariz longo demais!

Como sempre, eu era "demais". Mas nasci assim, que culpa podia ter?

Essa primeira tentativa foi seguida por outras, igualmente desastrosas. Tentava não desanimar, mas minhas esperanças estavam se esvaindo. E os operadores de câmera não usavam de nenhuma gentileza, talvez não se dando conta de que eu era só uma menina e que suas palavras poderiam me destruir. Finalmente, um maquiador mais sensível — ou talvez só um pouco mais velho — veio me socorrer. Quem sabe viu em mim uma filha ou uma irmã mais nova e teve um pouco de compaixão!

— Isso que estão dizendo é tudo bobagem. Basta mudar a luz para diminuir a sombra do nariz dela!

Estas palavras tão espontâneas, tão verdadeiras, me ajudaram a reagir. E quando, algum tempo depois, Carlo tentou sugerir que um retoque no nariz talvez pudesse me ajudar, nem deixei que terminasse a frase.

— Sofia, o que acha de... como dizer... de suavizar um pouco esse seu perfil tão... tão importante...

— Se está querendo dizer que, para fazer cinema, preciso cortar o nariz, volto agora mesmo para Pozzuoli, porque não vou cortar meu nariz de jeito nenhum.

— Mas não, Sofia, não é isso...

— Entendi muito bem, sabia? Não sou nenhum idiota. Nem pensar e ponto final! Se mudar o nariz, muda tudo e não pretendo mudar.

Não queria nenhum narizinho à francesa. Tinha consciência de que minha beleza era o resultado de todas aquelas irregularidades misturadas num único rosto, o meu. Poderia perder ou ganhar, mas, em qualquer caso, seria na versão original.

Era realmente jovem, tinha diante de mim um homem poderoso, muito mais velho e experiente que eu, de quem começava a gostar e que tinha nas mãos o fio do meu destino... Onde encontrei coragem para ser tão firme nas minhas posições? Talvez fosse a audácia da juventude, talvez aquele fio de voz dentro de mim, dizendo para insistir e não ceder em relação àquilo que considerava realmente importante. Creio que Carlo também ficou impressionado com minha segurança, mesmo mesclada com timidez e fragilidade. Sempre disse que viu em mim a artista, antes mesmo da atriz, com uma espécie de brilho interior. Não sei direito o que ele queria dizer com isso, mas acho que foi um elogio, e foi assim que o guardei comigo.

Naquele período, não me poupei: corria de um set para outro, de uma fotonovela para outra. Buscava o meu caminho, embora não fosse nada fácil. Na primeira metade do ano já tinha feito uma ponta em *A milionária de Milão* e em *Era ele!*, onde fui obrigada a fazer algumas cenas com os seios nus para o mercado francês. No primeiro, eu fazia uma garçonete em um bar, no outro, o duplo papel de modelo de vestidos de noiva e de odalisca. Eram filmes de Vittorio Metz e Marcello Marchesi nos quais, embora não fossem nada de especial, pude ver atores como Isa Barizza, Tino Scotti, Walter Chiari em ação. "Isso tudo é experiência!", pensava comigo, com aquela sabedoria que me tornava mais velha do que era realmente.

Em *Anna*, de Alberto Lattuada, com Silvana Mangano e Vittorio Gassman, cheguei até a pronunciar algumas frases. Lattuada, que eu conhecera um ano antes, no set de *Mulheres e luzes*, no qual fiz uma pequena ponta, olhava para mim com certa atenção e me incentivou desde o início, dizendo que eu ainda iria longe. Parece pouco, mas para uma jovem iniciante, como eu, um encorajamento desse tipo bastava para seguir em frente por vários meses.

Foi em *Anna*, e logo depois em *O afinador chegou*, que apareci nos créditos pela primeira vez como Sofia Lazzaro. Ganhava cinquenta mil liras por dia, uma verdadeira fortuna diante do que ganhávamos antes.

Um dos meus primeiros papéis secundários veio no ano seguinte, na primavera de 1952, em *Mercado de mulheres*, de Comencini, com Silvana Pampanini e Eleonora Rossi Drago, ambas oriundas do Miss Itália, e como protagonista masculino Marc Lawrence. Algumas horas de trabalho externo, perto de Gênova, fizeram com que aparecesse no cartaz de divulgação do filme nos Estados Unidos, que dizia: "*Beware! Girls marked danger!*" [Cuidado! Garotas perigosas!]. Éramos as jovens belezas italianas, prontas para conquistar o mundo.

Minha verdadeira estreia como protagonista aconteceu na primavera de 1952, com *A favorita*, versão cinematográfica da obra de Donizetti, dirigida por Cesare Barlacchi. Sempre amei a música, que se respirava na minha casa desde a minha infância, e fiquei à vontade num set tão melodramático. Trabalhei intensamente para aprender meu papel e recebi muitos elogios. Ousaria dizer que fui quase levada a sério, embora o filme não tenha rendido um tostão. Nas árias, era dublada por Palmira Vitali Marini; um excelente treinamento ou talvez até um salvo-conduto para a *Aída*, onde em breve iria me defrontar com a voz de Renata Tebaldi: nada mais, nada menos. Mais tarde tive a honra de encontrar a grande cantora algumas vezes, embora seus compromissos a levassem a viajar mundo afora. Era uma pessoa maravilhosa, e dar meu rosto à sua voz foi motivo de grande orgulho.

SHANTUNG BRANCO

Os tempos da sobrevivência pareciam finalmente ter chegado ao fim. Com meus primeiros salários, acumulados embaixo do colchão, nos mudamos — minha mãe, Maria e eu — para um pequeno quarto mobiliado, primeiro, em via Cosenza e, depois, em via Severano, perto de piazza Bologna. Era apertado, mas estávamos felizes juntas.

Maria, que tinha vindo de Pozzuoli com minha mãe, enfrentava certa dificuldade, e a cidade grande não ajudava muito. Era uma mocinha frágil, que tinha estado muito doente e que sentiu muito a nossa partida, apesar de ter ficado nos braços acolhedores e afetuosos de vovó Luisa. O verdadeiro problema é que nunca foi reconhecida por meu pai: por isso, tinha vergonha de frequentar a escola, onde seria obrigada a declarar sua condição. Assim, enquanto eu e minha mãe estávamos fora o dia inteiro, trabalhando ou procurando novas oportunidades, Maria, ainda menina, ficava fechada em casa, sozinha. Ainda hoje me dói lembrar o quanto ela deve ter sofrido, o quanto deve ter se sentido abandonada, invisível. Mas, infelizmente, naquela época não tínhamos alternativas, embora soubesse, no fundo do coração, que era uma questão que precisava ser resolvida o mais rápido possível, e o faria assim que fosse possível. Mas, lamentavelmente, nosso pai continuava a nos surpreender, e não apenas por sua ausência.

Certa manhã, bem cedo, alguém bateu à nossa porta. Espantadas com a hora, fomos abrir e deparamos com a polícia.

– Villani, Romilda? Scicolone, Sofia? Acompanhem-nos, por favor.

– Mas por quê? O que fizemos? Que absurdo! Como se atrevem?

Não nos deram nem tempo de trocar de roupa, assim como não se deram o trabalho de responder às nossas perguntas. Fomos arrastadas para o comissariado de polícia, onde fomos intimadas a justificar os proventos que garantiam nosso sustento. Alguém tinha nos denunciado, sob suspeita de termos transformado nosso apartamento numa casa de encontros, infringindo a lei, além da moral.

– Uma denúncia? Casa de encontros? – disse minha mãe. – Nós? Quem foi? Quem pode nos odiar a ponto de tentar enlamear dessa maneira o nosso nome?

A essa altura dos fatos até os policiais estavam constrangidos. Tinham começado a entender que estavam no meio de uma briga familiar que nada tinha a ver com a justiça. E o tal alguém era, de fato, nada mais nada menos que Riccardo Scicolone, pai de uma e quase marido da outra. Creio que não existem palavras capazes de traduzir a tempestade de emoções que tomou conta de nós. Surpresa, humilhação, raiva, vergonha giravam em turbilhão. Recuperando o sangue-frio, conseguimos provar facilmente a origem dos meus proventos e voltamos imediatamente para casa. Mas a ferida causada por meu pai era profunda e, pelo menos no que me dizia respeito, jamais poderia cicatrizar.

No quarto da via Severano, muitas vezes minha mãe cozinhava no banheiro, num pequeno fogareiro, embora a dona da casa não permitisse: esperávamos que ela acabasse de comer e fosse fazer a sesta para preparar um molho rápido, esperando que não sentisse o cheiro.

É um hábito que sempre cultivei, mesmo já sendo uma atriz conhecida, cada vez que o destino me levava ao exterior, em grandes ou pequenos quartos de hotel. Ainda hoje, quando não estou em casa e me bate a saudade, ou quando estou cansada demais para sair, lanço mão do meu fogareiro. Afinal, o que mais é preciso para fazer uma boa massa?

Desse quarto passamos para um pequeno apartamento, sempre na via Severano, e começamos a viver como uma verdadeira família. Finalmente, tinha tomado nas mãos as rédeas da minha, da nossa vida. Minha mãe me acompanhava a toda parte, com seu entusiasmo perenemente velado por uma sombra de pessimismo. Maria, por sua vez, ainda não tinha levantado voo, mas logo chegaria a sua hora. De todo modo, mesmo assumindo o papel de chefe de família, continuava sujeita às regras da casa Villani. Quando chegava tarde, entrava na pontinha dos pés para não ter de ouvir o sermão da minha mãe: ela fazia de tudo para evitar que eu cometesse os mesmos erros que ela.

"Isso são horas de voltar para casa? Além do mais, com quem estava? Acha que é assim? Os dois sozinhos? Quem você pensa que é? Sofia, Sofia, será que não aprendeu nada com a nossa história?"

Agora, quando saía, era sempre com Carlo. É verdade que ele tinha uma esposa e era preciso ter cuidado, embora ainda não houvesse nada entre nós: nosso afeto só desabrochou numa verdadeira história de amor bem depois, quando já era tarde demais para recuar. No momento, contentava-me com a chance de ter finalmente ao meu lado uma pessoa que sabia falar comigo, que me aconselhava, me apoiava na escolha dos papéis, coisa fundamental para qualquer ator iniciante. Tentava ganhar terreno evitando passos em falso, e saber que Carlo estava do meu lado era uma grande ajuda. Sob certos aspectos, sua presença tinha aquele ar paternal que sempre me faltou. Era como uma âncora, uma raiz que me mantinha ligada à terra enquanto todo o resto se movia inquietante, excitante, vertiginosamente.

Aquele homem estava entrando na minha vida devagarzinho, sem que eu percebesse. Ou talvez percebesse, e não queria admitir. Tinha tanta coisa a me ensinar e eu não desejava outra coisa senão aprender.

Em 1950, tentei entrar para o Centro Experimental de Cinematografia, mas me disseram que eu não possuía os requisitos. O ambiente me agradava, com lindos jardins e enormes vidraças. Lembro muito bem de lá. Era uma escola séria, talvez séria demais para mim. Meu lugar, agora, era no campo de trabalho, no set. Desde os tempos em que era apenas figurante, era lá que observava tudo, tentando absorver o máximo e descartar o que não me servia. Lá passava os dias, acumulando encontros e experiências. Mas foi Carlo quem me ajudou a perder o sotaque napolitano e a apurar a dicção. Pedia que lesse bons livros em voz alta, gravando a leitura para que pudesse ouvir meus próprios erros; ensinava a responder às entrevistas e até como me vestir.

Um belo dia, não lembro em qual ocasião, apareceu com um grande embrulho, cujo requinte trazia o nome de uma das mais renomadas butiques da cidade. Abri ansiosa, feliz com sua atenção. Dentro havia um maravilhoso *tailleur* de shantung branco.

– Obrigada... – murmurei emocionada.

– Você devia usar sempre *tailleur* – respondeu ele –, e sempre branco.

Fiz de conta que concordava, mas não era verdade. Naquela época, podia vestir o que queria: tudo ficava bem.

Numa das primeiras noites em que saímos, fomos jantar fora. Não estava habituada a comer em restaurantes e com minha costumeira prudência pensei que devia escolher alguma coisa bem simples, que não me causasse problemas com os talheres. Assim, pedi uma fritada. Mas justamente quando ia cortar o primeiro pedaço com a faca fui fulminada pelo olhar de Carlo, que sussurrou, escandalizado: "Não, com a faca, não, não pode." Daquele dia em diante, nunca mais pedi fritada, de tanta vergonha...

Tudo era uma prova, um desafio contínuo. Minha vida parecia um campo minado, no qual avançava lentamente, de lance em lance, de filme em filme, de jantar em jantar, para me transformar naquela pessoa que sempre sonhei ser.

COMO UM PEIXE

Talvez tenha sido Carlo quem ligou para Goffredo Lombardo ou talvez ele mesmo tenha se lembrado de mim. Fato é que, no verão de 1952, quando o produtor napolitano me convidou para fazer o papel de protagonista em *A sereia do mar vermelho*, dirigido por Giovanni Roccardi, me encontrou mais que pronta para dizer sim, exatamente como tinha feito com Mervyn LeRoy. Mas, dessa vez, a aposta era um pouco mais alta e os riscos muito, muito maiores.

O filme conta a história de um rico industrial que hospeda em seu iate uma expedição científica ao mar Vermelho e aproveita a ocasião para levar também a filha, mimada e rebelde, que acaba se apaixonando pelo mergulho submarino e... pelo capitão, claro. A questão é que boa parte da história se passa na água, às vezes embaixo dela.

— A senhorita é de uma cidade à beira-mar, perto de Nápoles: sabe nadar, não é mesmo? — perguntou Lombardo.

— Claro, doutor — menti, sem me dar conta do risco que estava correndo. — Como um peixe!

Não era a primeira nem seria a última napolitana que não sabia nadar, mas com certeza era a única que tinha assinado um contrato para atuar como atriz em alto-mar.

E já que o assunto são as águas, Lombardo foi responsável pelo meu batismo artístico. Não gostava de Lazzaro e menos ainda de Scicolone. Queria um sobrenome curto, fácil de pronunciar, mas que tivesse certa *allure*. Foi assim que, vendo o nome da bela atriz sueca Märta Torén em um cartaz, passeou pelo alfabeto até parar no L: "Soren, Toren, Loren... Sim, é isso: Sofia Loren!" E já que estava me rebatizando, aproveitou para trocar o *f* de Sofia por um *ph*: *voilà!*, um nome de estrela internacional! Devo dizer que em Pozzuoli fiquei conhecida para sempre como "Sopia", sem que entendessem o porquê daquela estranha mudança.

O drama de *A sereia do mar vermelho* explodiu ao largo da costa de Ponza. Eu em pé na borda de um barco a motor, câmeras prontas para rodar e o diretor berrando no megafone: "Mergulhe!"

Não esperei para ter medo, fiz de conta que sabia nadar e pulei.

Assim que caí no mar fui agarrada pelos braços fortes do técnico responsável pelas tomadas na água, o mesmo que em poucos dias me ensinaria tudo sobre natação. Naquele momento, porém, meu salvador estava realmente furioso. Tinham me mandado mergulhar a poucos metros das hélices, correndo um grande risco e colocando minha integridade em perigo. Viva por milagre, comecei a aprender a lidar com bombas e bocais, pés de pato, roupas de mergulho e pesos. No final do filme, tinha me transformado realmente num peixe. E superado mais um medo.

CELESTE AÍDA

Minha primeira grande oportunidade — mas toda oportunidade é grande, sobretudo no início — chegou nas asas da música celestial de Verdi. Durante as filmagens de *A promessa*, a excelente atriz Doris Duranti comentou comigo que Clemente Fracassi estava começando as filmagens de *Aída*, no mais famoso estúdio cinematográfico de Roma, a Scalera. "Tente se informar", aconselhou ela. Tinha em meu currículo o trabalho em *A favorita*, no qual pude demonstrar minha capacidade na dublagem lírica. Os produtores tinham chamado uma atriz negra da América, mas não pareciam muito convencidos. Foi assim que consegui o papel, talvez graças também à intervenção de Renzo Rossellini, irmão de Roberto, que era consultor musical do filme. Não tinha muito tempo para estudar o papel, ainda mais com a exigência de estar perfeitamente sintonizada com a cantora: passei dois meses trancada no pequeno escritório do estúdio da produção, no gelo de um inverno rigoroso, sem aquecimento. Fazia tanto frio que, antes de filmar, mandavam que comesse gelo para amenizar o efeito nuvem provocado pela respiração. Para tentar remediar totalmente o problema e afastar qualquer vestígio, um dos técnicos me seguia carregando um secador de cabelo!

Tinha de passar por quatro horas diárias de maquiagem para me transformar em *Aída*, negra da cabeça aos pés. Recordo até o *pancake* mais escuro na raiz dos cabelos e na testa para camuflar o tule da peruca. Mas devo admitir que valeu a pena. Dar corpo à voz da Tebaldi foi uma emoção especial, que dificilmente repetirei. No final, parecíamos uma única pessoa. Além disso, vale lembrar que estava entre os poucos atores do elenco que não cantava, o que tornava minha missão ainda mais difícil. Ninguém devia perceber que um disco guiava os movimentos dos meus lábios. Até Carlo ficou espantado. Acho que aquele foi o momento em que ele começou realmente a acreditar em mim.

Eu também comecei a acreditar, e com o dinheiro que ganhei — um milhão de liras — minha mãe, Maria e eu nos mudamos para um apartamento maior na via Balzani e pude finalmente resgatar a honra da minha irmã. Meu pai, se é que posso chamá-lo assim, havia desaparecido definitivamente da minha vida: eu tinha desistido até de amá-lo. Justamente por isso não foi difícil transferir para ele parte do cachê de *Aída*, obtendo em troca um sobrenome: para mim, uma casca vazia, mas, para minha irmã, a salvação. Maria Villani tornou-se Maria Scicolone e finalmente virou aquela página: voltou à escola e recomeçou a viver.

Creio que é inútil nos determos na sequência dessa triste história. Seja como for, eu estava salva. Com meus próprios meios, na medida do possível, refiz o percurso da nossa história familiar para entender aquilo que, quando menina, parecia grande demais para ser enfrentado. E cheguei às minhas conclusões. Nem todos os homens eram como Riccardo Scicolone e nem todas as histórias se repetiam necessariamente. Ao meu lado eu queria uma pessoa diferente, que pudesse me fazer realmente feliz. Ainda não sabia com certeza, mas a vida logo demonstrou que, na verdade, eu já tinha encontrado o meu homem ideal.

IV

QUEM É AQUELA *PICCERELLA*?*

---
* Em napolitano, *piccerella* significa pequena, mocinha. (*N. da T.*)

O BANCO DO JARDIM
"Sofia Sofi', a quinnicianne me diciste: Si."*

E como poderia dizer não? Sem De Sica jamais me tornaria aquilo que sou, jamais teria encontrado minha verdadeira voz. Seu talento e sua confiança foram os dons mais valiosos que a vida podia me dar e, por isso, ele viverá eternamente na minha memória.

Naquele dia em Cinecittà — tinha na verdade dezenove anos, e não quinze — estava girando de um set a outro sem rumo certo. Gostava da agitação das cenas, da multidão barulhenta dos figurantes, dos painéis de papelão que a cada vez se abriam para um mundo novo. Passava meus dias ali porque queria e gostava: tinha trabalho e a cada esquina podia topar com uma ideia, um detalhe, um encontro importante. E, como não demoraria a aprender, cada encontro pode ser uma oportunidade única, que devemos agarrar sem perda de tempo.

Cinecittà era o País das Maravilhas, uma paisagem de sonhos em construção que se misturavam uns com os outros como em um castelo de cartas. Romanos antigos tomavam café com jovens vedetes, grandes maestros conversavam com coristas, mulheres do povo comiam seus sanduíches com fidalgos de fraque. Enquanto cineastas de baixo quilate perseguiam seus lucros, os

---

* "Sofia, Sofi, aos quinze anos me disseste: sim." (*N. da T.*)

diretores mais apaixonados discutiam com técnicos e maquinistas ou escolhiam pontas e figurantes.

Era um universo de fantasia, onde eu podia soltar as rédeas para seguir meu destino, como se fosse uma miragem. Corria e sonhava, mas não era apenas uma sonhadora: mantinha meus pés no chão, pronta para dar o grande salto. Era realista e pontual, possuía grande vontade de trabalhar e estava disposta a arriscar tudo o que tinha nas minhas poucas certezas.

Naquele dia, caminhando pelo parque, senti que dois senhores me observavam, fumando, sentados ao sol num banco de jardim. Um deles era Peppino Annunziata, que seria o meu primeiro e inesquecível maquiador: uma espécie de guarda-costas escolhido por Carlo para ficar sempre ao meu lado em qualquer ocasião. O outro era ele, Vittorio De Sica, o ator e diretor mais capaz de encontrar os caminhos da naturalidade que o cinema italiano já conheceu. Ouvi que confabulavam, reconheci o sotaque napolitano e percebi que o assunto da conversa era eu. A música daquela fala me levou de volta para casa. Observando os dois, me derreti num sorriso.

– Sophia, Sophia, venha cá, quero lhe apresentar... – chamou Peppino, que já me conhecia.

Vittorio me cumprimentou, fez alguns elogios com aquela bela voz, melodiosa e gentil, e desfiou um daqueles sermões que naquela época os homens costumavam ministrar às moças bonitas.

– O mundo é uma selva, fique de olhos bem abertos... – concluiu, num tom paternal. – Mas se tem paixão, e pelo que posso ver a senhorita tem paixão para dar e vender, confie em si mesma que tudo vai dar certo!

Não pude acreditar, era bom demais para ser verdade: De Sica estava bem ali, conversando comigo.

Iniciou sua grande aventura no cinema como ator e só começou a dirigir na época da guerra. Sucessivamente, captou no ar o espírito do tempo, a voz das ruas e lançou-se com entusiasmo no cinema, buscando nos rostos das pessoas comuns os traços do novo mundo que renascia das ruínas. Deu voz aos velhos e às crianças, aos engraxates e aos sem-teto, às mulheres da vida e aos aposentados. Impermeável a qualquer retórica, denunciava a injustiça e se emocionava junto com seus personagens.

Sua experiência como ator e o olho clínico de diretor faziam dele um mestre completo, que entendia, com instinto infalível, a pessoa que estava diante dele e era capaz de extrair dela tudo o que precisava, às vezes sem precisar nem falar. Quantas crianças ele não fez chorar em nome de uma cena, de uma emoção roubada! Fossem eles os maravilhosos meninos de *Vítimas da tormenta* ou os mendigos de *Milagre em Milão*, grandes atores, ou aspirantes a isso, todos respondiam ao seu apelo e davam o melhor de si.

Algum tempo depois do nosso primeiro encontro, voltei a vê-lo nos escritórios da Ponti-De Laurentiis. Estava filmando *O ouro de Nápoles*, e Carlo talvez tenha dado meu nome pensando que poderia fazer o papel de Pizzaiola. Ele não se lembrava de mim, mas o banquinho onde o vi pela primeira vez nunca tinha saído da minha memória. Falamos de coisas banais, ele fez algumas perguntas — de onde eu vinha, o que estava fazendo —, falei de Pozzuoli e de minha estreia na *Sogno*, de *A favorita*, de *A sereia do mar Vermelho*, da *Aída*, e confessei meu pavor de testes.

— Interessante – disse ele, fingindo prestar atenção nas minhas palavras.

Na verdade, só me observava com seu terceiro olho, aquele que era capaz de perceber um ator por trás das aparências, um talento natural por trás das artimanhas de um currículo diligentemente construído. Enquanto me esforçava para fazer boa figura, ele não se comprometia, permanecia distante, tentando entender. E embora muito honrada por sua atenção, logo me convenci de que não ia acontecer nada. *"Torna cu'e piedi' pe' ter-*

ra, Sofi', 'e suonn' nun servon a nientê", disse ele: mantenha os pés no chão, Sofia, os sonhos não servem de nada. Mas naquela altura eu já devia saber que nada acontece quando não se tem a coragem de sonhar.

Porém, de repente, uma surpresa: a sorte tinha me reservado a carta vencedora. Quando já estava conformada, Vittorio mudou de tom e parou de me chamar de senhorita.

– Você vai partir amanhã para Nápoles. Vou fazer um filme em episódios, extraído de uma coletânea de contos de Giuseppe Marotta, o escritor napolitano. O elenco é excelente.

Fiquei parada ali, olhando para ele boquiaberta, como uma criança que caiu de repente dentro de uma loja de brinquedos.

– Um dos episódios gira em torno de uma moça que se chama Sofia – continuou ele com misteriosa tranquilidade. – É você, sem tirar nem pôr, não vai precisar de teste. Vou mandar comprar sua passagem de trem.

O que eu devia dizer? Disse que sim.

A FEBRE DO OURO

Parti com os olhos fechados ao encontro da história da minha vida.

Minha mãe, sempre desconfiada, tentou me impedir:

– *Ma si' asciut' pazz' ma addò vaje ca manc' 'e cunusc a chisti ccà? Chi te dice ca tenen bbuoni penziere?* [Ficou maluca? Aonde pensa que vai, você nem conhece esse sujeito! Quem pode garantir que as intenções dele são boas?]

Mas eu já sabia o que queria.

– Não precisa se preocupar – tentei tranquilizá-la. – Vai dar tudo certo.

No fundo, ela também estava contente por terem me escolhido, mas sem controlar a ansiedade, fazia tempestade em copo d'água e se perdia nas pequenas questões de sempre.

— E agora, o que vai vestir?

Nem sabia como seria a minha personagem. Na verdade, isso também não importava. Em Nápoles, como se sabe, as *pizzaiolas* vestem-se de nada.

Interpretava para minha mãe o papel da filha adulta e decidida, ostentando uma segurança que estava longe de ter. Dentro de mim estava tão apavorada quanto excitada.

— Será que sou capaz? — perguntava a mim mesma. — E se De Sica se enganou? E se acha que está diante de uma verdadeira atriz? O que fiz, *Maronna mia, ch'aggia fa'*?

Lembro-me do primeiro dia de trabalho como se fosse hoje. Estávamos em fevereiro de 1954, fazia um frio horrível, acho que nem consegui dormir. Diante do mestre, minhas pernas tremiam, minha voz era um sopro, parecia mesmo uma menina. Não voltava a Nápoles desde os tempos do Rainha do Mar, onde tinha sido uma pequena peça de um espetáculo escrito com antecedência, uma pequena estátua passeando de carruagem. Agora, ao contrário, era a protagonista de algo que ia acontecer bem ali, debaixo dos nossos olhos, e que, de um jeito ou de outro, dependia de mim. Em Nápoles, *i bassi** esperavam por mim.

Vittorio sabia o que queria e me indicou o caminho:

— Sofi', tudo o que precisa está aí, dentro de você. Deixe sair, entregue-se! Busque suas emoções em tudo aquilo que viu e que viveu. Volte para a via Solfatara, tudo começa lá.

Tinha percebido que por trás da minha aparência, ao mesmo tempo esquiva e exuberante, se escondia um poço de intensas recordações, uma sensibilidade nascida numa infância nada fácil, que buscava agora um modo de se expressar, de se transformar em arte.

---

* Pequenos apartamentos de uma ou duas peças, no térreo dos edifícios, com acesso direto para a rua, típica moradia da população pobre napolitana e, por extensão de sentido, essa mesma população. (*N. da T.*)

— Atue com todo o corpo, até com os dedos dos pés e das mãos: são tão importantes quanto a voz, os olhos, o rosto – repetia ele.

Naturalmente, ele estava exagerando, mas suas palavras guardavam uma grande verdade. Quando se atua, é preciso fazê-lo completamente, com os sentidos e com a cabeça, com a pele e com as vísceras, com a memória e com o coração. Nesse nosso ofício, é o único segredo que conta.

Naquela primeira manhã, estava tão agitada que, para espantar o frio e ganhar coragem, até bebi dois golinhos de conhaque. E depois? Depois... *fu subito sera!**

O dia tinha passado num relâmpago, tão depressa que nem percebi. Depois de doze horas de trabalho duro, quando nos encontramos todos para jantar, eu era outra pessoa. Tinha sido um jogo entre Vittorio e eu, ele, atrás, eu, na frente das câmeras: tínhamos atuado e tínhamos, sobretudo, nos divertido. Com seu toque especial, ele me livrou de todas as preocupações. Tínhamos voltado a ser, ele e eu, dois napolitanos sem amarras, improvisando com alegria sincera. Não se costuma dizer que "os napolitanos, como as crianças, costumam roubar a cena"?

Filmamos durante vinte dias, e foram vinte dias de festa. Era um acontecimento também para os moradores do bairro Materdei, que se acotovelavam nas vielas para nos ver atuar, deixando-se envolver pela magia de sua própria cidade iluminada pelos refletores do set. A confusão era tão grande na multidão de *scugnizzi* e desocupados que tiveram de chamar os bombeiros. Mas o nosso era um incêndio de alegria e vitalidade, que só fazia bem a todos. Com o passar do tempo, estava cada vez mais segura de mim e começava a caminhar realmente como a Pizzaiola: cabeça erguida, peito estufado e toda a vida diante de si.

---

* Referência ao famoso poema de Salvatore Quasimodo, Prêmio Nobel de Literatura de 1959, *Ed è subito sera* (E de repente é noite). (*N. da T.*)

Ainda posso ver Vittorio atrás da câmera mostrando as reações, os gestos, a alma inteira, tudo aquilo que esperava de mim.

– Sim, muito bem, continue assim! – berrava satisfeito no megafone.

E eu olhava, sem acreditar, que tudo aquilo estava acontecendo exatamente comigo. Vittorio me ajudou a superar meus próprios limites, a pular o muro que cercava meus sentimentos mais profundos. Alguns anos mais tarde, ele faria ainda mais que isso, conduzindo-me pela mão através do território da tragédia.

Mas ali, ao contrário, estávamos no mundo da leveza e da comédia — que, pensando bem, não é menos difícil —, onde tudo caminha no fio do ritmo e basta um toque a mais para cair na vulgaridade ou na paródia.

A Sofia de *Pizza a crédito* tem uma pequena panificação com o marido Rosario — interpretado por Giacomo Furia, com quem eu estabeleceria laços de afeto fraterno que durariam a vida inteira —, diante da qual param guardas-noturnos e advogados, carroceiros e padres, funcionários e rapazolas, atraídos mais por sua beleza do que por suas pizzas, e até o irmão menor de Giacomo Rondinella, Luciano, corteja a Pizzaiola cantando da sua carroça, para alegria dos presentes, dentro e fora do filme.

"Coma agora e pague em oito dias!", afirma o cartaz embaixo do letreiro, e repetem marido e mulher aos gritos, para atrair a clientela.

– *Venite, venite a fa' marenna! Donna Sofia ha preparato 'e briosce!*

O estrago acontece numa manhã em que todos estão na missa. Abraçada a seu fogoso amante, Sofia perde o anel de esmeralda, presente do marido, "o mais bonito de todo o bairro Stella", na compra do qual — por amor, mas também para se dar importância — ele tinha gasto todas as economias. O "escândalo" logo cai na boca do povo e, numa Nápoles invernal e chuvosa, o coro popular manda seu recado seguindo os protagonistas, que procuram o que perderam.

Nunca poderei esquecer Paolo Stoppa no papel do Don Peppino, viúvo inconsolável, que perdeu tudo e resolveu se jogar do terraço, mas acaba se deixando consolar por um prato de espaguete. Um grande ator, sério e rigoroso, que se divertia observando com afetuoso distanciamento os meus primeiros, felizes passos.

E os passos que dávamos eram muitos, correndo de uma casa a outra, cercados por um mundo também em movimento, feito de ironia e lugares-comuns, superstições e fofocas, humanidade e maledicência. É o mundo real, de todo dia, que busca um caminho, bem napolitano, para superar os obstáculos e livrar-se do jugo do poder, para exorcizar a morte — sempre escondida atrás de qualquer esquina ou nas encostas do Vesúvio — desfrutando *una jurnata 'e sole*.*

Em cada episódio do filme, os protagonistas — todos excelentes atores — carregam um peso no coração: Totò tem um arruaceiro aboletado em sua casa há dez anos; Silvana Mangano, um passado de prostituta, do qual espera se livrar com um casamento reparador; De Sica, que por um momento volta a ser um ator entre atores, o vício do jogo, que o marcou tristemente na vida real; o grande Eduardo De Filippo, a arrogância de um velho duque que, quando passa no seu carro, pretende que todos saiam de sua frente. A esse duque o povo responde com o que há de mais escarnecedor e cruel: *'pernacchi*. *'Pernacchi* não tem nada a ver com a *pernacchia*.**

A *pernacchia* é trivial, qualquer um faz, não tem profundidade. *'Pernacchi* napolitano, ao contrário, tem uma força particular, capaz de repetir aos poderosos que eles são "*'na schifezza, 'na*

---

* Em napolitano, "um dia de sol". Referência à música napolitana *'O sole mio*, de Giovanni Capurro e Eduardo di Capua, composta em 1898. (*N. da T.*)

** *Pernacchia*: gesto sonoro e vulgar, em que se emite um forte sopro entre os lábios cerrados, com um som estridente. Corresponderia, mais ou menos, guardando-se a devida distância, a "dar uma banana" a alguém. (*N. da T.*)

schifezza, 'na schifezza", ou seja, um lixo. Aquele que recebe *'pernacchi* vive a tragédia da humilhação. Quem aprende a fazê-lo saboreia a liberdade da catarse. Como todos sabem, em Nápoles, altos e baixos se misturam, miséria e nobreza são vizinhas de casa. Intelectuais como Vittorio e Totò, Eduardo e Peppino giravam entre o povo, no meio do povo para poder contá-lo tal como é. E o povo entendia — entendia e apreciava.

Minha caminhada triunfal pelas vielas, com o anel encontrado, o decote generoso e o sorriso aberto, tiveram o poder de revelar-me para mim mesma, e não só para os outros. E, mais importante ainda, conduziram-me até Vittorio, que a partir daquele momento seria uma verdadeira força na minha vida. Estará comigo nos vinte anos que se seguiram e em mais treze filmes, ensinando tudo o que sei, apoiando e mostrando o caminho, muitas vezes junto com o grande Cesare Zavattini, para as personagens mais adequados à minha personalidade, guiando-me na tempestade do drama ou na brisa da comédia, onde o risco de exagerar é grande e as possibilidades de êxito muitas vezes são mínimas. Nós nos amávamos realmente como pai e filha, tinha por ele uma admiração cega, e ele sempre me ajudou a dar o melhor de mim. Muito em breve nossa dupla ganharia a participação de Marcello Mastroianni, fechando o círculo perfeito.

Pizza a crédito não agradou ao CCC (*Centro Cattolico Cinematografico*). Adúltero demais, alegre demais, sensual demais. Em compensação, agradou em cheio a todos os outros. A única a desafinar o coro foi minha mãe, com seu proverbial otimismo. Foi assistir comigo à projeção da primeira cópia do filme — estava sempre ao meu lado nos momentos importantes — e assim que as luzes se acenderam, exclamou, ressentida:

– Aquele Ponti arruinou você... o episódio da Mangano é muito melhor que o seu!

– Mas o que está dizendo, mãezinha! – contemporizei. – São duas coisas diferentes, duas belezas diversas. Um é comédia, o outro é drama...

Ela queria sempre o melhor para mim, não conseguia se livrar da convicção de que o mundo estava ali para nos prejudicar, para roubar o que era nosso, aquilo que com muito esforço merecemos ganhar. Ainda viajava nos rastros de suas primeiras desilusões. Eu, ao contrário, me projetava toda para o futuro, e nada mais poderia me deter.

Aquela famosa caminhada, regada pelas máquinas de chuva artificial, proporcionou-me, além de um pouco de glória e de um passaporte para o futuro, uma broncopneumonia cuja recuperação foi difícil. Numa das últimas noites, quando estávamos todos jantando juntos ao ar livre, desmaiei e tive de ser levada imediatamente para o hotel. Nos dias que restavam, filmei com febre. Talvez tenha me esforçado demais. Mas, com certeza, recebi muito mais: "O amor à vida, uma longa paciência, uma esperança contínua." Em outras palavras, o ouro de Nápoles, que logo ia me levar para a América.

A *PICCERELLA* CRESCE

O rei incontestado dessa Nápoles dourada é exatamente ele, o príncipe Antonio Griffo Focas Flavio Angelo Ducas Comneno Porfirogenito Gagliardi De Curtis di Bisanzio. Costumava segui-lo pelos sets desde a minha chegada a Cinecittà, em 1950. Da modéstia das minhas pequenas participações e dos meus poucos anos, erguia os olhos para ele, tímida e adorante, quando trabalhei como figurante em *As seis mulheres de Barba Azul* ou como uma das moças de *Totòtarzan*. Mas antes disso — quando era na verdade pouco mais que uma menina, sem trabalho e sem um tostão — fui ao *Scalera*, onde o príncipe estava trabalhando. Entrei na sala devagarzinho e alguém da produção, talvez comovido com minha juventude, deixou que eu me sentasse. Olhando para mim, Totò perguntou a alguém:

– Quem é essa *piccerella*?

Titubeante, fui ate lá e me apresentei:
— Scicolone, Sofia, é uma grande honra...
Ele foi gentil, sorriu para mim e me concedeu um pouco de seu precioso tempo.
— O que uma mocinha como você está fazendo aqui? De onde vem?
— Sou de Pozzuoli, estou aqui para fazer cinema...
— Ah, o cinema... —, suspirou ele, fazendo uma daquelas suas famosas caras.

Por um instante, sua irônica e irresistível melancolia foi toda minha. E tratei de bebê-la como um copo de água fresca que me deu muita força. Se Totò estava me presenteando com um tiquinho da sua atenção, isso só podia significar que tudo era possível. O melhor de tudo já estava aqui.

Mas o príncipe não se limitou às palavras. No final, intuindo aquilo que tanto tentei esconder, colocou cem mil liras na minha mão. Acho que leu nos meus olhos a fome que sentia: de comida, de trabalho ou, talvez mais simplesmente, de cinema. Eu e minha mãe comemos fartamente, como se tivéssemos ganhado na loteria.

Sua filha Liliana conta que, numa tarde em que me viu chegar ao set de *Barbablù*, Totò quase desmaiou.

"É perigoso contemplar certos panoramas às duas da tarde: entre promontórios e enseadas, quase que minha digestão fica bloqueada."

Tendo tido a honra de conhecê-lo, posso dizer que o rei dos cômicos recitava sempre, mesmo fora dos palcos, e que daria a vida por uma boa piada.

Encontrei-o de novo em 1953 — para mim, um ano pleno de filmes, a começar pela *Aída* —, em duas ocasiões muito importantes. Em *Confusões à italiana* extraído de uma farsa de Eduardo Scarpetta, ele é Felice Sciosciamocca, escrivão sem dinheiro, cujo nome já guarda toda uma história, que é contratado junto com a família por um marquesinho para desempenhar diante dos seus pais o papel de parentes aristocráticos de sua noiva Gemma (esta que vos fala!), com quem pretendia casar.

"Danem-se Cartago e todos os cartagineses!", exclama Totò quando me vê chegar vestida de noiva. "Nós te receberemos no seio de nossa família e tu no teu..."

O príncipe era irresistível, estar ao seu lado diluía todos os medos e qualquer embaraço. Mesmo porque ele inventava na hora metade do filme, e ninguém conseguia segurá-lo. É o que acontece na famosa cena em que enfia espaguetes no bolso, cena que fala da fome do nosso povo, da fome de Pulcinella e de quem viveu em Pozzuoli durante a guerra. Uma fome que só poderia ser combatida com a arma do sorriso, com aquela leveza cheia de espírito que faz parte da nossa alma napolitana.

Nápoles continua a ser para mim a cidade mais bela da Itália, assim como seu povo. Ela já viu tantas indignidades, tanta fealdade, que hoje precisa pensar na possibilidade de um futuro melhor. Talvez seja por isso que, em 2013, quando meu filho Edoardo propôs que filmasse *A voz humana*, de Cocteau, em Nápoles, aceitei com imensa alegria. É minha pequena contribuição de esperança à terra que amo.

A vida levou-me para longe das minhas raízes, mas meu coração continua lá, na luz, na língua, na cozinha partenopeia. Quanto mais o tempo passa, mais me acontece de falar em napolitano. Talvez porque é em napolitano que me exprimo melhor, que consigo dizer coisas que não sei dizer em italiano e menos ainda em inglês ou francês. A língua napolitana é para mim tão carregada de amor que até os meus filhos entendem quando a falo e, hoje em dia, até os netos.

O mesmo vale para os pratos tradicionais, que me levam de volta para casa, para a cozinha de via Solfatara. Lá passava meus dias, entre os perfumes e aromas da pobreza. Lá o canto de vovó e o calor da estufa me faziam companhia e, quando havia dinheiro, o ragu borbulhava na panela.

Hoje não cozinho com frequência, como pouco, sempre perdida em mil pensamentos. Mas quando meus filhos chegam da América e pedem aquela receita especial, me refugio no meu canto e me sinto de novo em Pozzuoli. O prato que me dá mais satisfação é a Genovese, aqueles cinco quilos de cebola refogadas até ficarem macias, onde os enroladinhos de carne irão cozinhar, em seguida, por quatro horas. Nesta vida que se tornou tão apressada, quatro horas são um tempo infinito, justamente aquele que preciso para retornar aos anos de minha infância.

Mas, voltando a Totò, cruzei com ele outra vez em *Nossos tempos*, dirigido por nada mais, nada menos que Alessandro Blasetti. Outro grande mestre do nosso cinema, Sandro acreditou em mim quando eu ainda não era ninguém. Também era um filme em episódios: uma colcha de retalhos que reunia todos os protagonistas da época, de Mastroianni a De Sica, de Yves Montand a Alberto Sordi, de Eduardo ao mágico Quarteto Cetra. Nos textos, Moravia e Pratolini, Marotta e Bassani, Achille Campanile, Sandro Continenza e Suso Cecchi D'Amico. Eu trabalhava justamente com Totò no episódio em que ele, fotógrafo de profissão, tem sua máquina fotográfica roubada quando tenta abordar uma bela mulher, que seria eu.

Dizem que Blasetti foi seduzido pela minha capacidade de acompanhar o grande cômico. Embora gostasse de estudar o texto a fundo, logo vi que naquele caso isso seria inútil. Totò gostava de improvisar, recheava o roteiro com cacos, invenções, sonhos. Era melhor se deixar levar pela corrente, tentando não perder o passo.

Na ocasião, ter crescido em Pozzuoli foi de grande ajuda. O encontro de nossos espíritos napolitanos — feitos de intuição, faro, ironia — produziu faíscas.

Nunca mais trabalharia com Totò, mas reencontrei Blasetti em pouco tempo, em outro filme que guardo até hoje bem fundo no coração.

UMA CANALHA DE TÁXI

A primeira a acreditar em mim como protagonista de *Bela e canalha* foi Suso Cecchi D'Amico, a única mulher no patamar dos grandes roteiristas da época. "A árvore que fez muito cinema italiano florir entre seus ramos", como a definia Lina Wertmüller. Lendo os *Contos romanos* de Moravia, Suso descobriu uma bela história, bem no começo de um dos contos, "Fanático".

Lembro que nos encontramos um dia no trem. Depois de ter me visto rapidamente na estação, ela foi à minha cabine e sentou-se ao meu lado, com uma intimidade que logo me deixou à vontade.

– Tenho um roteiro que tem muito a ver com você – disse simplesmente, olhando diretamente nos meus olhos.

– E como não?! – respondi, com meu costumeiro entusiasmo.

Suso trabalhou a história com Flaiano, Moravia e Continenza e depois ofereceram a Blasetti, que estava justamente procurando um argumento para um filme. A primeira escolha da produção tinha sido Lollobrigida, que na época era considerada a número um. Mas Suso tinha me visto em Cinecittà, durante as filmagens de *Ci troviamo in galleria* [Nos vemos na galeria], de Bolognini, e ficou impressionada com minha alegria. No filme, eu dançava um mambo, como voltaria a dançar em *A mulher do rio* e em *Pão, amor e...*, com o famoso e faiscante vestido vermelho.

Depois daquele breve encontro ferroviário, Suso, apoiada por Flaiano e pelo próprio Blasetti, insistiu com os produtores até que me dessem o papel.

Sandro ficou feliz em me ter de novo no set e me ofereceu minha primeira oportunidade como protagonista. Até então, só tinha feito pontas e um papel importante em *O ouro de Nápoles*, mas em um único episódio. Agora atuaria em todo o filme, ao lado de dois importantíssimos parceiros: Vittorio De Sica e Marcello Mastroianni. Foi o começo de uma longa e feliz viagem, cheia de felicidade.

Quem é aquela *piccerella*?

Foi nessa ocasião que conheci Mara, filha de Blasetti, que trabalhava na produção. Seus olhos viram em mim, uma iniciante, a fibra de uma atriz, mas durante muito tempo continuaria falando comigo como se ainda fosse uma menina. Ainda hoje nos falamos, rimos e mergulhamos nos bons tempos passados, como se fosse ontem.

Em *Bela e canalha*, eu e Marcello nos encontramos pela primeira vez. Era um filme maravilhoso, em preto e branco, e nos apaixonamos imediatamente um pelo outro. Cinematograficamente, quero dizer.

Lembro-me da primeira vez em que o vi. Estava na escada de um edifício para filmar uma cena e ele, alguns degraus acima, olhava para mim.

– Olá – cumprimentou com naturalidade.

– Olá – respondi, tímida e emocionada.

Nossa sintonia foi imediata e permaneceu intacta até o fim, sem se abalar jamais. Naquele primeiro set aprendemos a nos conhecer tendo como pano de fundo a Roma alegre e luminosa do pós-guerra, quando as pessoas reaprendiam a viajar, a ir à praia, mergulhar no mar, amar e divertir-se. Marcello e eu nos sentíamos bem juntos. Que dupla! Simples, bonita, verdadeira.

No filme, ele é Paolo, um rapaz gentil e um tanto ingênuo, que perdeu a família nos bombardeios e tenta refazer a vida como motorista de uma companhia de táxi. Não consegue resistir à desinibida Lina que, enquanto tenta roubá-lo, cantarola *Bongo, bongo, bongo* com uma petulância adorável. Minha personagem é nova e insólita para a época: herdeira de uma família de ladrões, segue os passos do pai, o maravilhoso trapaceiro De Sica, nos seus roubos perfeitos. Mais uma vez, Vittorio guia meus passos e também os do jovem Mastroianni, oriundo do teatro para o cinema.

Dez anos mais velho e muito mais desembaraçado, Marcello chegava ao set deliciosamente despreparado. Eu, em compensação, estudava como uma aluna aplicada, com medo de errar e dar vexame. Tinha textos longuíssimos, em cenas ainda mais longas, em que falava quase sozinha. Lembro-me de uma em especial, nas mesmas escadas onde nos encontramos pela primeira vez. Meu texto era um calhamaço e, no final, ele me abraçou rindo:

– Como consegue decorar tudo isso, me diga, como?!

– Bem, é porque estudo. Você também conseguiria, o problema é que deixa tudo para a última hora...

Como nos divertíamos! Éramos jovens, inconscientes, e o mundo sorria para nós.

Com certeza, boa parte do mérito era de Blasetti, que sabia lidar conosco, os atores: sabia como falar, tinha consideração, reconhecia nossa importância e gostava de nós. Era um perfeccionista, capaz de refazer vinte vezes a mesma cena. Na décima tentativa, nos pegava pelo braço — a mim, Marcello ou Vittorio — e dizia: "Olhe, minha linda..." e recomeçávamos tudo do início.

Sandro exigia dos outros o empenho e a paixão que exigia de si mesmo e sempre os teve de minha parte. Talvez seja por isso que sempre nos demos tão bem.

Quanto a Vittorio, no papel de ator era humilde e respeitoso. Aceitava tudo o que a direção pedia, sem reclamar. Mas muitas vezes era o próprio Sandro quem o chamava para acertarem juntos uma determinada cena, mudando e "desmudando" mil vezes.

"O que acha, Vitto', de fazermos assim? Não prefere o primeiro plano?"

Dava muito importância a seus colaboradores e sabia que tinha em De Sica um companheiro precioso. Era uma bela dupla de cavalheiros, daqueles que não se fazem mais hoje em dia.

Blasetti era dono de uma técnica insuperável, além de um olho extraordinário para os enquadramentos. Sempre aparecia no set de botas e calças de montaria, meio anos 1930, pois, se fosse necessário para a filmagem, rolava até na lama, e sua mulher reclamava muito da quantidade de roupa suja. Às vezes, aparecia até com um inacreditável macacão de aviador.

Quem é aquela *piccerella*?

Foi ele quem inventou o *travelling*, pedindo a uma fábrica que produzia carrinhos sobre trilhos para mineradoras que os adaptasse para câmeras de cinema. Passava horas conversando com os maquinistas, adorava o cinema e todos os seus profissionais. Embora soubesse sorrir, impunha muito respeito, até parecia que estávamos todos na escola.

Ficamos amigos para a vida inteira. Estava sempre tentando descobrir alguma coisa e, se tivesse nascido alguns séculos antes, talvez tivesse se tornado explorador. Ainda bem que não, pois foi o meu descobridor e sempre lhe serei profundamente grata por isso.

Por meu lado, só vim a descobrir depois de sua morte que a confusão do set escondia um dos maiores escritores contemporâneos: Gabriel Garcia Márquez. Gabo também chegou a Roma em busca do sonho de Cinecittà e entrou para o Centro Experimental de Cinematografia graças ao diretor argentino Fernando Birri. Numa entrevista recente contou que, em *Bela e canalha*, ele era o terceiro assistente de direção, ou seja, o "dispensador". Foi por isso que não pude me aproximar dele durante as filmagens, como gostaria de ter feito: sua tarefa era exatamente o contrário, ou seja, dispensar, afastar os curiosos. Pena! Quem sabe não seria o início de uma grande amizade.

Interlúdio

Imagens, bilhetes, cartas, poesias. O baú dos meus segredos, em cima da cama, tem um perfume de vida e me leva para viajar no tempo, até a juventude já distante, mas aponta o caminho do amanhã, uma trilha luminosa de recordações e esperanças, de sonhos ainda por realizar.

Beberico o chá que Ninni deixou silenciosamente na mesinha de cabeceira antes de se retirar. Amanhã é véspera de Natal, tudo está pronto, mas eu me sinto distante, perdida no rio da memória em que corre a minha vida. Felicidade e melancolia se entrelaçam de forma misteriosa, uma não pode existir sem a outra. Muitas das pessoas que mais amei não estão mais aqui, mas continuam a falar dentro de mim, nos sucessos dos meus filhos, na imaginação dos netos que amanhã vão alegrar a nossa mesa.

E eis que a lembrança deles me traz de volta ao aqui e agora. Antecipo a alegria dos preparativos, todos eles na cozinha ajudando a fazer as almôndegas de Livia, a cozinheira, uma tradição natalícia da família. Imagino suas mãozinhas enfarinhadas, as bolinhas de carne de todas as dimensões rolando sobre a farinha de pão, o cheiro de fritura que ameniza o frio e aquece o inverno com alegria. Mas o rio me chama, e me abandono, confiante, à sua corrente.

V

MAMBO

A ORQUESTRA FANTASMA

Olho as fotografias e paro enternecida em uma imagem que tinha esquecido. A mão de Carlo pousada levemente num carinho em minha cabeça é mais explícita do que mil palavras. Condensa em um pequeno gesto toda a profundidade do nosso sentimento. Viro a foto e leio: Verão de 1954. Foi ali, durante as filmagens de *A mulher do rio,* que percebemos finalmente que estávamos apaixonados. A menina crescida depressa demais já era uma mulher, a figurante tinha se transformado em uma atriz e nossa proximidade, em amor. Estávamos no set, numa pausa do trabalho. Atrás de nós, o delta do Pó, com sua luz suave, o verde que se dissolve no azul, a água que se transforma em céu. Numa umidade devorada pelos mosquitos, atores e técnicos giram para lá e para cá de bicicleta ou de barco, assim como os protagonistas do filme. A paisagem se dissolve nos canais, nas pequenas pontes, no cinza dos pântanos contornados pelos bambuzais. E atrás das dunas, o mar, que rapta e leva para longe.

Carlo imaginou *A mulher do rio* expressamente para mim. Era uma produção só dele, sem a contribuição de seu parceiro histórico, De Laurentiis. Se soubesse na época o quanto ele tinha investido, teria ficado paralisada de medo. Mas, mesmo sem saber, sentia pesar sobre mim a carga da responsabilidade. Depois de *O ouro de Nápoles* e do verão romano passado com Vittorio e Marcello filmando a "canalha", estava sozinha, longe de casa, protagonista absoluta de um verdadeiro melodrama, num gesto de confiança de Carlo no meu talento que começava a desabrochar.

A ideia de um papel dramático me entusiasmava, pois me daria a oportunidade de exprimir sentimentos mais profundos, o que era muito difícil para mim na vida real. No entanto, o desafio me parecia muito grande, talvez grande demais para mim. "Será que vou conseguir?", perguntava a mim mesma, assustada. E ninguém respondia.

Para não cometer erros, Carlo, como sempre, pensou grande, reunindo os nomes mais importantes daquela época. Reler estes nomes agora, um depois do outro, é impressionante: Moravia e Flaiano assinaram o argumento; Bassani, Altoviti e um jovem Pasolini, recém-chegado a Roma como professor em uma escola da periferia, o roteiro, junto com o diretor, Mario Soldati. E tinha também o ferrarense Florestano Vancini, que tinha feito, em 1951, um belíssimo documentário sobre o Delta.

Por fim, *last but not least*, chegou Basilio Franchina, um dos encontros mais felizes da minha vida. Siciliano de nascimento, jornalista, escritor e roteirista, apaixonado pelo cinema e pela arte, Basilio foi assistente de direção de Giuseppe De Santis em *Arroz amargo*, em 1949, grande sucesso da Ponti-De Laurentiis. Ambientado nos campos de arroz de Vercelli, o filme consagrou Silvana Mangano na pele de uma trabalhadora do arrozal, ao lado de um jovem Vittorio Gassman como matador iniciante e de um belíssimo Raf Vallone, sólido, prudente, bom. É uma grande história, de sentimentos e de denúncia social, através da qual Silvana, dançando um inesquecível boogie-woogie antes de viver o seu trágico fim, conquistou fama internacional.

Foi nessa atmosfera dominada pela água, cheia de belas mulheres de lenço na cabeça e pernas de fora e de pequenos criminosos nascidos para fazê-las sofrer que Carlo e Soldati buscaram inspiração para criar uma personagem feita sob medida para mim, aberta a vários registros de interpretação. E é realmente um filme de muitos registros, quase exagerado, passando do sentimental ao dramático até chegar à desgraça final.

Nives, operária de uma fábrica de enchovas marinadas em Comacchio, é uma moça independente, que vive cercada de amigas e colegas. É um mundo feminino e popular, difícil, mas solidário, de trabalho duro, onde é preciso se divertir com pouco. Jovem e cheia de frescor, a última Miss Comacchio resiste à corte do belo Gino, vivido por um pálido Rick Battaglia, que lembra os traços de Burt Lancaster.

"*Que bel ritmo tiene el mambo, que sonrisa tiene el mambo*", canta Nives, sensual e maliciosa, sabendo que está com as rédeas na mão. Mas, como acontece tantas vezes com as mulheres fortes e passionais, ela se perde no mesmo momento em que se apaixona. Basta uma longa corrida de moto entre os pântanos para vencer suas últimas resistências. Diante do galã tenebroso, a moça cede, na ilusão de que vai construir uma família com ele, sonhando com uma casa com um fogão moderno, os pequenos grandes desejos da gente comum. Quem poderia compreendê-la melhor que eu? Gino, que é contrabandista e não quer saber de compromissos, não quer se prender e vive fugindo de si mesmo e da polícia, desaparece assim que descobre que há um bebê a caminho. Uma história que se repete há séculos.

Trabalhávamos duro no set, sem trégua, e, à medida que o drama se acelerava em direção à tragédia, a pressão começou a ficar insustentável e minha ansiedade aumentou. Ansiedade que, naturalmente, não aparecia de dia, quando estava ocupada diante das câmeras, mas apenas à noite, quando tudo estava calmo e aparentemente tranquilo. Assim que me deitava para dormir, era acossada pelas lembranças do dia de trabalho, das cenas, dos detalhes, das palavras de Soldati, sempre um pouco frio, das brincadeiras de Rick, de uma cena que não deu tão certo. Passava e repassava cada detalhe: onde tinha errado, onde podia fazer melhor. Enquanto os pensamentos giravam, eu perdia o fôlego, quase não conseguia respirar. Ouvia uma estridente orquestra de violinos dentro da minha cabeça, tocando a noite inteira, me impedindo de pegar no sono.

– O que tenho, doutor? Estou com medo, alguns meses atrás tive uma pneumonia...

De fato, temia que o mal-estar ainda tivesse a ver com as chuvas de *O ouro de Nápoles*, que tinham me deixado fora de combate depois das filmagens.

Mas o médico não teve dúvida:

– Não se preocupe, Sophia: é tudo culpa da ansiedade, seus pulmões estão perfeitos. Você tem uma forma de asma de fundo claramente psicológico. Precisa tentar se acalmar, controlar as emoções.

Eu não sabia se devia ficar aliviada ou ainda mais preocupada. Todo mundo sabe como é difícil controlar a cabeça.

Quando estava lá, Carlo tentava me tranquilizar, daquele seu jeito meio disfarçado:

– Não deve ser nada, mude de posição e vai ver que os Stradivarius desaparecem...

Mas era um sofrimento contínuo, tinha medo de não conseguir chegar ao fim do filme.

Com o passar dos dias, a situação só fez piorar, mas, em compensação, recebi um grande presente. Foi justamente em Comacchio que comecei a trabalhar com Basilio Franchina, e nunca mais pude viver sem ele. Nossa relação profissional logo se transformou em um laço fraterno, que me trouxe alegria, força e me ajudou a me encontrar.

À noite, ia dormir acompanhada de suas doces palavras.

– Sophia, nada de recomeçar com os violinos!

– Fique tranquilo – respondia ainda tensa –, mas trate de ficar por perto...

Assim que apoiava a cabeça no travesseiro, meu peito começava a chiar, e nas noites mais difíceis tive até um pouco de febre.

Vivia uma vida dupla: de dia, ativa e cheia de energia, à noite, em estado de choque, perseguida por aquela orquestra fantasma.

Basilio soube cuidar da minha fragilidade e com sua delicadeza passou a fazer parte da minha vida, ajudando-me a superar momentos de crise. Como todos os amigos verdadeiros, ele me deu o mais belo dos presentes: o incentivo para ser eu mesma.

PONHA MAIS UM LUGAR NA MESA

Sempre tive uma espécie de sexto sentido para escolher as pessoas com as quais podia compartilhar a vida mais íntima e privada. É difícil que me engane, e quando acontece, me afasto calmamente, na pontinha dos pés. Não desejo fazer mal a ninguém, não gosto de sofrer nem de fazer sofrer.

Em geral, sou introvertida, uma pessoa que ama a tranquilidade e a solidão. A vida mundana me cansa, não dou confiança a estranhos, não dou muita importância a relacionamentos superficiais. Confio em minha intuição, não demoro a perceber se quem está diante de mim é sincero e quais são suas intenções.

Quando vi Basilio pela primeira vez, soube imediatamente que seríamos amigos para sempre.

Era um palermitano inteligente e culto, educadíssimo, cheio de atenções. Como muitos sicilianos, era reservado, fechado e nunca falava de si, de seus amores, de suas ambições. Amigo de Guttuso, Visconti e Rossellini e, depois, muito próximo de Pasolini, começou a trabalhar intensamente com De Santis logo após a guerra.

Num primeiro momento, Carlo o chamou para dirigir *A mulher do rio*, mas depois mudou de ideia e designou-lhe a função de roteirista e produtor executivo, pedindo que cuidasse expressamente dos meus diálogos. Basilio não levou a mal a mudança e empenhou-se com a paixão de sempre. Enquanto nos conhecíamos, percebeu minhas dificuldades e não me deixou sozinha até o final. Mesmo porque Mario Soldati, um homem de temperamento irônico e distante, não me deixava à vontade, e nem sempre concordávamos no set. Ele era pura cabeça, intelectual demais; explicava as coisas ao seu modo, sem demonstrar a menor piedade por uma moça que mal tinha começado a fazer cinema e estava habituada a atuar instintivamente.

Com Mario, ficava sempre dividida entre a timidez e uma consciência crescente do modo como queria atuar, e algumas vezes chegamos a discutir asperamente. Ainda estava dando os primeiros passos, não podia falar com ele como gostaria, nem sei se seria capaz de fazê-lo. Mas tinha certeza de que não era o diretor certo para aquele filme, e, seguramente, não soube me ajudar.

Basilio, ao contrário, entendeu rapidamente do que eu precisava para poder dar o meu máximo. Estava sempre comigo, na maquiagem, antes, durante e depois das cenas, além de ajudar a calar meus fantasmas noturnos. No momento de filmar, mostrava onde estavam a câmera, as marcas no chão, para onde olhar. Com uma paciência infinita, começou a me ensinar, a fornecer imagens em que poderia me inspirar para interpretar as cenas mais dramáticas. À noite, no meu trailer, repassávamos o texto do dia seguinte, estudando as nuances, procurando juntos as cordas que deviam ser tocadas dentro de mim, os sentimentos que eu devia despertar. Embora trabalhássemos com o presente, detalhando cada linha e cada fala, nosso olhar se projetava para o fim do filme, onde me esperava a cena mais difícil, que exigiria tudo o que eu tinha a oferecer.

No começo, falava vagamente, com certo distanciamento. Depois, à medida que nos aproximávamos do momento fatídico, começava a apertar o cerco. Era um finíssimo psicólogo, além de um homem do cinema. Buscava o tempo certo para intervir, o momento em que suas sugestões podiam ser mais eficazes: "Imagine um menino, pequeno, indefeso. É seu filho. E você, Nives, é a mãe dele. Lá fora, é tudo água, água por todo lado. E, de repente, você não consegue mais encontrar seu menino..."

E aumentava a dose: "Você procura, procura e pouco a pouco começa a perder o controle, sente que vai enlouquecer, os outros querem ajudar, mas você não sabe o que fazer..."

Eu ficava hipnotizada: estava ali para acreditar, precisava acreditar de qualquer jeito e, pouco a pouco, mesmo sabendo que não era verdade, ia me deixando sugestionar e ia ao encontro da personagem, que esperava por mim em algum lugar. Seguindo as lições de De Sica, viajava dentro de mim mesma buscando as reações mais autênticas ao drama que Nives estava vivendo. Não deixei nada de lado, busquei com paciência e dedicação, encontrei pequenas respostas nos cantos mais impensados de mim mesma. Trabalhamos tanto que, no momento certo, respirei fundo e fiz a cena de primeira. Mais uma vez, tinha descoberto que medo e fragilidade podem render muito quando acompanhados de empenho e disciplina se vivenciados ao lado de um verdadeiro amigo.

Basilio só se distraiu uma vez, e foi o seu mal! Minha antagonista no filme, Tosca, era interpretada por uma atriz francesa, Lise Bourdin. Quando finalmente, depois de muita corte, ele conseguiu levá-la para a praia para fazer amor num canto escondido entre as árvores, alguém roubou suas roupas — tanto as dela, quanto as dele. Não sei o que fizeram os dois amantes imprudentes para conseguir chegar ao hotel. Talvez tenham roubado um lençol pendurado em algum varal, talvez tenham dado uma bela corrida. Quem pode saber... Fato é que toda a equipe ficou sabendo, e foi uma risada geral.

Basilio foi um farol para a nossa família: para Carlo, para mim e para os dois. Viveu de perto a minha dificultosa busca da maternidade, e quando Carlo Jr. nasceu, em Genebra, a bebedeira foi tão grande que, ao descer as escadas da clínica, ele já não lembrava mais onde estava. Adorava as crianças, e, quando se hospedava em nossa casa, passava dias inteiros brincando com eles. Ainda hoje, já com mais de quarenta anos, Carlo e Edoardo se lembram dele com saudade: "Imagine se Basilio estivesse aqui, se pudesse ver nossos filhos, seria maravilhoso!"

Nosso querido amigo morreu em Roma, em 2003. Foi embora sozinho, em sua casa, deixando um vazio que tento preencher diariamente com as lembranças de nossa longa convivência, com o afeto profundo que partilhamos em todas as ocasiões. Ele amava a todos nós, em igual medida, reservando um sentimento especial a cada um de nós. Pensando bem, não era um amigo da família, era da família.

Um outro encontro proporcionado por *A mulher do rio* foi com o maestro Armando Trovajoli, que escreveria a música dos meus filmes mais importantes, de *Duas mulheres*, *Ontem, hoje e amanhã* a *Um dia muito especial*. Colaborador de confiança da Ponti-De Laurentiis, era um dos compositores mais bem-cotados da cena italiana. Foi a alma de Roma, a trilha sonora da nossa vida. Notável pianista, apaixonado pelo jazz, tocou com os grandes, de Louis Armstrong a Miles Davis, de Duke Ellington a Chet Baker e a Django Reinhardt. Quando o conheci, dirigia uma orquestra de música popular da Rai e apresentava, junto com Piero Piccioni, um importante programa radiofônico semanal, o *Eclipse*. Dino e Carlo o chamaram para *Arroz amargo* e depois para *Anna*, onde eu fazia um pequeno papel e no qual Silvana Mangano dançava ouvindo "El Negro Zumbon", que se transformou em um sucesso mundial.

Armando casou com Anna Maria Pierangeli, mas sofreu muito. Depois se casou novamente, com Maria Paola Sapienza, uma mulher maravilhosa, que o amava loucamente. Viviam para a música, em sua casa na Olgiata. Nos anos 1960 e 1970, ao lado da dupla Garinei e Giovannini, ele foi um protagonista da comédia musical. Basta pensar na música inesquecível "Roma nun fa' la stupida stasera", do musical *Rugantino*.

Quando chegavam as festas de fim de ano, o primeiro telefonema era sempre dele. E, se não era o dele, era o meu para ele. E foi sempre assim, até o final.

— Alô, Sophia? *Aggiungi un posto a távola* [Ponha mais um lugar à mesa]... — cantarolava, citando a comédia que musicou com tanto sucesso.

— ... *che c'è un amico in più* [que um amigo a mais está chegando]*!*

Talvez já tivéssemos nos encontrado no set de *Duas noites com Cleópatra*, mas foi em *A mulher do rio* que nos conhecemos realmente e começamos a nos querer bem. Sempre gostei de cantar, em casa todas cantavam: vovó Luisa, minha mãe e Maria. Menos dotada que elas e bem mais tímida, cantar em público me deixava muito envergonhada. Mas sempre gostei e continuo gostando de cantar.

Mesmo sabendo que minha voz não era educada, Trovajoli viu nela uma veia brilhante e sensual e preferiu não impostá-la muito para conservar sua naturalidade, um pouco como De Sica tinha feito com a interpretação. Ele me trouxe mais segurança, alguns segredos técnicos e muita alegria. E, além disso, me deu de presente uma canção.

Em 1958 compôs "Che m'e 'mparato a fa'" sob medida para mim, adaptada à minhas cordas vocais. Com letra de Dino Verde, a música foi um triunfo. Nunca nem sonhei que um dia alguém pudesse escrever uma canção toda para mim, ainda mais um maestro como ele.

Quando morreu, no ano passado, com noventa e cinco anos, levou com ele mais um capítulo deste meu conto de fadas. Naquela hora, em saudação, cantarolei comigo mesma: "*Capre, Surriento e 'sta luna... se ne so' iute cu' é.*"*

---

* "Capri, Sorrento e esta lua... foram-se embora contigo", da letra, em napolitano. (*N. da T.*)

O ANEL

O final de *A mulher do rio* marcou para mim o início de uma nova vida. A asma desapareceu de repente, assim como tinha vindo, provando que era mesmo de fundo psicológico. Mas, agora, eu tinha dois amigos a mais, um papel dramático no currículo, que transformava a Pizzaiola de *O ouro de Nápoles* em uma atriz completa, e tinha, acima e tudo, um anel.

Sim, porque no último dia Carlo apareceu no set com um pequeno estojo. Chamou-me de lado durante uma pausa nas filmagens e estendeu a caixinha sem dizer nada. Nunca tínhamos falado da nossa relação e também não falamos naquele momento. Foi um longo instante silencioso, luminoso e eterno. Fugi dali, e assim que saí de suas vistas chorei copiosamente, de alegria. Ines Bruscia — secretária de edição que logo se tornaria minha assistente de confiança, seguindo-me por todo lado, na vida e no trabalho — foi atrás de mim, sem entender o que estava acontecendo. Mas, quando viu com os próprios olhos o motivo daquela perturbação, chorou comigo de emoção. É uma mulher reservada, que acompanhou nossa vida com um afeto cheio de pudor e eficiência. Sem ela, eu seria uma pessoa, e até uma atriz, diferente.

Voltei a Roma com uma bagagem de experiências importantes, novos medos vencidos e um anel no dedo. Quando o mostrei toda orgulhosa à minha mãe, erguendo o dedo para que o diamante brilhasse ainda mais, tive a única resposta possível vinda de uma mãe, sobretudo uma mãe como ela, com seu temperamento e sua história: "Mas o que está fazendo? Não vê que ele é casado, tem dois filhos e vinte anos mais que você? O que pode esperar disso? Livre-se dessa história enquanto é tempo, enquanto ainda pode refazer sua vida. Ainda é tão moça..."

Não tinha o que responder diante de sua insistente pergunta: "Já discutiram o futuro?" A única coisa que sabia era que o amava e que ele era o homem da minha vida.

Minha mãe, Maria e eu nos mudamos da via Balzani para a via di Villa Ada, no bairro Salario, perto das catacumbas de Priscilla. Mas cada vez passava mais tempo com Carlo, no grande apartamento no Palazzo Colonna da piazza D'Aracoeli, em cima dos estúdios. Seu casamento tinha chegado ao fim há tempos, mas o fato de que tinha dois filhos ainda pequenos me entristecia, me fazia sofrer. Ficava constrangida por causa deles, mas não havia nada que pudesse fazer. Gostaria que as coisas se resolvessem mais depressa, de maneira mais clara e transparente, mas confiava no nosso amor e agora, finalmente, me sentia pronta para vivê-lo.

O ano de 1954 foi cheio de mudanças e surpresas, de crescimento rápido e irreversível. Tinha conhecido De Sica e Marcello, tinha sido dirigida por Blasetti e por Soldati, tinha cantado e interpretado com grandes mestres, tinha passado do cômico para o dramático sem perder a identidade e tinha consolidado minha relação com Carlo. Estava me transformando em uma estrela de cinema e o mundo começava a falar de mim. Na primavera, estive pela primeira vez em Cannes para apresentar *Carrossel napolitano*, o único grande filme de Ettore Giannini, considerado o musical italiano em condições de competir com os americanos, no qual fiz um pequeno papel, em que cantava, dublada, "'O surdato 'nnammurato".

Em junho estive também em Berlim, onde fiz uma foto que ficou famosa ao lado de Gina Lollobrigida e Yvonne De Carlo. Em outubro, ao voltar de Comacchio, foi a vez de Londres, a convite do festival de cinema italiano.

Em dezembro, foram lançados *O ouro de Nápoles* e *A mulher do rio*. No Natal, fui a Milão pela primeira vez, na pele da Pizzaiola, distribuindo centenas de pizzas aos fãs que superlotavam a piazza San Babila. Fui recebida na estação por uma multidão festiva e até pelo prefeito, Virgilio Ferrari. De repente, tinha me tornado uma estrela, e dispunha até de uma assessoria de imprensa para cuidar melhor da minha imagem, mas lá no fundo ainda era a menina de olhos arregalados que queria ser atriz, uma mulher que queria casar e ter filhos, como todas as outras. Tinha altos e baixos como todo mundo e trabalhava com paixão e disciplina, como sempre. Crescia dentro do meu pequeno grande conto de fadas, construindo-o dia após dia, linha após linha, página após página.

A SORTE DE SER SOPHIA

A mulher do rio também me reservava outra maravilhosa surpresa. Um dia, quando estava filmando as cenas finais no farol de Punta Pila, vi chegar um barco conduzido por um homem que remava com a naturalidade de quem nunca fez outra coisa na vida. Pensei que fosse um pescador local, curioso em relação ao set, mas quando ele se aproximou, de roupa de banho e com uma camiseta enrolada na cabeça para se proteger do sol, pude reconhecê-lo, e fiquei boquiaberta.

– Queria que fizesse o meu próximo filme – disse a estranha aparição, sem sequer me cumprimentar.

Caí na risada e abracei-o com força. Era Sandro Balsetti e estava falando de *A sorte de ser mulher*, que no ano seguinte iria me juntar novamente a Marcello. Mas, antes disso, ainda teria algumas barreiras a superar.

O ano de 1955 começou bem. No Grand Galà del Cinema, em 15 de janeiro, recebi o prêmio da revista *Guild*, que me colocava entre as quatro grandes atrizes italianas, ao lado de Anna Magnani, Gina Lollobrigida e Silvana Mangano, que tinham recebido a honraria nas edições anteriores. Foi um reconhecimento importante, uma confirmação do meu crescente sucesso.

Há algumas semanas trabalhava no set de *O signo de Vênus*, comédia brilhante com um elenco excepcional: De Sica e Peppino De Filippo, Raf Vallone e Tina Pica, Sordi e, sobretudo, ela: Franca Valero, que também participou da elaboração do argumento e do roteiro. Nossas diferenças física, geográfica, linguística, trabalhadas com inteligência e humor, eram o coração cômico do filme, que faziam com que nós, atores, ríssemos bem antes dos espectadores. Na direção, Dino Risi, que eu encontrava pela primeira vez.

Eu faço Agnese e — como sentencia Franca no papel da prima Cesira Colombo, que chegara a Roma em busca de trabalho e amor — "corro por fora", jogando com aquele "toque de provocação" que faz com que os homens sempre olhem para mim. Mas para ela, ao contrário, ninguém olha: se alimenta de "batatadas" e se deixa enganar por madame Pina, a cartomante, que a faz acreditar que está sob o signo de Vênus: um breve período que não dura mais que um mês, durante o qual, se ficar esperta, poderá encontrar finalmente o seu príncipe encantado. O problema é que todos os homens ao seu redor — fotógrafos, poetas, guardas-civis, comerciantes de carros roubados — ou se apaixonam pela prima Agnese ou só pensam em usá-la para seus próprios fins. O final é docemente amargo: a pobre Cesira fica sozinha e desiludida, com seu sonho romântico desfeito.

Franca Valeri é uma grande mulher, que me ensinou muita coisa. Sempre houve muito afeto entre nós, e sempre haverá.

Naquele verão, Risi me levou de volta às telas, junto com De Sica, no terceiro capítulo de *Pão, amor e...* Os dois primeiros, *Pão, amor e fantasia* e *Pão, amor e ciúme*, dirigidos por Comencini, obtiveram um sucesso triunfal, graças à presença de Gina Lollobrigida, que seria para todos a eterna Bersagliera, e ao talento histriônico de De Sica, um oficial dos carabineiros italianos, maduro, mas ainda sedutor, que foi transferido de sua

Sorrento para Sagliena, em Abruzzo. Lollobrigida tornou-se a primeira estrela italiana, o protótipo da *"maggiorata"** — é assim que De Sica a define em *Outros tempos*. Esta definição será aplicada a mim também e a outras atrizes da época, colocando todas nós na mesma categoria, embora, na realidade, fôssemos muito diferentes, cada uma tentando seguir o próprio caminho.

O mundo estava mudando, a guerra já estava longe e surgiam os primeiros sinais do *boom* econômico. Nosso cinema foi perdendo seu caráter mais engajado para mirar o sucesso de bilheteria. No entanto, a comédia à italiana reúne um acervo tão grande de experiência de atores, roteiristas e diretores que produziu verdadeiras obras-primas, capazes de dar conta de todas as nuances de um país em movimento.

Lollobrigida não aceitou participar do terceiro *Pão, amor e...*, talvez por não querer ficar presa à personagem da Bersagliera. Ou, como gostava muito de cantar — tinha uma linda voz —, e nunca tinha cantado no cinema, tenha preferido a oportunidade oferecida por *A mais bela mulher do mundo*, que conta a história da cantora Lina Cavalieri.

Quando me ofereceram o papel dela, aceitei sem hesitar. Foi o que bastou para a imprensa explodir, construindo no papel uma rivalidade que nem tinha motivo para existir: éramos duas mulheres e duas atrizes completamente diferentes, o sucesso de uma não significava forçosamente o fracasso da outra. Mas assim caminha o mundo e assim caminhava a Itália, que gostava de construir seu bem-estar sobre grandes antagonismos: Coppi-Bartali, Tebaldi-Callas e, por que não, Lollo-Loren! Mas tanto eu quanto Gina éramos apaixonadas pelo nosso trabalho e não tínhamos tempo a perder com pequenas escaramuças.

A oportunidade de *Pão, amor e...* era tentadora e não vi nenhum motivo para recusá-la. Só o fato de saber que encontraria

---

* *Maggiorata* é a mulher de formas exuberantes e voluptuosas. (*N. da T.*)

de novo com De Sica já era um motivo de festa para mim. Com ele, era diversão garantida, além de poder descobrir tanta coisa, mostrando aspectos do meu temperamento que em geral guardava para mim. Graças à sua alegria, à sua experiência, ao seu olho infalível, podia me expor e melhorar sem pensar muito. Em suma, com ele eu aprendia o ofício. Além do mais, filmaríamos na nossa terra, dirigidos por um diretor, Risi, que me entendia e sabia como me valorizar.

E lá fomos para Sorrento, onde Vittorio — aliás, sargento Carotenuto cavalier Antonio, recém-chegado de Abruzzo — aceita, para vencer a melancolia da aposentadoria, a nomeação de chefe da guarda metropolitana... — ou *metrotulipano*, como diz a grande Tina Pica, nas vestes de sua fiel governanta Caramella. Retornando, logo depara justamente comigo, dona Sofia la Smargiassa, peixeira de profissão, inamovível inquilina de sua casa.

A Peixeira vende o peixe como a Pizzaiola assava suas pizzas: "Frutos do mar, frutos de amar, pelos frutos do amor não se deixe enganar... Trilhas vermelhas, trilhas vivas..." A personagem de Sofia me dá a oportunidade de soltar as rédeas, sobretudo porque sei que Vittorio está ali me dando cobertura. "Dona Sofi', a senhora me vulcanizou", diz o incorrigível sedutor, em seu uniforme de gala. É mais uma explosão de alegria e vitalidade, que culmina na lendária cena do nosso mambo italiano, eu com um vestido vermelho, ele me olhando boquiaberto e tentando inutilmente me acompanhar.

Talvez a cena tenha ficado tão boa porque emana — além da esplêndida fotografia de Peppino Rotunno — a espontaneidade da improvisação. Não é por acaso que não estava prevista no texto. Veio assim, como uma piada, como um passeio, como um sorvete na praça.

— Comanda', que tal dançar esse mambo?
— E o que é esse mambo?
— É uma dança brasileira.

* * *

Alguns atribuíram a morte do neorrealismo a esse filme; a Academia do Cinema Italiano deu a ele dois David di Donatello; o público o levou ao ápice das paradas de sucesso. A Pizzaiola em preto e branco transformou-se na Peixeira em cores, talvez menos verdadeira, mas, sem dúvida, mais moderna e ainda mais popular.

E, enquanto isso, meu nome girava o mundo e já podia me orgulhar da capa da *Life* e da *Newsweek*.

No outono estava novamente no set com Marcello, em *A sorte de ser mulher*, graças ao empenho de Blasetti. O filme descreve com perfeição aquele mundo de pequenas divas, paparazzi e cronistas de fofocas que animava a Roma de então. Para Marcello foi o ensaio geral para *A doce vida*. Para mim, um divisor de águas: a partir dali, Sofia transformou-se realmente em Sophia, pronta para desembarcar nos Estados Unidos.

VI

AS ROSAS DE CARY

Goodbye, Sophia,

Cary.

"*HAPPY THOUGHTS*"

Meu primeiro encontro com o cinema americano tem o sorriso irresistível de Cary Grant, sua elegância, seu passo leve. Quantas mulheres gostariam de estar no meu lugar! No entanto, aconteceu justamente comigo, com minhas inseguranças, meu passado, minha vontade de melhorar. Precisava me mostrar à altura da grande ocasião. Sentia que era uma grande responsabilidade, como um dever que devia ser honrado até o final. Nada mais, nada menos. Assim, na hora certa, parei de me fazer perguntas, deixei o medo de lado e arregacei as mangas.

Alguns meses antes, Carlo — que começava a receber convites internacionais para mim — tinha me mandado um telegrama de Los Angeles, direto e seco como o de um pai: "Sophia, se quer conquistar a América, precisa aprender inglês."

Mal tinha acabado de ditá-lo à secretária e já estava falando ao telefone com a mulher que tornaria isso possível: a inesquecível, mítica, Sarah Spain.

– Miss Spain, é o Ponti. Que projetos tem para os próximos meses? – perguntou à pobrezinha sem lhe dar tempo de responder. – Miss Loren precisa aprender inglês, viver em inglês, como se tivesse nascido em Dublin ou Nova York. A senhora será sua sombra, estará ao seu lado a cada segundo, aproveitando todas as oportunidades.

– Mas eu...

— Por favor, não diga não. Qualquer que seja o compromisso que tenha, trate de se liberar. Começamos amanhã de manhã.

Sarah era irlandesa e tinha a fala suave da Irlanda. Morena e cheinha, não caminhava: parecia rolar. Depois de um primeiro momento de aturdimento, aceitou a ambiciosa missão, tomando-a rigorosamente ao pé da letra. Não era uma professora, era uma perseguidora. Chegava ao set — estávamos em setembro de 1955, filmando *A sorte de ser mulher* — duas horas antes da maquiagem. Ia atrás de mim uma pausa atrás da outra, almoçava comigo e me acompanhava para casa à noite. Quando eu conversava com Marcello ou Blasetti, aparecia para me arrastar de lá sem dó nem piedade. "*Sophia, come along, take a look at this, what do you think of that? Would you like a coffee? What about your next film?*" Mastroianni dava de ombros, piscando para mim com um sorriso divertido. "Se é assim, assim deve ser. O que se pode fazer?"

Sarah começou com a gramática, continuou com T. S. Eliot e Bernard Shaw, sem esquecer-se de quadrinhos e canções, revistas e jornais. Líamos o *Times* e a *Vogue*, Shakespeare e os quadrinhos de Mickey Mouse, Jane Austen e *Mulherzinhas* de L. M. Alcott. Ouvíamos Sinatra e Louis Armstrong, aprendíamos Gershwin e Cole Porter de cor, falávamos de roupas e de cabelos, de comida e de atualidades. Repassamos pacientemente todos os termos técnicos de um set, das luzes ao estalo da claquete, e revimos todos os filmes da minha infância, para ganhar familiaridade com os sotaques das estrelas que tanto amei. Era impressionante ouvi-los falar com suas próprias vozes, suaves, irônicos, tão distantes do tom engessado dos dubladores italianos, embora tenha de reconhecer que haviam feito milagres. A coisa me confundiu e me divertiu.

Sarah não me deixava um segundo, e eu a seguia, dócil e obstinada, por sorte ajudada por um bom ouvido. Eu fazia meus deveres com diligência, melhorava dia após dia, mas nunca era suficiente. Mesmo porque, nesse ínterim, tinha acontecido uma coisa que para mim parecia milagrosa. E como se sabe, os milagres não têm a menor paciência de esperar.

Carlo ficou sabendo que Stanley Kramer, produtor de *Matar ou morrer*, estava na Espanha, preparando-se para filmar um drama histórico sobre as guerras napoleônicas. No início, os protagonistas seriam Brando e Ava Gardner. Mas Marlon desistiu, em seu lugar entrou Sinatra, que no momento estava em rota de colisão com Ava... Em suma, a habitual confusão hollywoodiana. A única certeza era Cary Grant, que, no entanto, tinha o direito contratual de aprovar ou rejeitar sua parceira. Ele não ia querer contracenar com uma quase desconhecida, ainda mais italiana.

Como de costume, Carlo não se deixou desanimar: ligou para Kramer e convidou-o a ir a Roma ver *A mulher do rio*. E o diretor, assim que terminou a projeção, antecipou-se a ele, pegando-o de surpresa:

— O que acha de duzentos mil dólares para Miss Loren? Creio que seria perfeita para o papel.

Carlo não perdeu a compostura, deixou passar alguns segundos e em seguida respondeu, fingindo um certo distanciamento:

— Interessante, mas precisamos pensar, tenho de verificar seus próximos compromissos, mas, em princípio, posso dizer que sim, pode ser.

— Foi a decisão mais fácil da minha vida — comentou naquela mesma noite, esperando que Stanley chegasse para jantar conosco. Era um cachê de estrela. A questão, agora, era merecê-lo.

Assinado o acordo no final de dezembro, a máquina de guerra da United Artists se pôs em movimento. Era o início de 1956, Cortina d'Ampezzo hospedava as Olimpíadas de Inverno e Montecarlo preparava o casamento do príncipe Ranier com Grace Kelly. Alguns meses mais tarde seria a vez de Arthur Miller e da pobre Marilyn. Enquanto o sonho soviético começava a ruir, na Itália era lançada a pedra inaugural da Autoestrada do Sol. O mundo estava mudando rapidamente e eu me preparava para enfrentá-lo de cabeça erguida.

Em fevereiro, parti em viagem de reconhecimento para a Espanha. No aeroporto de Madri-Barajas, que surpresa! Fui recebida por cerca de quinhentos fãs que gritavam: "*Guapa! Guapa!*" Mas outro tipo de surpresa também esperava por mim.

Em Madri, encontrei Lucia Bosè, meu mito de juventude, e seu fascinante marido Dominguín, *el matador*. Quem poderia ter companhia melhor para mergulhar no mundo das touradas? Um passeio entre amigos, um pouco de tempo passado juntos, oportunidades de algumas fotos originais.

Era uma límpida tarde de inverno quando a Plaza de Toros surgiu diante de mim, inundada de luz. Com a inconsciência dos vinte anos, resolvi descer sozinha para o centro da arena. Estava me sentindo imbatível, como se a roupa de toureira bastasse para me proteger. Foi aí que Dominguín, talvez querendo bancar o espirituoso, mandou soltar o touro. Foi uma questão de segundos. Enquanto uma nuvem negra galopava em minha direção para abater-me com seus chifres, fui tomada por um misto de excitação e medo difícil de esquecer. Por mais espirituoso que fosse, Dominguín não deixou de reconhecer o cheiro do perigo: correu para o *ruedo* e tirou-me de lá. Quase sem fôlego, toda empoeirada, olhava para ele rindo, inconsciente do risco que tinha corrido.

Para a última parte da tourada, a *suerte suprema*, fui muito mais cuidadosa e busquei refúgio, segundo as ordens do *callejón*, sob as arquibancadas dos espectadores, deixando a cena para eles. Desfrutava do espetáculo pensando em quantas vezes, ainda menina, tinha visto *Sangue e areia*, obrigando minhas acompanhantes ao Sacchino, minha mãe ou talvez tia Dora, a revê-lo duas ou três vezes seguidas no mesmo dia! Estava perdidamente apaixonada por Tyrone Power e, à noite, adormecia pensando em *doña* Sol de Muire, que tinha o rosto e, sobretudo, os cabelos de Rita Hayworth.

A verdade é que minha infância voltava continuamente à tona para me emocionar. Mesmo agora, depois de ter encontrado meu caminho, não podia esquecer como era quando, espremida entre a fome e a guerra, sem um pai para me guiar, não tinha outra alternativa senão sonhar. A pequena Sofia Palito, com suas dificuldades e fantasias, sempre viveu dentro de mim para me lembrar, ontem e hoje, que não se ganha nada de véspera. E foi esta a minha verdadeira sorte, pois permite que me alegre todo dia com as coisas boas que pude fazer, observando a distância que percorri. Sem a vida, o conto de fadas perde toda a magia e vice-versa. Bom é caminhar no meio, sem renunciar jamais nem a um nem à outra.

Se tinha sido capaz de enfrentar um touro desembestado, o rochedo mais alto ainda estava ali, bem à minha frente. Em abril, no Castellana Hilton Palace, em Madri, teria lugar um grande coquetel à americana para mostrar o filme à imprensa e apresentar-me a Sinatra e a Grant. Confesso que nunca fiquei tão nervosa em toda a minha vida. Mudei de roupa oito vezes, experimentei onze penteados diferentes, subi e desci de saltos de várias alturas sem encontrar paz. Enquanto me maquiava, repassava minhas frases com Sarah, que recitava ora o papel de Grant, ora o de Sinatra, ora o dos jornalistas prontos para me pegar em contradição. Ela me metralhava de perguntas e eu tentava responder à altura: *"I'm so pleased to meet you, Mr. Grant... I'm looking forward to working with you, Frank... Sure, I love singing... No, it's my first time in Madrid. Yes, of course you're right, my English is still sort of shaky, but it's getting better every day... I beg your pardon? Oh, yes, I definitely enjoy eating* paella."*

---

* É realmente um prazer conhecê-lo, Sr. Grant... Não vejo a hora de trabalhar com você, Frank... Claro, adoro cantar... Não, é a primeira vez que venho a Madri. Sim, tem toda a razão, meu inglês ainda é um pouco vacilante, mas está melhorando a cada dia... Desculpe, como? Ah, claro, adoraria comer uma *paella*.

Concentrada na língua, pensava também nos dois monstros sagrados que ia encontrar em breve. Ficaria encabulada mesmo que fossem napolitanos. Minhas pernas tremiam e procurava desesperadamente dentro de mim a expressão justa para usar diante deles. A boa notícia foi o tempo que me deram para me preparar. Cary chegou com duas horas de atraso, e Frank com quase quatro, quando todos já pensavam que não viria mais.

A sala fervilhava de jornalistas e fotógrafos, só se falava inglês, com os sotaques mais diversos. Só entendia um quarto do que me falavam e compensava com uma grande variedade de sorrisos, alternando os meigos com os mais sexy, os enigmáticos com os seguros de si. Nada como a fotonovela!

Quando vi recortado contra a porta o perfil inconfundível de Cary Grant, achei que ia desmaiar. Tinha chegado a nossa hora. Tomei coragem e deixei que se aproximasse, simulando uma desenvoltura que não tinha. O smoking com lapela acetinada, os cabelos levemente grisalhos, os modos elegantes me tiraram o fôlego. Parecia recém-saído de uma tela de cinema, um sonho se tornando realidade. "O que estou fazendo aqui?", confabulei com meus botões quando nossos olhos se encontraram. "Quero sumir..."

Tarde demais. Ele estendeu a mão, olhando para mim com uma pontinha de estudada malícia:

— *Miss Lolloloren, I presume? Or is it Lorenigida?* Vocês, italianas, têm sobrenomes tão estranhos que não entram na minha cabeça.

Que ótima piada... Na época não se falava de outra coisa senão dessa nossa rivalidade, o que me incomodava muito. Fiquei constrangida, as coisas iam de mal a pior. "Não vou aguentar isso", pensei.

Mas depois me deu vontade de rir, e ri. Embalada como estava pelos coquetéis, escolhi o caminho mais fácil: ser quem realmente era, não representar o papel de estrela. Gostava de observá-lo, de sustentar seus olhares, não me perder naqueles gestos suaves, naquele jeito de inclinar a cabeça de lado e de olhar com atenção inteligente. Em suma, tentei começar a conhecê-lo, apreciar seu humor e despertar seu sorriso. Afinal, quem conseguiria resistir a Cary Grant? Foi o início de uma bela amizade, de uma associação especial, afinal ficamos no set de *Orgulho e paixão* durante seis longuíssimos meses, nos quais tivemos tempo para deixar de lado certas atitudes de estrelas de cinema e revelar nossa natureza mais autêntica.

Atravessamos as áreas mais inóspitas de Leão e Castela, de Segóvia a Salamanca, de Burgos a Palência, seguindo um improvável canhão, o verdadeiro protagonista do filme. Era uma equipe de quatrocentas pessoas, entre técnicos, maquinistas, atores e até consultores militares. Nenhum sucesso de bilheteria poderia pagar todo aquele dinheiro que a produção estava gastando. Em torno dos três personagens principais — Grant, Sinatra e eu —, agitava-se um mar de figurantes para encenar as grandes batalhas campais. As últimas semanas passaram-se sob as poderosas muralhas de Ávila, à espera da hora de "conquistá-las", junto — segundo contam os anais da história — com três mil seiscentos e oitenta e cinco soldados. As condições de trabalho eram duras, fazia muito calor e o set fervilhava de confusão. A experiência de *Quo Vadis?*, em Cinecittà, me veio à memória, com aquela sensação de emoção e impotência que toma conta de qualquer debutante diante da primeira prova. Tentava evitar a dispersão, ficar o mais concentrada possível no meu papel, e surpreendi todo mundo com minha resistência e meu bom humor.

Sinatra era um homem delicioso, bom e divertido, embora estivesse sofrendo por causa de Ava Gardner e não estivesse exatamente com o melhor dos humores. Por fora, brincava, mas por dentro chorava lágrimas amargas. Brincava comigo com graça, paparicava Maria, que foi me fazer companhia, alimentando o sonho de se tornar cantora, semeava grandes confusões no meu inglês ainda claudicante, fazendo expressões obscenas passarem por expressões elegantes. Nunca cantava no set, mas tinha no camarim uma vasta discoteca de música clássica, que oferecia de Bach a Beethoven, de Verdi a Scarlatti. Abriu para mim as portas do jazz e me apresentou Ella Fitzgerald, na sua opinião, a maior cantora de todos os tempos. Era irascível e generoso, imprevisível e sincero, e me fez muita companhia.

Mas quem me conquistou foi o bem mais reservado Cary Grant, com suas boas maneiras e sua alegria de viver. A primeira vez que me convidou para jantar com ele, pensei que não tinha ouvido direito e respondi com toda a ingenuidade: "*You and me? Out for dinner? Are you sure?*" O que ele podia ter visto em mim, uma mocinha italiana que mal mastigava o inglês e tinha menos da metade da idade dele? E do que poderíamos falar a noite inteira? Ele não perdeu a linha: "*Yes, darling, you and me, out for dinner.*"

Arranjou uma MG vermelho-fogo — no set, cada desejo seu era uma ordem — com a qual percorremos os doces campos da Espanha. Foi uma noite mágica, fora do tempo: conversamos como se fôssemos velhos amigos, inebriados pelos perfumes daquele fim de primavera. "Conte", pedia eu, e ele contava tudo com leveza.

— Hollywood é uma fábula bastante simples e só quando se entende isso é possível não sair de lá ferido.

Enquanto isso, fazia seus comentários sobre os pratos que tínhamos pedido.

Seu humor enxuto, sua sabedoria cheia de afeto e sua experiência me fascinavam. Aprendi muito só de olhar o modo como abordava a vida e o trabalho.

Começamos a passar mais tempo juntos. Para mim, aos vinte e dois anos, era como se tivesse sido transportada para uma vida que corria depressa demais. Ele, aos cinquenta e dois, era um homem que tinha vivido muito e também sofrido muito, embora desse a impressão de que nada lhe faltava.

Na época em seu terceiro casamento, com uma carreira extraordinária na bagagem e muitos sucessos ainda por conquistar, Archibald Alexander Leach — este era seu nome verdadeiro — não teve uma infância fácil. Sua mãe nunca conseguiu se recuperar da perda do primeiro filho, ainda menino, deslizando lentamente para a loucura. Cary me contou sua história num misto de emoção e pudor.

— Um dia, devia ter mais ou menos dez anos, voltei para casa e não encontrei minha mãe. Papai me disse que ela tinha morrido, mas na verdade ele mandara interná-la num manicômio. Só descobri isso anos depois... e desde então ia visitá-la sempre que podia.

A dolorosa intimidade de sua história me tocou. Fazia silêncio dentro de mim para reconhecer, por trás da aparência refinada e madura, aquele menino colocado diante de uma tragédia para a qual não encontrava explicação. Gostaria de ter estado lá, no momento justo, para consolá-lo, abraçá-lo, para poupar tanto sofrimento. Pedi que continuasse, e ele escolheu com cuidado as palavras para seguir adiante:

— Ele me colocou num ótimo colégio, mas os estudos realmente não me interessavam. O que desejava, na verdade, era encontrar uma família.

Ele a encontrou numa companhia de saltimbancos dirigida por um certo Bob Pender, que foi para ele um mestre e um pai. Fugiu da escola, girou toda a Inglaterra com ele, aprendendo as artes do circo e do *vaudeville* e, finalmente, acabou desembarcando na Broadway. Agora, como um equilibrista, já sabia o que fazer no palco e no mundo e resolveu ficar em Nova York. Depois de passar por vários empregos e de ter refinado seu sotaque operário de Bristol — um pouco como fiz com o de Pozzuoli — conseguiu trabalho na Paramount como ator característico e faz-tudo. O resto é de conhecimento público.

À medida que a confiança crescia entre nós, Cary foi me revelando sua fragilidade, que parecia muito com a minha. Buscava uma pessoa com a qual pudesse expressar seu mundo interior, aquele que as comédias de George Cukor e Frank Capra só deixavam entrever por trás dos toques de uma ironia sofisticada, e talvez tivesse encontrado essa pessoa em mim. "*Tell me more*", eu pedia a essa altura, mas ele desconversava e voltava a brincar. Afinal, ele era Cary Grant e tinha uma reputação a zelar. Talvez se sentisse muito vulnerável para confiar totalmente em alguém. E ambos intuíamos que o sentimento entre nós começava a se misturar com amor e, embora por motivos diversos, tínhamos medo.

Eu era apaixonada por Carlo, que era minha casa, minha família. No entanto, ele já tinha uma família e nunca tinha deixado claro quando poderíamos nos casar e viver juntos à luz do sol. Cary também tinha uma esposa, Betsy Drake, que ia e vinha pelo set. A relação deles tinha terminado bem antes de *Orgulho e paixão*, mas talvez ela tivesse esperanças de reconquistá-lo.

Quando Betsy resolveu voltar para os Estados Unidos pela última vez, embarcou em Gênova no *Andrea Doria*. O transatlântico naufragou ao largo da costa de Nantucket e quarenta e seis passageiros perderam a vida. Felizmente, Betsy só perdeu suas joias, mas nesse desastre naufragou também o seu casamento. Cary não podia deixar o set para estar com ela e concentrou em mim todas as suas atenções.

Trabalhávamos muito e costumávamos preparar as cenas do dia seguinte juntos, mas isso não nos impediu de reservar algum tempo para nós. Jantávamos em pequenos restaurantes nas colinas de Ávila, bebericando vinho tinto e ouvindo flamenco. Eu tinha muita coisa a aprender, mas também algumas a ensinar.

Certa noite, um senhor se aproximou da nossa mesa:

– Poderia me dar um autógrafo, Sr. Grant?

Cary o afastou bruscamente para preservar nossa intimidade. Docemente, censurei sua atitude:

– Por que o tratou assim? Para ele, é uma coisa importante, e, além do mais, não custa nada.

Humildemente, Cary me deu razão e chamou o admirador de volta: ele ganhou um autógrafo duplo, com dedicatória.

Por sorte, estávamos em hotéis diferentes, o que nos ajudava a manter um mínimo de distanciamento. Quando não estava trabalhando, ia muitas vezes pegar sol no terraço do meu quarto. Tentava não exagerar, para não chegar bronzeada demais no set na manhã seguinte.

Quando estávamos juntos, Cary e eu falávamos de sonhos — não dos sonhos de glória e riqueza, que ele já havia realizado, sempre temperados pelo respeito e pelo amor ao mundo —, mas sobre os sonhos mais íntimos, que para muita gente eram favas contadas: o milagre de uma casa, de uma pessoa com a qual rir e dividir a vida. "*What kind of house do you like? Do you care for dogs? What names would you choose for your baby?*" Suas palavras me fascinavam, mas eu mantinha sempre um passo atrás. Não queria, não podia lhe dar falsas esperanças.

Quando nossos caminhos tomaram direções diversas, este desejo comum nos manteve unidos. Cary demonstrou uma alegria profunda quando Carlo Jr. e Edoardo nasceram. Foi a mesma felicidade que senti quando nasceu a sua Jennifer, tão esperada, e quando encontrou a maravilhosa Barbara, que amou até o fim dos seus dias. A verdadeira amizade é isso: a alegria compartilhada na plenitude dos pequenos grandes milagres da vida.

Mas, por enquanto, estávamos em maus lençóis. O fim do filme se aproximava, e a situação entre nós não parecia próxima de um desenlace. Sentia-me cada vez mais confusa entre dois homens e, sobretudo, entre dois mundos. Despertava toda manhã perguntando o que iria me acontecer. Sabia que meu lugar era ao lado de Carlo, ele era meu porto seguro, embora ainda esperasse pela sua decisão — "clandestina" como era, nossa relação não podia continuar por muito tempo. Sabia também que não queria me mudar para a América, tinha medo de me entregar totalmente a uma outra cultura, tão distante da nossa. Ao mesmo tempo, era difícil resistir ao magnetismo de um homem como Cary, que se dizia disposto a renunciar a tudo por mim.

Na última noite, ele me convidou para jantar com um ar muito solene. No fundo do meu coração, comecei a temer pelo que ia acontecer. Não estava preparada para o que ele ia me dizer. De repente, sem preâmbulos, enquanto lá fora explodia um magnífico pôr do sol, ele parou, olhou no fundo dos meus olhos e disse simplesmente:

– Quer casar comigo?

As palavras sumiram na minha garganta. Senti como se fosse a protagonista de um filme cujo texto desconhecia. Não tinha nenhuma resposta para ele, nunca alimentei suas ilusões e jamais teria feito isso. Não podia dar mostras de uma certeza que não existia dentro de mim.

– Cary, querido, preciso de tempo – sussurrei, com um fio de voz. Sentia-me pequena diante de uma escolha impossível.

Ele entendeu e suavizou o golpe com um toque sutil de humor:

– Nesse meio-tempo, por que não nos casamos e depois, se for o caso, vemos o que fazer?

Na manhã seguinte viajei para a Grécia, onde iria filmar meu segundo filme americano, *A lenda da estátua nua*. Quando cheguei a Atenas, encontrei um buquê de rosas esperando por mim no hotel, junto com um cartãozinho azul.

*"Forgive me, dear girl — I press you too much. Pray — and so will I. Until next week. Goodbye, Sophia. Cary."**

Mas não nos encontraríamos na semana seguinte, era apenas uma esperança, uma promessa, um sonho. No entanto, nunca esqueci a frase no envelope *"With only happy toughts."* E seus pensamentos felizes continuam comigo.

---

* Perdoe-me, minha querida. Pressionei você demais. Reze — é o que farei também. Até a próxima semana. Adeus, Sophia. Cary.

COMO É PROFUNDO O MAR

Depois do seco verão no coração da meseta espanhola, tão emocionante e difícil, foi quase um alívio mergulhar no azul da Grécia. Estava cansada, física e psicologicamente, e o mar, o vento, o sol da belíssima ilha de Hidra fizeram com que me sentisse em casa. Reencontrava os perfumes do meu mundo, a luz e os horizontes em que cresci.

A lenda da estátua nua era um filme de aventura, uma espécie de *thriller* psicológico em que trabalhei ao lado de Alan Ladd. Alan era um pouco mais baixo que eu e tivemos de filmar muitas cenas com um banquinho. Não era culpa de ninguém, mas ele sofria com isso e acabou criando um complexo a mais. Por meu lado, resolvi me fazer de boba e não fui muito gentil com ele. Gostava de zombar dele, brincava o tempo todo, como se a vida não passasse de uma comédia.

Na época, eu era muito diferente da profissional que seria mais tarde. Gostava de trabalhar, mergulhava integralmente no trabalho, com seriedade, mas ainda era muito jovem e queria recuperar uma despreocupação que não pude viver na época certa. Agora que as coisas começavam a andar, sentia que podia rir e brincar. Não fazia isso por maldade, era um modo de enganar o tempo, de vencer o nervosismo, a insegurança que nunca me deixava. E também uma maneira de construir minha personagem, que em *A lenda da estátua nua* era, justamente, uma jovem mulher muito viva e exuberante. Nunca frequentei uma escola de teatro, nunca fiz teatro, precisava buscar inspiração em outras partes. E, muitas vezes, misturava ficção e vida para preparar melhor meu papel.

Ainda hoje, para dar corpo às minhas personagens, pesquiso em todo lado; na realidade, na memória, em outros atores, em outros filmes. Recentemente, fiquei muito impressionada com a cena final de *Blue Jasmine*, em que Cate Blanchett inventa uma cara que eu nunca tinha visto antes. Aquela sua expressão penetrou dentro de mim, está lá à espera para germinar numa nova planta, numa nova flor.

Jean Negulesco, diretor de *A lenda da estátua nua*, era um americano de origem romena, alegre e cheio de vida. Nós nos dávamos muito bem, e ele nos levava para pescar à noite, com lanternas. Adorei passar a noite no mar, me fez lembrar da época em que filmei *A sereia do mar vermelho*, alguns anos antes, e passeava ao largo de Palmarola, perto de Ponza, com Antonio Cifariello.

Antonio era mais novo que eu e também napolitano. Fora do set éramos como dois adolescentes que se divertem com qualquer coisa. A dor que senti quando soube de sua morte em Zâmbia, anos depois, foi enorme. Estava fazendo um documentário para a Rai e o avião em que viajava caiu. Tinha apenas trinta e oito anos, um filho pequeno e toda a vida pela frente.

Negulesco se deixou enfeitiçar pela paisagem, por aquela natureza solar e antiga que nos falava de nossas origens. Voluntariamente ou não, acabou colocando o Mediterrâneo no centro do filme. Além de cineasta, era também um artista. Escondido, quando não o via, fazia lindos retratos meus, que exibiu numa exposição em dezembro daquele mesmo ano, quando voltamos a Roma para as filmagens em estúdio. Os lucros da exposição foram enviados à Hungria, que tinha sido invadida poucos meses antes pelos tanques soviéticos. A mulher de Negulesco era húngara e muito ligada à sua terra.

Se o mundo estava cada vez mais condicionado pela Guerra Fria, aquele outono grego foi para mim um período de calma, cheio de felicidade. Também porque Carlo vinha me ver com frequência, dando a entender que estava viabilizando uma solução para o nosso caso. Apesar dos avisos da minha mãe, eu confiava nele.

Festejamos o Natal de 1956 na suíte de John Wayne, de passagem por Roma para os ensaios de *Timbuctu*, que começaríamos a filmar depois do Ano-novo. Para preparar a festa o elenco inteiro foi comprar presentes e enfeites nas banquinhas da piazza Navona: pastores de presépio, álbuns de fotos feitos à mão, torrezinhas de Benevento. As ruas fervilhavam num alvoroço festivo, em cada esquina músicos faziam serenatas com a tradicional *zampogna*,* o aroma de castanha assada perfumava o ar. Nossos colegas americanos, misturados entre os milhares de turistas, ficavam extasiados no meio daquela confusão bem italiana, habituados a viver entre os ranchos e as cidades debruçadas sobre o oceano. Foi um momento de vida normal antes do retorno ao deserto africano. Em alguns dias, mais precisamente em 2 de janeiro, voaríamos de volta para Gadamés, na Líbia.

Criada na via Solfatara, na pequena Pozzuoli, eu quase não podia acreditar que estava começando a conhecer o mundo inteiro.

MAL D'ÁFRICA

A lenda dos desaparecidos foi o último filme que fiz antes de ir morar nos Estados Unidos. Filmamos em condições duríssimas, no meio do deserto, perto da antiga colônia romana de Leptis Magna. Era um lugar surreal e fantástico, fascinante e cheio de ciladas. Baratas, escorpiões, serpentes, tempestades de areia, o calor, a sede... E também os tuaregues, os "homens azuis", que ao mesmo tempo me atraíam e me amedrontavam, tão misteriosos, tão diferentes. Ainda bem que tínhamos John Wayne para nos proteger!

Até hoje me espanto ao lembrar que, visto de perto, o rei dos *westerns* era exatamente aquilo que se espera dele. *The Duke*, como todos o chamavam, era realmente um *cowboy*: grande, sólido, seguro de si e cheio de autoridade. Estava sempre com a

---

* Instrumento de sopro constituído de vários tubos com dupla palheta inseridos num odre. (*N. da T.*)

esposa, uma mexicana pequena sem a qual ele se sentia perdido. Para ele, eu não passava de uma menina. Divertia-se comigo, e quando alguém tentava reprimir minha exuberância, dizia: "*C'mon leave her alone, she's young... Let her laugh.*" Lembro-me dele como se estivesse diante de mim. Poderia ser sua filha, e perto dele me sentia protegida, não tinha medo de nada. Era eu o nosso líder incontestavelmente, mas não se aproveitava do poder, não tinha vícios, não era dado a caprichos. Nem precisava disso: todos tentavam adivinhar seus desejos e aprender com o que ele dizia. Era um profissional, que conduzia o trabalho com a paciência dos grandes.

Mas teve um dia em que correu o risco de ver seu mito abalado. Ele simplesmente caiu do cavalo — quem poderia imaginar uma coisa dessas!? — e fraturou o tornozelo. Todos esperavam que engolisse a dor junto com um gole de uísque, mas, ao contrário, começou a gritar feito um desesperado. Olhávamos para ele de olhos arregalados, assustados de ver o homem por trás do herói. Mas logo retomou o controle e, antes que alguém dissesse alguma coisa, envergou de novo as vestes de John Wayne, como se nada tivesse acontecido. Ainda hoje as ferraduras do seu cavalo enfeitam uma parede do meu escritório. Incidentes à parte, era e sempre será uma lenda viva.

Já Rossano Brazzi, o outro protagonista, era farinha de outro saco: era a encarnação do *latin lover*. Bonito e jovial, tão voltado para si mesmo e para a própria beleza, às vezes nem percebia quando estavam brincando com ele: "Que liiindo você é!", dizia eu, como se fosse um menininho. Mas talvez ele simplesmente não me levasse a sério. Cantava o tempo todo. Entre uma pausa e outra, cantarolava à moda de *South Pacific*, o grande musical: "*Some enchanted evening, you may see a stranger, across a crowded room...*", com um olhar lânguido e um sorriso fixo. Chegou ali diretamente do set de *Summertime — quando o coração floresce*, com Katharine Hepburn, filmado em Veneza, e ainda tinha nos

MEU BAÚ DE RECORDAÇÕES

4 de junho de 1943, minha cartinha para a vovó Sofia agradecendo por ter enviado um cheque do papai.

Corrudi 4-6-1943

Cara nonna,

Ho ricevuto ieri la tua lettera con un assegno di ₤ 300. Ti ringrazio molto per l'interessamento che hai avuto per me; anzi siccome non posso scrivere personalmente a papà perchè non ne so più il suo indirizzo, mi farai tu il piacere di ringraziarlo per i soldi che mi ha mandato. Ieri 3 giugno è stato il giorno più bello della mia vita, ho ricevuto la prima comunione e la cresima e ne sono veramente felice.

Cara nonna, appena dopo la comunione mammina mi ha portata a fare le fotografie che saranno pronte fra una settimana, appena le avrò la prima sarà spedita a te ed una a papà. La mia comare mi ha regalato

un bel braccialetto di oro con pietre
azzurre, ti assicuro che è molto bello
e mi è piaciuto tanto.
Giorni fa ho terminato i miei esami e sono molto contenta di dirti che sono stata promossa in quinta classe con maggiori voti.
Sei contenta? Tanti baci
Tua aff.ma nipote

Sofia Scicolone

tanti ringraziamenti e
saluti affettuosi
Romilda

Vovó Luisa.

Eu, em 3 de junho de 1943, no dia da minha Primeira Comunhão e Crisma, como conto na carta à minha avó Sofia.

Um foto tirada quando eu ainda era Sofia Palito...

...e uma outra quando comecei a crescer rapidamente, tanto que vovó Luisa teve que acrescentar várias faixas na cintura para encompridar o vestido feito com o tecido que uma tia enviava dos Estados Unidos.

Minha turma no último ano da escola. Sou a primeira à esquerda, na segunda fila.

Minha primeira foto de maiô, quando tinha catorze anos.

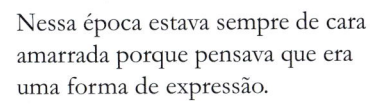

Nessa época estava sempre de cara amarrada porque pensava que era uma forma de expressão.

Ainda em Nápoles, no período em que frequentava o curso do professor Serpe, no final dos anos 1940.

No início dos anos 1950, me mudei para Roma e vivia com minha mãe e Maria, dividindo-me entre concursos e trabalhos publicitários... realizados, às vezes, até na varanda de casa, na via Villa Ada.

Aqui, um momento de preparação
com outras concorrentes...

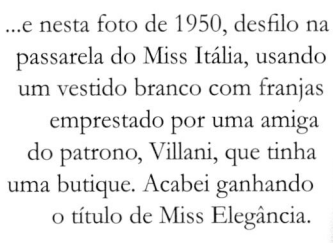

...e nesta foto de 1950, desfilo na
passarela do Miss Itália, usando
um vestido branco com franjas
emprestado por uma amiga
do patrono, Villani, que tinha
uma butique. Acabei ganhando
o título de Miss Elegância.

Sogno

SETTIMANALE DEL MARTEDÌ

44

Alla mia cara Marinetta ... un bacione! Lallo 11 novembre 1951

attende selvaggiamente: ella ha tradito
...gliore amica, è giunta al ricatto, di qual...
...sarebbe capace purchè il suo principe
...giunga a lei. Ora ogni fruscio del ven...
...bbia, ogni rumore della notte la fa sob...
...il piccolo cuore sbaurito e tremante

...FIA LAZZARO

...quadratura di "PRINCIPESSA IN ESILIO,,
(Foto Latenza)

1951 - Spediz. in abbonam. postale - Gruppo II

Um exemplar da *Sogno* de 4 de novembro de 1951, que dediquei à minha mãe. Foi então que ganhei o nome artístico de Sofia Lazzaro. No interior, um capítulo de *Princesa em exílio*, na qual interpretava Michelle Dumas, "uma garota selvagem e explosiva", que tenta conquistar o belo príncipe Rojo.

Um raro momento de descanso com mãezinha...

Na realidade, não descansava quase nunca, como comento, aliás, nesta nota, escrita muitos anos depois, lamentando não ter aproveitado de verdade a adolescência, pois estava muito empenhada em perseguir meus sonhos na época.

"Arrependimentos? Não, acho que não, ou melhor, não tive adolescência — aos quinze anos já estava às voltas com o trabalho e as ambições — não tive muito tempo para o ócio, para fantasiar livremente, para o prazer — não tive, sobretudo, tempo para errar."

Finalmente, o cinema. Aqui estou eu com Totò em *Nossos tempos,* de 1954...

...e com Carlo Mazzarella em *Carrossel napolitano,* filmado no mesmo ano.

Na frase que escreveu muitos anos depois nesta fotografia, Vittorio lembrava o nosso primeiro encontro em Cinecittà. No entanto, nessa época, eu não tinha quinze, mas dezenove anos, e ele estava me oferecendo minha primeira grande oportunidade...
"Sofia, Sofi, aos quinze anos me disseste: sim. Vittorio"

...embora na época a minha
beleza não fosse considerada
"canônica" por fotógrafos e
cameramen que diziam:
"É impossível fotografá-la.
Tem o rosto curto demais,
a boca larga demais,
o nariz longo demais."

No entanto, muitos anos depois, eis a anotação
que fiz em inglês no meu caderninho: "Não tente mudar para correr
atrás de um ideal. Considere as irregularidades do seu rosto como um tesouro.
Coisa que efetivamente são."

> Don't even try to disguise yourself
> in order to approach an ideal.
> Think of the impurities of
> your face as the treasure which
> they really are.

Em 1954, pela primeira vez em cena com Marcello.
Aqui, numa breve pausa nas filmagens de *Bela e canalha*.

Esta fotografia foi tirada no set de *A mulher do rio*, ainda em 1954, quando Carlo e eu finalmente entendemos que estávamos apaixonados.

O cartaz de "Mambo Bacan", composta especialmente para a trilha sonora de *A mulher do rio*.

Um jantar, em 1955, para festejar *O ouro de Nápoles*.
Estou sentada entre Zavattini e De Sica. Atrás de nós, o jornalista Augusto Borselli,
Giuseppe Marotta e Paolo Stoppa.

Noite de festa na casa de Carlo, com os amigos que colaboraram em *A mulher do rio*.
Da esquerda para a direita, Antonio Altoviti, Lise Bourdin, Carlo, Suso Cecchi d'Amico,
eu, Mario Soldati, Basilio Franchina, Gérard Oury e sua esposa.

Com Cary, na Espanha, em 1956.

Cary e eu em dois momentos de pausa no set de *Orgulho e paixão*, em 1957.

O bilhetinho azul que Cary deixou para mim no hotel em Atenas. Em seu papel timbrado ele escreveu: "Perdoe-me, querida. Fui muito insistente com você. Reze, que farei o mesmo. Até a semana que vem, Sophia. Cary." E no envelope: "Para Sophia, somente pensamentos felizes."

Aqui, estou com Carlo no set de *A lenda dos desaparecidos*, filmado em 1957 no deserto da Líbia.

HOTEL *Statler* WASHINGTON

Tonight, from New York — I'll be flying at the same time as you. You'll be in my prayers. If you think and pray with me, for the same thing and purpose, all _will_ be right and life _will_ be good.

C.

If this note means as much to you as yours do to me, I shall be glad I've written it.

Hilton and Statler Hotels located in Principal Cities around the World

Outra carta de Cary, de Nova York.

Enquanto isso, minha carreira tinha se tornado internacional. Estava sempre no avião...

Para descansar desse período tão intenso, Carlo e eu ficávamos reclusos em Bürgenstock. Aqui, cumprimentamos nossa vizinha Audrey Hepburn na porta de casa.

27-1-958

SOPHIA LOREN

Cara mammina, le lettere all'inizio di un film sono sempre le stesse. Piene di preoccupazioni. Tormenti. E specialmente in questo film.
Ho cominciato a lavorare subito e tra prove e vestiti la settimana è volata via. La seconda settimana è volata via pur le prove.
Questo è un film particolarmente difficile — molto drammatico. Ho bisogno di molta concentrazione perciò con me ne voler sì io vaio di scrivo spesso. Non posso dire la stessa cosa di te. Perché 10 di 10 minuti al giorno puoi anche dedicarmeli, se vuoi.

Ano de 1958, uma carta minha dos Estados Unidos, na qual conto à minha mãe sobre o trabalho num novo filme e peço que me envie os artigos que saíram na imprensa italiana sobre mim.

Sai che mi fa sempre enorme piacere ricevere vostre notizie e specialmente notizie dall'Italia.
Gradirei moltissimo avere i giornali dove si parla di me come L'Espresso i servizi di Pierluigi; se sono usciti insomma tutti i giornali che sono usciti con le notizie sul mio conto per la mia recente visita a Parigi. Chiedi anche a Basilio il Paris-Match col mio servizio. Ti chiedo queste cose perché sono curiosa di sapere com'è la stampa Italiana in generale con queste —
Vorrei anche Novella con la Copertina del film La Chiesa e di a Marzo di spedirmi il tutto via Aerea e continuamente i giornali con le mie notizie. Cerca di aver colma per quello che riguarda le questioni familiari e vattene per un po' di giorni in qualche posto a riposarti. Di' come vorrei fare lo stessa cosa! Ricordami a papà, in preghi a Mara che non mi scrive mai

No início de 1959, no set de *Jogadora infernal*.

Com tia Dora e uma vizinha, quando voltei à minha terra para *Começou em Nápoles*...

...onde foi tirada também esta foto com Clark Gable, numa pausa das filmagens.

Com Peter Sellers no set de *Milionária*, em 1960.

Em 1960, Vittorio brinca comigo no set de *Duas mulheres*. Atrás de nós, Eleonora Brown sorri.

Uma cena do filme.

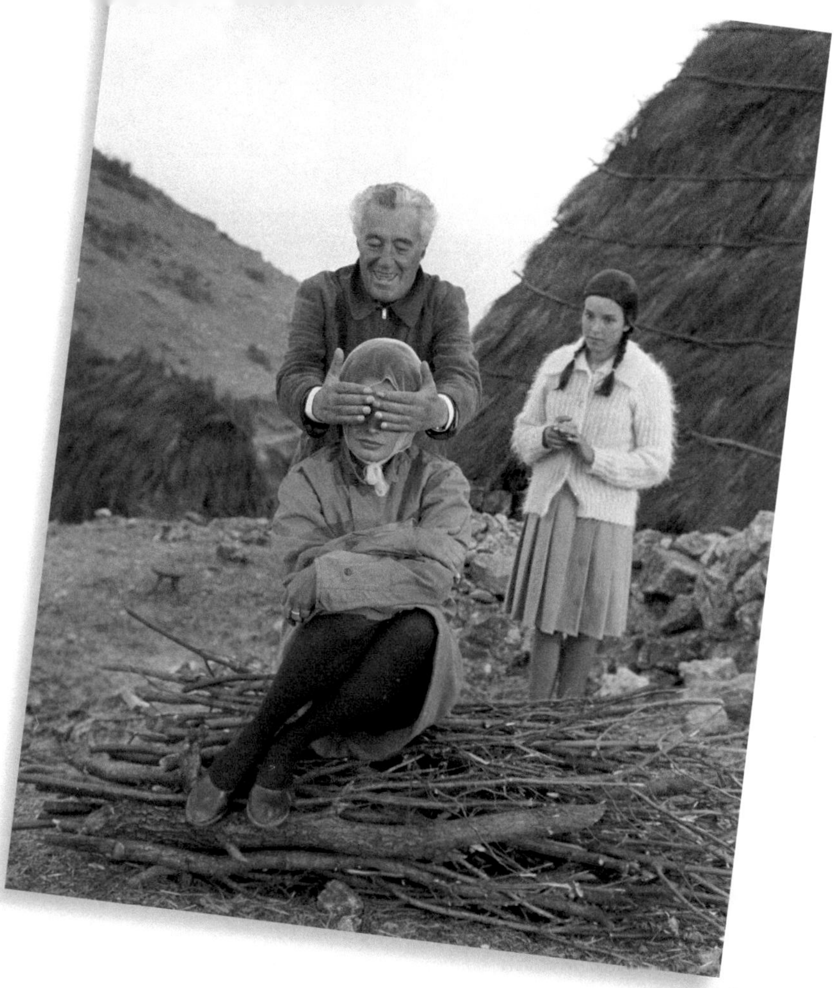

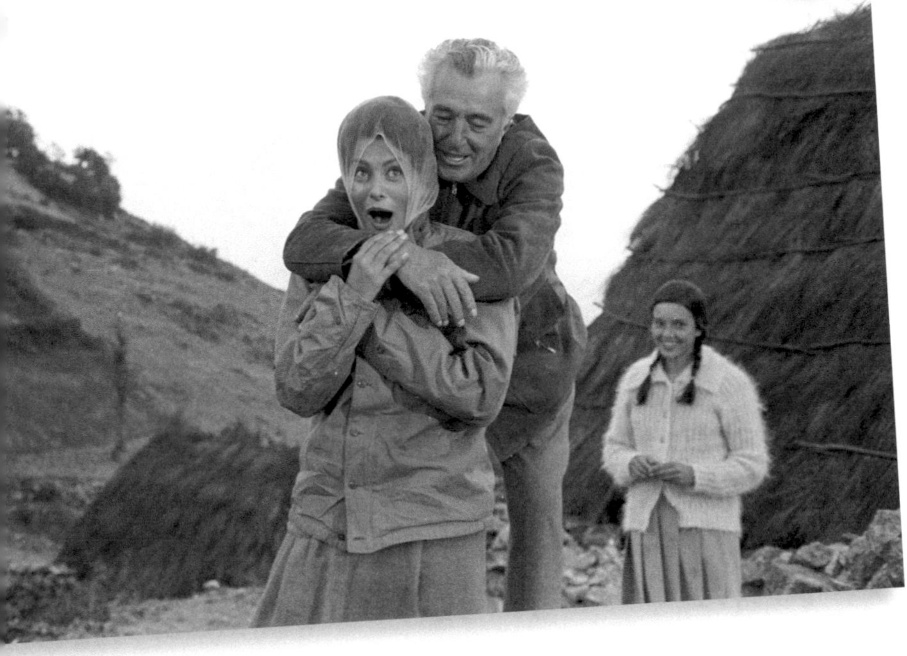

Com Alberto Moravia no set de *Duas mulheres*.

A longa entrevista que Moravia fez comigo, remontando até às dificuldades da minha infância.

Per Carlo Ponti
da parte di Moravia

Moravia

AM Allora Sofia, lei è nata a Pozzuoli...
SL No, sono nata a Roma.
AM Ma ha abitato a Pozzuoli fino...
SL Fino all'età di quattordici anni.
AM Tutta l'infanzia dunque. Lei converrà che gli anni dell'infanzia per molti aspetti sono i più importanti della vita e che lei questi anni li ha passati a Pozzuoli.
SL Ne convengo.
AM Pozzuoli, una piccola città...
SL Dica pittosto un paese.
AM Sono stato più volte a Pozzuoli per prendere il ferry boat per Ischia. Il porto è piccolo, con l'acqua oleosa, verde e sparsa di scorze gialle di limoni. Ci sono attraccate tante barche verdi, bianche e blu; sulla banchina sonnecchiano al sole cani e gatti. La città è vecchia, con vecchie strade in ombra, rovine romane, il tempio di Serapide vecchie chiese, con le colonne immerse nell'acqua, i giardini pubblici...
SL A Pozzuoli ci sono pure le industrie, la fabbrica di cannoni dell'Ansaldo in cui lavorava mio nonno. Adesso c'è l'Olivetti.
AM E voi dove abitavate?
SL Sulla collina, in una casa di appartamenti.
AM Quante stanze avevate?
SL Due camere da letto, il salotto, la sala da pranzo e la cucina.
AM Come erano ammobiliate queste stanze?
SL In sala da pranzo c'erano dei mobili di noce scolpito con dei

Vittorio, Carlo e eu festejando: tínhamos
recebido de manhã bem cedo a notícia do Oscar por *Duas mulheres*.

Curtindo minha estatueta com mãezinha e Maria...

olhos os vestígios do estilo dela, de sua elegância. Mas, na hora H, apresentou-se pontualmente e salvou minha vida. Se não fosse por ele, talvez não estivesse aqui contando essa história.

Fazia muito frio à noite e o aquecimento do meu pequeno quarto de hotel era feito por uma estufa a gás. Só cabiam a cama, a mesinha de maquiagem e poucas coisas mais. Eu me sentia meio presa, mas costumava fechar hermeticamente as portas e janelas porque tinha medo. Nunca me passou pela cabeça que isso podia ser perigoso, o que acabei descobrindo na própria pele. Despertei no coração da noite no meio de um pesadelo, com uma dor de cabeça insuportável. Estava confusa, como se fosse desmaiar. Não sabia, mas estava sufocando. Engatinhando, não sei como consegui alcançar a porta e abri-la. Rossano, que chegava naquele momento, me encontrou desmaiada e chamou o médico. "*Help! Help! Sophia is dying!*"*

Escapei por um triz — um segundo depois e seria tarde demais.

O susto não me impediu de continuar trabalhando, embora aquela horrível dor de cabeça tenha me perseguido por alguns dias. De manhã fazia muito frio e chegávamos ao set vestindo casaco de peles. Depois, à medida que as horas passavam, íamos tirando camadas e camadas de roupas devido ao sol escaldante. O diretor, Henry Hathaway, estava muito doente na época, mas resistiu bravamente até o final das filmagens. Juntos, conseguimos até ajudar o prefeito de Gadamés, cuja mulher estava muito doente. Concentrando todas as luzes do set na pista de aterrissagem, permitimos que um pequeno bimotor pousasse para transportá-la para um hospital. Foi um verdadeiro triunfo, que valeu todo o trabalho estafante do filme.

Quando deixamos a África, experimentei uma sensação aguda de nostalgia. O deserto é um lugar mágico, um horizonte perdido, e logo entendi por que era capaz de enfeitiçar e atiçar a

---

* Socorro! Socorro! Sophia está morrendo!

imaginação de tanta gente. Mas minha fantasia estava inteiramente voltada para outra coisa, e não havia deserto capaz de me deter. No fim do caminho, Hollywood esperava por mim.

HOLLYWOOD PARTIES

No dia seis de abril embarquei com minha irmã Maria num voo SAS direto para Los Angeles. Chorei muito, abraçada à minha mãe, que nos acompanhou até a escada do avião.

— Fique tranquila, mãezinha, vou ficar bem. A gente vai escrever e ligar todo dia, *statte acuorta...*

Era a primeira grande ruptura, a primeira separação. Um salto no escuro, num mundo de celuloide do qual não sabia o que esperar. Estava deixando para trás a casa da Pizzaiola, da Peixeira, um pedaço da minha história. Já era uma atriz internacional, mas num cantinho de mim mesma ainda era a mocinha indo ao encontro do desconhecido.

Em Los Angeles, fomos recebidas por toda a imprensa americana — e não só ela. Foi um banho de multidão em grande estilo. Ao pé da escada do avião, o pequeno John Minervini, com a timidez de seus quatro anos, me deu um beijo em nome de toda a comunidade ítalo-americana. "*Welcome to America, Miss Loren*", murmurou ele tropeçando nas palavras como naqueles teatrinhos de Natal. Meu beijo deixou em sua bochecha uma marquinha de batom, e ele foi o menino mais fotografado do dia.

De vez em quando, Maria e eu nos olhávamos com uma vontade enorme de rir e nos beliscávamos para ter certeza de que era mesmo verdade.

— Será que isso está realmente acontecendo conosco? Com Maria e Sophia? Quem diria, hein!

No entanto, a gente logo se habitua ao papel de estrela. Não demorei a entender que era importante dar o peso justo a cada coisa, não deixar que todo aquele excesso, que aquela grande encenação mudasse meu modo de pensar. Sabia muito bem o que queria, o sucesso me estimulava e me levava a fazer as coisas cada vez melhor. Intimamente, porém, continuava a querer uma família, filhos e aquela normalidade que nunca tinha tido. Moravia ainda me ajudaria a traduzir esta tensão em palavras, alguns anos mais tarde, numa entrevista que entrou para a história.

De fato, os Estados Unidos me proporcionavam a oportunidade de viver pela primeira vez junto com Carlo. Ele ia e vinha, mas quando estava em Hollywood, era todo meu. Tinha fechado a Ponti-De Laurentiis para fundar a Champion Film junto com o napolitano Marcello Girosi, que falava inglês muito bem e ajudou a expandir os negócios no além-mar. Foi exatamente nessa época que assinamos um acordo com a Paramount. Estava entrando pela porta principal de um dos estúdios mais importantes do mundo.

Meu primeiro compromisso hollywoodiano foi justamente o coquetel organizado pela Paramount no famoso restaurante de Mike Romanoff. Em minha homenagem ele resolveu dar um toque mediterrâneo ao ambiente, com aquele gosto americano, meio infantil, de transformar, de copiar a realidade. Não faltava ninguém. Eu era o fenômeno a ser conhecido, a personagem do momento, o evento que ninguém podia perder. Virava para um lado e via Gary Cooper — de uma beleza de tirar o fôlego —, para o outro, cruzava com o sorriso de Barbara Stanwyck, olhava para a janela e via o tímido Fred Astaire conversando com Gene Kelly. *Mamma mia!*

Depois, no melhor da festa, chegou Jayne Mansfield. Abriu-se uma trilha entre os convidados, bem na direção da minha mesa. Ela avançava vacilante nos saltos altos, talvez não completamente sóbria, mas tinha algo de grande, de largo no seu modo de andar. Sabia que estava sendo observada por todo mundo e, aliás, era impossível desviar os olhos do seu decote, mais que generoso. Era como se dissesse: "*Here comes Jayne Mansfield, The Blond Bombshell!*" Ela sentou ao meu lado e começou a falar comigo como um vulcão em erupção. Enquanto tagarelava, percebi de repente que seu seio estava dentro do meu prato. Olhei para ela aterrorizada. Ela quase não notou, se recompôs e foi embora. Um fotógrafo particularmente rápido fez uma foto que girou o mundo inteiro. Recusei-me a autografá-la. O reino encantado de Hollywood também escondia alguns aspectos grotescos, com os quais eu não conseguia nem queria ter qualquer tipo de relação.

Essa primeira festa foi seguida de muitas outras, sempre iguais e sempre diferentes. Para mim, tudo era uma grande aventura, um carrossel, um turbilhão estelar de rostos, nomes, atitudes. Tudo me impressionava: limousines, cadillacs, mansões exuberantes, mas também os motéis e drive-ins. Descobri os supermercados e shopping centers, os drinks à beira da piscina e o *cottage cheese* com salada de frutas. Encontrava os mitos da minha juventude e me sentia no coração do mundo. Não se falava de outra coisa senão de cinema e, às vezes, tinha saudade do meu país, tão rico de história, de ironia, de humanidade. Em Hollywood as pessoas comuns simplesmente não existiam.

Ficamos instaladas na suíte de um belo hotel, com um grande terraço, onde gravamos um episódio do famoso *Ed Sullivan Show*, um dos programas de TV mais prestigiosos da América. À medida que crescia como personagem, minhas responsabilidades aumentavam, assim como o medo de fracassar. Agora, todos os olhos estavam voltados para mim, dispostos a julgar, a descobrir um erro, a provar que eu não passava de um blefe. Meu inglês melhorava a cada dia, meus papéis eram cada vez mais importantes, com mais falas, exigindo ainda mais concentração. Louella Parsons e Hedda Hopper, as duas colunistas mais ferozes do meio cinematográfico, aterrorizavam astros e estrelas com suas maldades sibilinas, mas sempre foram bastante benevolentes comigo, mesmo porque me consideravam uma *outsider*. Nunca deixei de ser a *Italian Girl* que, cedo ou tarde, voltaria para casa.

O primeiro filme que fiz foi *Desejo*, baseado em um romance de Eugene O'Neill. Minha personagem era intensa e difícil, cheia de paixão. A meu lado, Anthony Perkins, bonito e neurótico como vimos em *Psicose*. Era um rapaz gentil, educado, um pouco sombrio, que não conseguia ocultar sua inquietude. Havia uma certa cumplicidade entre nós: ele me ajudava no inglês, eu tentava fazê-lo rir um pouco. Seu camarim parecia um quarto de estudante: uma mesinha, alguns livros, uma sobriedade quase monástica.

O filme foi totalmente rodado em estúdio — na Califórnia não havia as ruas do nosso neorrealismo —, e isto lhe deu uma dimensão muito teatral, enfatizada por uma fotografia primorosa em preto e branco. Olhando o cartaz do filme, meu netinho exclamou: "Mas, vovó, antes você era chinesa?!" Era a maquiagem da época, que eu e Goffredo Rochetti, meu maquiador, tínhamos inventado. Criou tendência, todas acabaram me copiando.

Enquanto isso, terminávamos de filmar as últimas cenas de *Orgulho e paixão*, que não pôde ser terminado na Espanha porque Sinatra abandonou o set sem avisar, talvez levado pela desilusão amorosa.

Por meu lado, retomei o contato com Cary, que ainda não tinha se dado por vencido. Sem ligar para a presença de Carlo, enviava diariamente um buquê de rosas, telefonava, escrevia. É possível que Carlo sofresse com aquilo, mas nunca disse nada. Meio constrangida, esperava que algo definitivo acontecesse. Não era possível continuar assim.

No começo do verão, voltei à Itália, para umas breves férias. Durante o tempo em que estive longe, escrevia todo dia para minha mãe, mas queria muito vê-la, abraçá-la de novo. Nesse intervalo, ela continuou a alimentar sua ilusão de amor: depois de deixar a mulher, Riccardo resolveu morar com ela, para em seguida — *ça va sans dire* — abandoná-la pela enésima vez. Ainda bem que eu não estava lá. Passei a vida inteira tentando proteger minha mãe desse seu amor impossível, mas sabia que era impotente.

Maria já tinha retornado algum tempo antes: mesmo encorajada por Sinatra a seguir seu sonho de ser cantora, não se animou. Talvez para não abandonar nossa mãe em sua solidão. São as idas e voltas da vida: justamente Romilda, que teve seus sonhos destruídos por culpa dos pais, conseguiu liberar a filha mais velha, mas não a mais nova.

Depois de uma grande festa em minha homenagem na Casina Valadier, no coração de Villa Borghese, Carlo e eu nos refugiamos por um tempo em Bürgenstock, às margens do lago de Lucerna. Longe dos refletores, reencontramos a paz que faltava à nossa vida cotidiana. Era um lugar encantado, cheio de bosques e de luz, que desconhecia os excessos da mundanidade. Líamos, passeávamos, ficávamos juntos sem medo de ser surpreendidos, acusados, julgados. Nosso coração repousava e nosso amor se consolidava no silêncio e na solidão da natureza.

No dia oito de agosto estávamos de novo na América. Outro set, outro grupo. De Los Angeles fui para Washington no Super Chief, o trem das estrelas. Esperando por mim na frente da Casa Branca encontrei Cary. Íamos filmar *Tentação morena*, uma daquelas sofisticadas comédias feitas expressamente para ele. Mas o encanto espanhol havia se acabado. Estávamos num impasse, esperando apenas que uma saída se apresentasse.

Em meu baú descubro cartas e bilhetes escritos naquela sua grafia elegante e alegre, que ainda hoje me enche de ternura: falam de um afeto que, mesmo tendo mudado no tempo, nunca se extinguiu.

"Se puder, e quiser, deixe um bilhete seu para mim na recepção — bastam poucas palavras, de qualquer tipo. Preciso receber alguma coisa de você, hoje e todos os dias (quem sabe até um soco no nariz, mas acho que prefiro duas linhas que me falem do seu amor)... Se pensa e reza comigo, pela mesma coisa, pelo mesmo motivo, tudo vai dar certo e a vida será bela.

P.S.: Se este bilhete for tão importante para você quanto os seus são para mim, fico feliz de tê-lo escrito."

Dois dias antes do fim das filmagens Carlo e eu estávamos no terraço do hotel tomando café da manhã, com os jornais e dois croissants. Folheando a parte do cotidiano, meus olhos caíram sobre uma notinha de Louella Parsons anunciando nosso casamento, por procuração, no México, no dia anterior.

Quase caí da cadeira, e Carlo, que tinha pedido a seus advogados que buscassem uma solução fora da Itália, também foi pego desprevenido. Ao que tudo indicava, eles tinham dado alguns passos sem avisá-lo. Logo descobriríamos que o casamento não era válido e, em todo caso, acabaria nos causando grandes problemas no nosso país.

Enquanto isso, porém, nos Estados Unidos e no restante do mundo, estávamos perfeitamente dentro das regras. De fato, na América — onde, ao contrário de nós, o divórcio não era só permitido, como também bastante fácil —, o inconveniente era viver "em pecado". Motivo pelo qual Elizabeth Taylor se casou oito vezes, duas com o mesmo homem, e, como ela, muitas outras *stars* de Hollywood.

Estava longe de ser o casamento que sempre sonhei, mas no momento era o melhor que podíamos ter. Apesar da surpresa, jantamos à luz de velas e começamos a pensar numa breve lua de mel.

No set, meio surpreso, mas finalmente conformado, Cary reagiu como um verdadeiro cavalheiro: "Meus parabéns, Sophia. Espero que seja muito feliz."

E por ironia da sorte, logo depois Cary e eu nos casamos diante das câmeras em *Tentação morena*: ele, com uma gardênia na lapela, eu, com um lindo vestido de renda branca.

A VIDA CONTINUA

Um mês depois, começaram os problemas. A primeira estocada veio do *L'Osservatore Romano*, a segunda de uma desconhecida senhora, dona Fulana, que em nome de uma associação de proteção à família nos denunciou por bigamia e concubinato, que na Itália seriam considerados crimes até 1969. Era o início de uma longa odisseia que, entre pedidos de anulação à Sacra Rota e estratégias criadas por advogados, só chegaria ao fim nove anos depois. Enquanto isso, abandonada a ideia de uma lua de mel, partimos para Londres, onde era esperada por nada mais, nada menos, que William Holden e Trevor Howard, para filmar *A chave*.

No avião, Carlo colocou um ponto final naqueles meses difíceis. Embarcamos cercados por uma multidão de jornalistas que nos bombardeavam de perguntas sobre o casamento, sobre Hollywood, sobre o filme que íamos fazer. Uma explosão de flashes, um alvoroço digno de uma estrela de cinema. Tinha pouco mais de vinte anos, estava atordoada, mas também feliz. Sorri para Carlo enquanto tirava o casaco e arrumava a bolsa no bagageiro. Ele parecia meio emburrado, talvez fosse o cansaço com toda aquela confusão, talvez alguma preocupação de trabalho. Respirei fundo, folheei a revista de bordo em busca do meu perfume preferido, observei os passageiros que passavam por ali tentando adivinhar em que trabalhavam, seus amores, suas fantasias. Quando estava começando a relaxar, deixei escapar uma frase inocente. Ou talvez nem tanto.

– Cary me mandou um buquê de rosas amarelas antes da partida. Amarelo de ciúme? Que gentil...

Carlo virou e deu uma bofetada no meu rosto, na frente de todo mundo. Fiquei vermelha, a marca branca dos seus dedos no meu rosto queimava de raiva e de vergonha. Senti as lágrimas descendo, uma a uma, pela minha face. Queria morrer, mas bem lá no fundo sabia que tinha provocado aquilo de propósito. E não me arrependia.

Aos vinte anos devemos aprender a viver, e o amor de Cary me deu muita coisa. Talvez até a coragem para lutar por uma vida normal com Carlo. Por outro lado, era jovem, mas não estúpida. Intuía que aquele tapa, difícil de entender com os olhos de hoje, era o gesto de um homem apaixonado ameaçado por outro homem, um homem que tinha corrido o risco de me perder e só agora estava se recuperando do susto, do desgosto. Chorei, mas não muito, porque o avião estava lotado. A aeromoça se aproximou perguntando timidamente se eu precisava de alguma coisa. Não sabia onde me enfiar, mas no fundo estava contente. Tinha finalmente a confirmação que procurava há tempos: Carlo me amava, eu tinha feito minha escolha e, mais que isso, tinha escolhido bem.

Em Londres, lutei minha primeira batalha sozinha. E venci. Assim que cheguei, descobri desconcertada que Sir Carol Reed, o diretor, e Carl Foreman, o produtor, tinham mudado de ideia. Segundo disseram, eu era jovem demais para o papel, e Ingrid Bergman estava pronta para assumir o posto. Mas logo entendi que o texto não tinha nada a ver com aquilo. Tinha lido muito bem e não havia nada que me impedisse de fazer o papel da doce e tenebrosa Stella. O motivo era outro. Queriam o nome, o grande nome, e pensavam que bastava mencioná-lo para que eu me submetesse. Foreman veio me ver, aproveitando a ausência de Carlo, convencido de que já tinha vencido a parada. Mas não sabia com quem estava lidando. Descobri em mim uma garra que nem eu esperava e defendi minha posição.

— Não tem discussão. Assinei um contrato e o papel é meu. Sinto muito, mas não tenho a menor intenção de abrir mão dele. Sinto que essa personagem é minha, sei que posso fazê-la bem.

Era um papel importante para mim, dramático, que contribuiria para me tirar da posição de *Maggiorata,* em que corria o risco de ficar confinada. Não ia recusar. Ele ficou boquiaberto e voltou à carga:

— A senhora sabe que vai receber uma importante soma em dinheiro...

— Isso absolutamente não me importa — respondi, segura de mim. — Eu vou fazer esse filme. Basta me dizer quando começamos.

Um contrato é um contrato, e ele foi embora com o rabo entre as pernas.

Naturalmente, depois de fazer pé firme, passei alguns dias morrendo de medo; no entanto, mergulhando de cabeça no texto, conquistei o respeito deles. Era uma bela história, ambientada na costa inglesa, cinza e tempestuosa. Uma história de guerra, de mar, de amor, com aspectos dramáticos que exigiam uma certa presença em cena. No final do filme, Foreman acabou satisfeito, dizendo que agora estava contente com a minha resistência inicial.

No lançamento do filme, fomos convidados à Royal Command Performance, onde cometi uma pequena gafe que correu o mundo. Na recepção, usei um esplêndido vestido de Emilio Schuberth, com quem me vestia agora, com um pequeno diadema. Embora estivesse crescendo, ainda era uma mocinha que bem lá no fundo queria ser rainha. Pena que a anfitriã era, ela, sim, uma verdadeira rainha, Elisabeth, e o protocolo não permitia que ninguém usasse coroa diante de um membro da casa real. A soberana da Inglaterra não pareceu incomodada, mas, no dia seguinte, os jornais se regalaram com as manchetes mais sensacionalistas e fantasiosas.

No mesmo período, Ingrid Bergman e eu vimos nossos caminhos se cruzarem pela segunda vez. Sabia que Cary também estava em Londres, filmando *Indiscreta*, e fui encontrá-lo no set um dia de manhã. Quando Ingrid me viu, talvez surpresa com a visita inesperada, perdeu a fala. São coisas que acontecem até com os melhores, e ela era, com certeza, uma excelente atriz, pela qual eu tinha uma veneração absoluta.

— Talvez seja melhor eu ir embora — sussurrei a Cary, e saí à francesa.

Mais uma vez, passamos o Natal de 1957 na paz nevada de Bürgenstock, com Maria e minha mãe. Nossos vizinhos, reservados e tranquilos como nós, eram Audrey Hepburn e Mel Ferrer, que encontrávamos com frequência nos passeios pelos bosques. Uma amizade discreta e nunca invasiva, uma companhia serena.

Um dia, Audrey nos convidou para almoçar, Mel tinha viajado a trabalho. Fomos para a casa dela a pé por uma trilha na neve, calma e silenciosa. O chalé era lindo, luminoso e todo decorado em branco, encaixado numa encosta debruçada sobre o lago. Audrey também estava de branco, assim como a decoração da mesa, enfeitada com algumas flores e velas. O máximo do refinamento.

– Este lugar é um encanto – comentei.

E ela respondeu:

– Tenho necessidade de solidão e beleza...

Conversamos amavelmente, falamos de cinema, dos amigos comuns. Fomos conhecer a casa e depois, com calma, passamos à mesa. Eis que chegou a entrada ou pelo menos o que me pareceu ser uma entrada. Uma folha de alface, um anel de queijo fresco coroado por uma ponta de compota de amora. No pratinho ao lado, um pãozinho crocante, formato mignon. A conversa era agradável e a compota mais ainda, mas quando vieram retirar os pratinhos, Audrey levantou e comentou, com um daqueles seus sorrisos aéreos, delicados, perfeitos:

– Comi demais!

O almoço tinha acabado.

Diplomaticamente comentei:

– Perfeito, estava tudo perfeito!

Na verdade, estava morrendo de fome e, quando cheguei em casa, tratei logo de fazer um belo sanduíche.

Audrey e Mel tinham se casado poucos anos antes em uma capela encantadora, a dois passos de casa. Era uma igrejinha pequena, pouco maior que uma sala, mas austera e solene como uma catedral. Sua grandeza estava nos bosques que a cercavam e no fato de ser aberta a todos os cultos, do católico ao budista, do hinduísta ao luterano. Cada vez que passava diante dela pensava naquele casamento íntimo, de sonho. Um sonho que ainda estava muito distante para mim, como também, cada vez mais, distante a Itália, de onde tínhamos sido banidos como dois criminosos.

Em janeiro, voltamos a Los Angeles, onde nos instalamos na mansão de King Vidor, livre por alguns meses. Levávamos uma vida reclusa. Quando não estávamos trabalhando, ficávamos em casa, vendo TV à noite e dormindo cedo. Tínhamos a impressão de viver numa bolha de paz situada no olho do ciclone.

Meu próximo desafio se chamava *A orquídea negra,* no papel de uma viúva da máfia que luta para refazer sua vida, e me colocava ao lado de Anthony Quinn. Mais um papel italiano e maternal, ao lado de um grande ator, sólido e talentoso, mas que não fazia nada para se aproximar de mim. Lembro-me de uma manhã em que preparávamos uma cena externa, sentados à mesa.

– *Are you going to do it like that?!* – perguntou ele, com desprezo.

– Caro Tony – respondi –, faço o que posso.

Tentava me controlar, mas por dentro estava morrendo. Por mais esforços que fizesse, nunca parecia suficiente. "Vou embora", dizia a mim mesma, "vou voltar para casa". Mas recomeçava do início, como se nada tivesse acontecido.

Quinn também teve uma infância incomum, com um pai aventureiro e revolucionário, amigo de Pancho Villa, e uma mãe mexicana de antigas origens astecas. Depois de mil trabalhos diversos, inclusive o de colchoeiro, aportou no cinema e acabou casando com a filha de Cecil DeMille, que lhe abriu as portas. Se diante das câmaras podia ser rude e desagradável, fora do set era muito simpático e adorava meus espaguetes ao molho de tomate.

A orquídea negra me deu o primeiro reconhecimento de minha carreira: a Coppa Volpi como melhor atriz da Mostra Internacional de Cinema de Veneza. Quando fui informada da vitória, meu primeiro impulso foi comparecer à cerimônia de entrega do prêmio. Mas as coisas não eram tão fáceis assim.

– Se pusermos os pés na Itália juntos, seremos presos – advertiu Carlo, quando passávamos uma semana de férias na Côte d'Azur.

Finalmente, resolvemos que eu iria sozinha, depois de receber as devidas garantias de Veneza. Ele me acompanhou até o trem, em Saint-Tropez, e com uma certa amargura no coração me viu partir. Em Veneza fui recebida por uma multidão inacreditável, dizem que eram cinquenta mil pessoas, que me aclamava gritando: "Bem-vinda à sua casa, Sophia!" Uma festa inesperada e que fez com que eu voltasse a me sentir de bem com o mundo, amada pelo meu público, reconhecida no meu país. Diante do júri, fiquei tão emocionada que não consegui abrir a boca. E reservei para Tony Quinn o meu melhor sorriso: "Viu como não sou tão ruim assim?!"

O filme também me deu outra grande satisfação. Assisti à pré-estreia em Roma sentada ao lado de Anna Magnani. Quando as luzes se acenderam, Nannarella, que não era famosa por ser dada a cerimônias, exclamou: "Parabéns, Sophia, realmente gostei muito!" Poucos elogios me deram mais prazer na vida.

Nesse meio-tempo, depois do breve parêntese em Nova York para filmar *Mulher daquela espécie*, um filme que não deu muito certo, apesar da direção de Sidney Lumet, Carlo e eu estávamos mais uma vez sem residência fixa. Vagávamos pelo mundo como dois exilados e, mesmo do alto de nossa situação privilegiada, nos sentíamos perdidos. O outono foi parisiense, na rue de Rivoli. Quando partimos, Yves Montand e Simone Signoret, Kirk Douglas e Gérard Oury foram se despedir. Agora éramos cidadãos do mundo, sem casa, mas com amigos em cada porto. Em janeiro — estávamos em 1959 — voltamos a Hollywood, para honrar os compromissos com a Paramount.

Era a vez de George Cukor, com *O pistoleiro e a bela aventureira,* sempre ao lado de Anthony Quinn. Trabalhar com Cukor não foi fácil, e só mais tarde entendi bem o quanto ele tinha me ensinado. Ao contrário de De Sica, que sugeria sem jamais se impor, Cukor me obrigava a imitá-lo, fazendo com que me sentisse como uma marionete, e passava os dias corrigindo meu inglês, cada vez mais fluente, mas ainda longe da perfeição. Com o tempo, mereceu minha gratidão, e esse *western* musical meio atípico ocupa um lugar entre meus filmes preferidos.

Do Oeste selvagem para a Áustria bastou uma noite de avião. No entanto, o set de *O escândalo da princesa,* um filme de época, na onda de *Sissi,* não deixou de ter suas complicações. Michael Curtiz, o mítico diretor de *Casablanca,* não conseguia se fazer entender com seu forte sotaque húngaro, e as tomadas foram mais árduas que o previsto.

Antes de encerrar a colaboração com a Paramount ainda faltava fazer *Começou em Nápoles,* com o grande Clark Gable, que finalmente nos levou de volta para a Itália. Gable já era um ator maduro, cheio de charme e simpatia. Cada vez que olhava para ele, via Rhett Butler em *...E o vento levou,* aqueles beijos maravilhosos, aqueles crepúsculos, aquela sua beleza de dar medo. Olhava para ele com os olhos de então e começava a sonhar.

Gable estava e, de repente, não estava. Apresentava-se no set bem cedo, preciso e profissional. Era sempre perfeito. Perfeito nas falas, perfeito na maquiagem, perfeito com os horários. Tão perfeito que, às cinco horas em ponto, ouvíamos o alarme de seu relógio de pulso. Significava que a jornada tinha chegado ao fim, e ele abandonava a cena mesmo que estivesse na metade e ia embora.

Era agosto e Capri nos recebeu de braços abertos, apesar da notícia de que a Corte tinha permitido a abertura de um processo contra Carlo por bigamia. No dia do meu aniversário, a equipe encomendou um bolo com vinte e cinco velinhas, e Carlo, desafiando o mundo, foi me encontrar. Mais uma vez, tudo parecia difícil demais e bom demais para ser real. Uma fase da minha vida chegava ao fim. Hollywood havia me dado tudo o que podia e, apesar das dificuldades que enfrentávamos, tinha chegado a hora de voltar para casa.

VII

UMA MÃE DE OSCAR

Fino all'età di quattordici
Tutta l'infanzia dunque. Lei
zia per molti aspetti sono i

NOITE EM CLARO

Quando, no final de fevereiro de 1962, chegou a notícia da indicação para o Oscar, não pude acreditar. *O Oscar? O prêmio Oscar?* Relia os nomes das outras candidatas, e as figuras de Audrey Hepburn e Natalie Wood, Piper Laurie e Geraldine Page desfilavam diante dos meus olhos. Cá comigo, pensava: "Estão de brincadeira? Imagine só, *Duas mulheres* é um filme italiano, falado em italiano, onde já se viu isso?"

Estava me sentindo lisonjeada com a ideia, claro, era um sentimento bom, mas me iludia pensando que ter chegado àquele ponto já era bom demais: lá no fundo, sabia que não era verdade, quanto mais perto da hora H eu ficava, mais sonhava com a vitória. Talvez fosse ousadia demais, mas não havia nada que eu pudesse fazer. A esperança e a ambição eram parte de mim, embora soubesse que a desilusão estava atrás de cada esquina e que o triunfo era para poucos.

Depois de muita hesitação, resolvi não ir à premiação. Se perdesse, ia desmaiar; se ganhasse, ia desmaiar do mesmo jeito. Não podia passar vexame diante daquela plateia, sob os olhos do mundo inteiro. *Vou ficar em Roma, no meu sofá*, foi o que disse e fiz.

Na noite fatídica, até Carlo estava agitado, embora fingisse que não. Era um homem sólido, firme, muito concentrado no seu trabalho, nos objetivos que queria atingir. Se tivesse que descrevê-lo num único adjetivo, diria que era um homem consciente:

das situações, dos outros e de si mesmo. Apaixonado por cinema desde a juventude, dedicou sua vida à sétima arte. Era determinado nos negócios, atento aos resultados, mas sabia lutar por um bom filme. E se não gostasse do resultado final, assumia pessoalmente a moviola para cortar e remontar do jeito que queria. Era culto e sensível, de poucas palavras. Foi capaz de me entender desde o início e nunca tentou me transformar em uma pessoa diferente da que eu era.

Tínhamos trabalhado muito para chegar àquele ponto, cúmplices e solidários, complementares, como acontece nas melhores famílias. Não sei o que tinham na cabeça as famílias perfeitas, sempre do lado da justiça, que não hesitaram em tachar de escandalosa a nossa união. Fizeram um julgamento precipitado, sem nada saber sobre o nosso amor, tão sereno e concreto, na vida como no trabalho. Hoje chamariam de "sinergia", na época era "afeto" e "apoio recíproco". Tínhamos viajado, nos exposto, e resolvemos voltar para casa por nossa conta e risco, apesar das acusações contra nós. Tínhamos consciência de que ninguém dá nada de presente, de que cada pequena vitória é feita de esforço e sacrifício e nem sempre representa o desenlace final.

Naquele dia 9 de abril de 1962 estávamos em nosso apartamento na piazza D'Aracoeli, onde morávamos juntos há um bom tempo, mais ou menos oficialmente. Sabíamos muito bem que a diferença de fuso horário entre a Itália e a Califórnia representava uma noite em claro; à nossa frente, tínhamos um deserto de longuíssimas horas a atravessar. Ainda não existia transmissão direta via satélite. Tensos demais para conversar amenidades, não conseguíamos nem descansar, nem mesmo ler. O telefone continuava a tocar numa avalanche de votos de sorte mais ou menos sinceros. Os mais ousados faziam previsões, diziam que tinham certeza disto ou daquilo, que já sabiam de tudo. Nos entreolhávamos com um sorriso amarelo. Qualquer que fosse o resultado, seria uma noite inesquecível. Uma noite de Oscar. Um pouco de música, um gole de vinho, o enésimo cigarro, uma camomila, a janela aberta para deixar entrar um pouco de primavera. E depois?

Já era bem mais tarde quando me deu um estalo. *O molho, é isso, o molho de tomate! Que cabeça, devia ter pensado antes.* A cozinha me tranquilizava, era capaz de me distrair daquele turbilhão de ansiedade que eu não conseguia aplacar. Enquanto descascava o alho, meu pensamento foi até vovó Luisa, que já não estava conosco há alguns anos. Talvez sonhasse uma outra vida para mim. Talvez preferisse me ver professora em Pozzuoli, duas peças no mesmo andar ou talvez no andar de cima, almoços no domingo e, quem sabe, alguns netinhos na barra da saia. No entanto, sei o quanto estaria orgulhosa de mim esta noite. Justamente ela, que me ensinou o valor da disciplina, o gosto de cumprir o próprio dever, o prazer de não ter contas a ajustar com o mundo, estaria orgulhosa de um sucesso conquistado apenas com força de vontade.

Meus olhos se encheram de lágrimas. Que peça nos prega a emoção... O telefone tocou novamente: minha mãe, pela vigésima vez. Dizia que queria me tranquilizar, mas na verdade procurava uma defesa contra a própria ansiedade. Carlo atendeu, um pouco mais áspero que o habitual. "Romilda, deixe Sophia em paz um pouco: ligamos assim que tivermos novidades." A relação entre eles era de respeito e estima recíproca. Tinham mais ou menos a mesma idade e, de certo modo, competiam um pouco. Ou pelo menos Romilda, que se sentiu meio deixada de lado, depois da chegada daquele senhor tão cheio de autoridade na minha vida. Além disso, é quase inútil repetir, continuava a temer o famoso "efeito Scicolone": nunca confiar em um homem, ainda mais se ele for casado.

Passei a cortar cebola para disfarçar as lágrimas e logo me senti melhor. Às vezes, basta muito pouco para voltarmos a pôr os pés no chão, para retomar o equilíbrio que as surpresas, boas ou ruins, podem abalar.

Às três da madrugada chegou um cabograma de Santiago do Chile, informando que *doña* Loren tinha ganhado o Golden Laurel de melhor atriz de 1961. Presságio de vitória ou zombaria da sorte? A alvorada ainda estava longe, e o sono tinha realmente desaparecido. *E, agora, que fazer?*, perguntei aos meus botões, pensando num modo de passar o tempo. Encolhida no sofá, esperava a chegada do dia, e logo Carlo veio ficar comigo.

Por sorte, mesmo quando anda tão devagar que parece que vai para trás, o tempo não para de passar. Também dessa vez, os minutos se transformaram em horas e a noite desmaiou no dia. Às seis da manhã, segundo nossos cálculos, tudo já estaria acabado, mas nenhum telefonema chegava, nenhum telegrama, nada de nada. O silêncio ao redor de nós era quase doloroso. "A essa altura dos fatos, podemos começar a pensar em ir dormir", nos dissemos sem falar. Mas não tivemos coragem de levantar. Ficamos ali, no lusco-fusco da aurora, olhando para as paredes, os quadros, as fotos, até adormecer como duas crianças.

Mas eis que, às 6h39, o telefone tocou. Impiedoso como um despertador, como uma sirene. Carlo jogou-se sobre ele.

– Quem? Quem? Cary? Cary Grant? – um abismo de silêncio e depois a explosão de alegria, naquele seu inglês improvável que soava como um morteiro numa festa do interior:

– *Sophia win! Sophia win! Sophia win!*

Arranquei o fone da mão dele. Do outro lado do fio, a voz quente de Cary Grant:

– *It's wonderful, Sophia, it's wonderful. You are always the best!*

Sorri para Cary do outro lado do oceano, sorri para mim mesma, para nós, para a vida. Desligando o telefone, saí pulando de um lado para outro na sala. Depois, de repente, senti um cansaço infinito tomar conta de mim. Não sabia o que pensar, que sentimentos experimentar. Fez-se um vazio dentro de mim e corri para a cozinha para ver se o molho não tinha queimado.

Lá embaixo, no portão, acotovelava-se um rio de jornalistas impacientes. Minha mãe e Maria conseguiram abrir caminho por entre eles, prometendo que eu falaria com eles. Minha irmã tinha na mão uma plantinha de manjericão para mim:

– Para você se lembrar de onde veio...

Nosso abraço foi um dos momentos mais intensos de toda a minha vida. O meu Oscar era delas. Sua felicidade, a minha.

MÃE E FILHAS

Outro abraço inesquecível — que trazia consigo rolos e mais rolos de película que gravamos juntos nos últimos oito anos entre os *bassi* de Nápoles e as praças de Trastevere, as vielas de Sorrento e as nuas colinas da Ciociaria — foi o de Vittorio De Sica. Ele foi o primeiro a perceber a promessa por trás da figurante, a atriz por trás da *Maggiorata* e, agora, a mãe por trás da filha. Sim, porque foi também uma questão de mães e filhas, nada fácil de destrinchar.

Tudo começou em um romance de Alberto Moravia, que Carlo estimava e respeitava imensamente. Os dois se viam com frequência, dividiam projetos, leituras, opiniões. Foi de um motivo saído de um conto seu que nasceu *Bela e canalha*, que me fez conhecer Marcello. E também foi ele quem escreveu, junto com outros grandes escritores, *A mulher do rio*. Mas *Duas mulheres* chegou ao fundo do meu coração. Falava de nossa terra, de mim, da minha mãe, da guerra que vivemos e temos, das feridas que nunca cicatrizam. Em suas páginas encontrei a coragem, a fome, a cega estupidez dos ignorantes, o instinto materno que mora em todas as mulheres do mundo.

Três anos antes, em Bürgenstock, Carlo quis comprar os direitos do romance e pediu minha opinião. Devorei o livro em dois dias, sem conseguir largá-lo.

A voz de Cesira tinha me encantado. Ela, *burina** oriunda do campo, para Roma, aprisionada ainda muito jovem em um casamento equivocado, se vê sozinha sob as bombas, tendo de proteger tudo o que possui — seus pertences, a quitanda, a filha —, e resolve fugir para sua terra natal, a Ciociaria. Afinal, como todos dizem, é questão de semanas: os Aliados estão chegando.

Cesira é uma mulher cheia de bom senso, aberta e combativa, que faria qualquer coisa no mundo por sua filha Rossetta. Seu modo de pensar, tão honesto e verdadeiro, tão consciente dos próprios limites, entra em conflito com a turbulência do momento, com a banalidade do mal, como um trem que segue para Nápoles e para no meio dos campos, não continuando mais para lugar nenhum.

O campo é feito de pó e pedras, de trilhas que sobem as colinas, cultivadas em terraços, e chegam ao cume, entre as montanhas, em busca de uma segurança que já não existe mais. Cabanas e casinhas, mais semelhantes a estrebarias do que com casas cristãs, hospedam camponeses e refugiados, obrigados pela emergência a viver juntos. Durante aquelas longas semanas que se transformam em meses e até em estações inteiras, homens do campo e da cidade entrelaçam suas vidas, suas mentalidades tão diversas e, no entanto, tão iguais, cada um, no fim das contas, concentrado apenas em si mesmo e no pouco que lhe sobrou. Os ideais valem cada vez menos diante da fome, do frio, do medo. "Ingleses ou alemães, que ganhe quem ganhar... Mas que resolvam de uma vez!"

Moravia teve realmente de se refugiar na Ciociaria, com sua mulher Elsa Morante. Passou fome e frio, vivenciou a paranoia e o medo, dormiu entre percevejos e ratos, naqueles colchões feitos de espigas de grão de bico que castigam as costas. Devorou

---

* *Burino*, que vem do dialeto romano, designa, de modo pejorativo, o camponês ou pessoa do campo, rude, de pouca instrução e traquejo social. Corresponderia, no Brasil, a roceiro, matuto ou cafona. (*N. da T.*)

pão de alfarroba e queijo de cabra duro, laranjas e tripas de cabra. E agora, dez anos depois, empresta suas lembranças a Cesira e Rossetta, que se sentem perdidas tão longe de casa.

Na aldeia de Sant'Eufemia, onde têm de pagar caro para encontrar hospitalidade, mãe e filha fazem amizade com Michele, um alienígena, a mil milhas de distância de todos os outros. É um rapaz estudado, fala difícil, e ninguém o entende. Mesmo assim, tenta despertar os "mortos" com suas ideias, acender nos que o cercam o desejo de construir um mundo melhor. A amizade entre eles cresce pouco a pouco, fresca como o céu, como os cíclames e as samambaias, que crescem na beira dos terraços, como a chicória, a serralha e a calaminta, que são obrigados a comer quando, passado o outono e passado igualmente o inverno, as provisões chegam ao fim, e tanto os ingleses quanto os alemães, imobilizados na Frente Garigliano, encurralam a Itália. Depois de quarenta dias de chuva e lama, a tramontana varre as nuvens e traz de volta o céu azul. Mas o pior ainda está por vir. Recomeçam os bombardeios, que rasgam os céus e golpeiam ao acaso. Começam as perquirições dos alemães, que a derrota torna ainda mais ferozes. Chegam também os americanos, gentis e distantes, indiferentes, recuperando a via Appia em direção a Roma, distribuindo caramelos e cigarros.

É uma luta de todos contra todos, na qual dominam o egoísmo, o medo, a rapinagem generalizada. Até Cesira, em sua alegria diante da iminente libertação, se esquece do amigo Michele, que a alimentou durante todo esse tempo. Mas sua alegria não dura muito. Sobre ela e mais ainda sobre Rosetta vai se abater uma violência extrema, que chega no último minuto na figura daqueles que se autodenominam libertadores.

Naquele verão de 1959, passeando pelos bosques de Bürgenstock, não falávamos de outra coisa: *Duas mulheres* era uma ideia fixa. Carlo queria dar à história um fôlego internacional, mas os roteiristas de Hollywood, mesmo apreciando o livro, não viam a possibilidade de um filme. "Tempo demais até o drama, ritmo muito lento, nada acontece até o final", diziam eles. Mas nós, que vimos a guerra de perto e que aprendemos a esperar, víamos claramente o filme. E como! Conhecíamos aquela história bem demais.

No livro, Cesira tem trinta e cinco anos, e Rosetta, dezoito. Com vinte e seis anos, eu estava no meio do caminho. Inicialmente, a ideia era ter Anna Magnani no papel da mãe e eu no da filha. Na direção, George Cukor, que tinha me dirigido pouco tempo antes e amava Anna apaixonadamente. Entusiasmado com a ideia, veio à Itália falar com ela que, no entanto, foi taxativa:

— A personagem é maravilhosa, mas não posso fazer a mãe de Sophia — disse, sem hesitar. — É alta demais, imponente demais. Aprecio suas qualidades de atriz, mas, no papel da filha, não dá. Teria de olhar para ela de baixo para cima, como pode?

Sem a Magnani, Cukor recuou, e Carlo teve de recomeçar do zero.

Nessa altura entra em cena Vittorio De Sica, nascido na Ciociaria, com o inseparável Zavattini. Voltou ao ataque com Anna Magnani, certo de que obteria sucesso onde o exímio colega americano havia falhado. Mas Anna era um osso duro de roer e estava muito convencida de sua posição para ceder. Vittorio tentou várias vezes, colocando na balança todo o seu *savoir-faire*. A última contou com a intercessão de Paolo Stoppa, num tímido telefonema:

— Nannarella, estou jantando com De Sica embaixo da sua casa, podemos subir um pouco?

Mas foi tudo em vão.

— Como filha teria de ser uma figura menos espaçosa, sei lá, Anna Maria Pierangeli... ficaríamos muito bem juntas.

Quanto mais Vittorio tentava convencê-la, mais ela endurecia. Até que, talvez por pura provocação, saiu-se com esta:

— Mas se querem Sophia tanto assim, por que não lhe dão o papel da mãe?

Dito e feito. Apesar do lamento por essa grande recusa, De Sica ligou para mim na manhã seguinte, em Paris, e propôs a mudança de perspectiva.

— Mas, imagine! É uma mulher muito mais velha que eu. É uma mãe! Como posso fazer isso?

— Por favor, Sofi', pense bem. É uma mãe que você conhece, já viu muitas assim, parece com a sua. Diminuímos a idade de Rosetta alguns anos e pronto, está feito. Por favor, diga que sim.

Divertido com a ideia, Carlo me encorajou, como só ele sabia fazer:

— Se Vittorio acha que você pode fazer, é porque pode. Confie nele.

Por outro lado, a variedade, a profundidade dos sentimentos que uma mãe pode expressar solicita todas as possibilidades expressivas de uma atriz. Psicologias complexas e delicadas, multifacetadas, sempre me atraíram, talvez porque, por minha própria história pessoal, os afetos viscerais sejam muito fortes em mim. Não adianta discutir, a mulher-mãe representa o aspecto mais completo da personalidade feminina e, neste sentido, desafia qualquer artista a dar o seu máximo.

Foi Vittorio, mais uma vez, quem me guiou nessa aventura. "Cesira é uma mãe em sua acepção mais plena. É humilde, sempre trabalhou, e vive para a filha. Sua abordagem das coisas é simples e direta. Você já sentiu tudo isso na pele, Sofi'. Sabe muito bem do que estamos falando. Vai atuar sem maquiagem e sem truques. Seja você mesma, seja a sua mãe e tudo vai dar certo."

Depois de tantos anos em Hollywood, *Duas mulheres* me levava de volta para casa, para a dureza da minha infância. A guerra, que tinha ficado tanto tempo enterrada dentro de mim, agora saía para dar voz àquela mulher ferida, ao seu sofrimento, à sua coragem. Pensava na minha mãe, no modo como tinha lutado para nos defender, para nos dar água e comida. No modo como se sentiu naquela noite em que os soldados marroquinos acampados no prédio bateram, bêbados, na nossa porta; como vigiou em silêncio, sem se fazer notar, os jovens *marines* americanos que vinham beber *brandy* na nossa sala. Porque ela sabia que o perigo estava em toda parte e podia surgir a qualquer momento, mesmo quando se tem a sensação de segurança.

Quando me apresentaram Eleonora Brown, a jovem escolhida para fazer Rosetta, logo me senti responsável por ela, por nós. Tinha um rostinho tímido e inteligente e um trabalho duro esperava por nós duas. Como poderia me tornar sua mãe? Sofrer por ela? Como podia ajudá-la a confiar em mim? Meu instinto me levou a olhar para ela com a mesma doçura com que me olharam quando eu era menina, com o amor que me protegeu e acariciou. E funcionou.

Eleonora era filha de uma napolitana e de um americano que se conheceram durante a guerra, e muitas vezes a tia a acompanhava ao set. Tinha treze anos, era pouco mais que uma criança, o olhar ainda infantil em um corpo de adolescente.

De Sica era um mestre na arte de fazer atores não profissionais atuarem. Demonstrou isso em *Vítimas da tormenta*, em *Umberto D.*, em *Milagre em Milão*. Sempre encontrava um jeito de obter o queria. Mas, nesse caso, superou a si mesmo. Diante de uma das cenas mais dramáticas, na qual Rosetta devia se mostrar desesperada por causa de Michele, interpretado por Jean-Paul Belmondo, chegou a dizer a Eleonora que seus pais tinham sofrido um acidente...

– Sinto muito, minha cara, sinto muito... – fingia, com voz dramática e piedosa. – Estão no hospital, em estado grave, mas ainda não disseram a última palavra... Vamos, coragem, minha menina...

Eleonora começou a chorar, chorar, chorar. Tivemos de interromper as filmagens, pois ela não conseguia ir adiante. Dessa vez, Vittorio tinha exagerado.

– Eleonora! – corri em seu socorro. – Não é verdade, está dizendo essas bobagens para fazer você chorar! Vamos, pode ficar tranquila, sorria...

Inútil, o choque tinha sido forte demais.

Não era, aliás, nada fácil para uma menina descobrir emoções tão dramáticas dentro de si. Lá onde Vittorio não conseguia, ou conseguia um pouco bem demais, eu intervinha para mitigar, solicitar, sugerir. Lembro-me da cena em que a ajudava a se lavar e ela aparecia nua de costas. Quanta paciência para vencer sua vergonha, seu pudor.

Com o tempo, aprendemos a nos conhecer e nos querer bem, como mãe e filha, e sua Rosetta entrou para a história. A experiência do filme foi tão intensa que ficamos amigas e até hoje nos falamos com frequência.

Começamos a filmar em 10 de agosto de 1960. A equipe se instalou nas colinas dos arredores de Gaeta. Carlo e eu alugamos uma grande casa branca, debruçada sobre o Golfo. Da janela, era possível ver Pozzuoli. "Bem diferente de Beverly Hills", comentou Vittorio. "Você nasceu aqui, este é o seu lugar." De fato, sentia-me completamente à vontade, sem maquiagem, vestida de trapos, branca de poeira sob o sol do verão. Estava bem entre os figurantes, nas grutas, de pés descalços com as malas na cabeça.

Quando os alarmes antiaéreos soavam, quase podia me ver no túnel da ferrovia, na companhia de ratos e baratas. Reconhecia o leite de cabra e o grave sorriso dos pastores, olhava com apetite para aquela comida pobre, para aquele pão escuro que nos fez tanta falta.

De Sica me mantinha sob controle, me puxava para baixo quando eu voava alto demais; para cima, quando faltava força. Mas, quando chegamos à hora da angústia, do desespero, liberou meu coração de qualquer regra, de qualquer impedimento. Deixou que o milagre se realizasse, que minha Cesira viesse à luz e tomasse seu caminho.

Foi o papel mais difícil da minha carreira. Sem Vittorio, não teria conseguido deixar o mundo ao redor mergulhar na escuridão para fazer nascer uma nova vida, que naquele instante se transformava na única possível. De Sica gravava a primeira tomada, e seus olhos se enchiam de lágrimas:

– Pode revelar... Boa de primeira!!!

Ele sabia pressionar meus sentimentos com uma maestria que me transformou de verdade naquela mulher, tão distante do glamour de uma estrela.

Ainda hoje, quando revejo *Duas mulheres*, basta uma cena, uma só, para que reviva toda a emoção como da primeira vez. Aquela pedra lançada contra o jipe dos Aliados, "*Ladri, cornuti, figli di mignotta*"* é um grito de revolta contra o ódio que durante anos fez do mundo um refém. A chama daquela rebelião deve permanecer sempre acesa, mesmo em tempos de paz, para nos manter alertas e vivos. Para que tudo isso não aconteça nunca mais.

Duas mulheres me deu vinte prêmios além do Oscar, entre os quais o David di Donatello, o Nastro d'Argento, o título de melhor atriz em Cannes, mas me deu também o presente de uma belíssima entrevista a Alberto Moravia, que andou comigo toda a minha vida. Quando a releio hoje, depois de cinquenta anos, ainda me emociono.

O MISTÉRIO DA NORMALIDADE

Seguindo a voz do grande escritor, retorno a Pozzuoli, a seu pequeno porto, de água verdes e oleosas salpicadas de cascas amarelas de limão. A Pozzuoli das velhas casas e velhas ruas mergulha-

---

* Ladrões, cornudos, filhos da puta. (*N. da T.*)

das na sombra, das ruínas romanas e do templo de Serápides, com as colunas imersas na água. Mas também a Pozzuoli dos estaleiros, da fábrica de canhões da Ansaldo, onde vovô Mimì trabalhava.

Guiada por suas perguntas, entro em nosso pequeno apartamento, com os móveis de nogueira torneada, na cozinha, onde faço os deveres, enquanto vovó Luisa me oferece um cafezinho e conta histórias em dialeto. Em seu reino, minha avó prepara o *pane sotto i fagioli*,* o mesmo que na Ciociaria se chama de *minestrina*. À noite se come massa, pois os homens voltam do trabalho e precisam matar a fome. No dia vinte e sete de cada mês vou a Nápoles com tia Dora, que me oferece um copo de chocolate quente com creme e um folhado na Caflish. Foi lá que vi Anna Magnani pela primeira vez. Reinava grande e fascinante sob um letreiro na esquina da rua, na fachada do teatro onde estava se apresentando. Nossos caminhos podiam ter se cruzado, porém apenas se tocaram.

Nessa Pozzuoli da memória, percebo a sombra do meu pai, o estranho, atraído até nossa casa por telegramas enviados com essa intenção expressa, mas que não vê a hora de ir embora. Perdido como um "asno no meio dos sons", como dizemos em Nápoles, nada mais que um intruso. É alto e distinto, cabelos grisalhos, nariz adunco que parece um bico, mãos e pés grandes, tornozelos e pulsos finos. Um belo sorriso, uma expressão de desprezo. Cheio de charme.

E, aqui, Moravia começa a escavar, sem piedade, com toda a sua inteligência. E revela a ferida da qual nasceu Sophia Loren. A não conformidade da minha família — um pai ausente, uma mãe muito mais bonita que as outras — me fez sofrer muito, me causou muita vergonha, mas foi também a minha sorte. Foi a força que me fez trabalhar, mostrar quem era, escolher muito cedo o meu caminho. Em outros termos, "o sucesso é um suce-

---

* "Pão sob feijões": fatias de pão de campanha dormido cobertas com feijões cozidos com bastante caldo, cebolas fritas e um fio de azeite. (*N. da T.*)

dâneo da normalidade inatingível". Vou para Roma fugindo de uma menina sem pai, em busca de mim mesma na atriz que desejo vir a ser.

O jogo se repete alguns anos depois com Carlo e sua dupla função. É o produtor que poderia me ajudar a coroar meu sonho no cinema e o homem que poderia me proporcionar a normalidade que tanto desejava. No entanto, mais uma vez havia um impedimento, uma irregularidade que me obriga a desviar e, talvez, chegar mais longe.

E lá vou eu novamente: troco Roma por Hollywood, assim como tinha deixado Pozzuoli por Roma. Abandono uma situação sem saída para encontrar meu caminho "normal", o qual, no entanto, não existe. É esta impossibilidade que me leva à autossuperação, que me dá aquele impulso interior, psicológico, que permite que me identifique com minhas personagens para lhes dar vida, que compreenda a realidade e aprofunde minha consciência de mim mesma e do mundo.

"Nunca se sofre em vão", diz Moravia, pelo menos quando se tem vontade de descobrir o porquê desse sofrimento.

Com sua acusação de bigamia, dona Fulana me rouba a normalidade que tanto procurava. Reajo com *Duas mulheres*, que me consagra aos olhos do mundo. É o meu destino. Se no cinema privilegio os papéis passionais e trágicos, as personagens fortes, emotivas, na vida desejo ser exatamente o oposto: fria, controlada, introvertida, ou seja, normal. Mas a normalidade me escapa, minha alegria de viver, minha vivacidade e meu temperamento não me permitem alcançá-la. Portanto, tento me afirmar através da arte, interpretando personagens incomuns que me atraem justamente porque são tão diferentes daquilo que gostaria de ser na vida. E isso é tudo. E não é pouco.

Sonho que estou em uma praia ao anoitecer e o mar está calmíssimo, imenso, parece um infinito cetim azul. O sol, vermelho como fogo, está prestes a desaparecer no horizonte. De repente, começo a correr pela praia. Corro, corro, corro. Depois, sempre correndo, desperto.

Esta é a leitura de Moravia, "à maneira dos magos caldeus que interpretavam os sonhos de Nabucodonosor": o mar é a normalidade, que tento alcançar inutilmente. O sol é o meu sucesso. Poderia ficar parada apreciando a tranquilidade do mar, mas, ao contrário, quero ir ao encalço do meu sol. E como todos aqueles que querem alcançar o sol, tenho um longo caminho a percorrer, mas sigo adiante porque aquele sol, mesmo distante, me conforta e me ilumina nessa corrida.

VIII

LA DOLCE VITA

MARCELLO

Marcello, Marcello... A corrida atrás do sol não teria sido tão intensa e plena de satisfação sem ele. Seu olhar doce e seu sorriso belo sempre me acompanharam, proporcionando segurança, alegria e mil outras emoções. De fato, doze filmes juntos deixam uma marca. Na primeira vez, eu tinha vinte anos e ele, trinta. Na última, ele tinha setenta e eu, sessenta. No meio, uma longa amizade, densa de afeto e ternura, que no set eu sabia se iluminar de paixão.

Nossa química nunca nos traiu. O entendimento que nos unia — que podia ser sexy, alegre, melancólico, irônico, mas sempre profundamente humano — era tão espontâneo que muita gente se perguntava se havia alguma coisa entre nós. E nós sempre respondíamos sorrindo, abrindo os braços: "Nada de nada! São os milagres do cinema... e da vida."

Marcello confirmou isso publicamente, brincando com Enzo Biagi quando perguntou sobre nós:

— Sophia é a mulher com quem tive a relação mais longa... Nossa história existe desde 1954... — E depois, continuando, mais a sério: — Sophia não é só uma grande atriz, mas uma pessoa de verdade: é disso que gosto. Nunca houve nada entre nós. Um afeto profundo; dizer que é fraterno seria até banal, pois é algo diverso.

Eu me dava muito bem com a mãe dele: dona Ida costumava me convidar para almoçar, sabia que apreciava a boa mesa. "Sofi', amanhã vou fazer um coelho à caçadora, você vem?" Era uma mulher cheia de bom senso, orgulhosa de seus filhos, mas com os pés no chão. Nasceu pobre e não queria inventar para si uma identidade que não lhe pertencia. Nunca deixou o seu apartamento de dois cômodos, onde morou a vida inteira. Ficou feliz quando Marcello foi nomeado comendador; emoldurou o diploma e a foto de Aldo Moro com dedicatória para mostrar às vizinhas.

As aventuras extraconjugais do filho mais velho a perturbavam, não conseguia entender direito o que se passava. Mas, por outro lado, compreendia muito bem as suas intensas relações de amizade, marcadas pelo afeto e pela lealdade.

Sempre tive a impressão de que contava, de certa forma, com a nossa relação, que talvez lhe passasse uma segurança. Quando o via no cinema com outras parceiras, ligava preocupada: "Marce', o que andou fazendo? Brigou com Sophia?"

Até hoje não sei dizer qual era o segredo do nosso sucesso. O certo é que nos divertíamos muitíssimo, e acho que isso transparece nos filmes. Depois de sermos batizados por Balsetti, em 1954, caímos nas mãos de De Sica, que soube nos entender como nenhum outro e sempre foi capaz de se divertir conosco. Foi ele quem indicou o caminho, quem encontrou a chave do nosso amor cinematográfico. Quando o testemunho passou para as mãos de Dino Riso, Giorgio Capitani e, depois, de Ettore Scola, Lina Wertmüller e, finalmente, Robert Altman em *Prêt-à-Porter*, já tínhamos percorrido muita estrada, nos conhecíamos tão intimamente que para atuar bastava realmente que fôssemos nós mesmos. Não precisávamos de ensaios, atuávamos em uníssono. Era fácil, como se fôssemos dois amigos partindo para um passeio no campo, na primavera. "E, então, Sofi', vamos?"

Pensando bem, talvez o nosso segredo estivesse justamente nessa naturalidade que espelhava a vida de todo dia, as esperanças e os defeitos das pessoas comuns, de uma Itália ora pobre, ora pequeno-burguesa, ora mais esnobe, de classe alta, na qual o público conseguia se reconhecer. Ao mesmo tempo, bebíamos na fonte de uma vasta coleção de sentimentos humanos, universais, que falava às plateias do mundo inteiro — representando aquele *Italian way of life* que, com sua ironia, superava qualquer barreira nacional.

Compartilhávamos a mesma discrição e o mesmo otimismo. E talvez, mais do que tudo, dividíssemos uma certa alegria de viver e a consciência da sorte que tínhamos.

"Acredito nos amigos, na paisagem, numa boa comida, no trabalho", dizia Marcello, com sua maravilhosa simplicidade. O trabalho o salvava da preguiça, quando não estava atuando se sentia como "uma bandeira sem orgulho". Ao contrário de mim, que não fico parada, me preparo diligentemente para cada passo e organizo minha vida como se fosse uma linha de montagem, ele era indolente.

"Sei que sou um fogo de palha", disse certa vez a Oriana Fallaci, "uma chama que se apaga rápido se alguém não jogar gasolina".

Ele se definia como superficial, no entanto, poucos em seu lugar teriam se questionado com tamanha honestidade. É verdade que esboçava, nunca pegava nada de frente, se deixava levar. Há quem diga que, com seu ar distraído, permaneceu sempre um menino, embalado pela própria candura. Se, para mim, interpretar quer dizer revelar meus sentimentos mais profundos, para ele ser ator era uma ocasião para se esconder atrás dos sentimentos alheios. Em suma, um jogo, uma válvula de escape que se usa às escondidas, sem ninguém ver.

Ambos acreditávamos na força da gentileza, sempre recusamos a maledicência, nunca nos metemos na vida dos outros. Sua agudeza de espírito transpirava em cada gesto seu, em cada palavra sua. Talvez por isso se sentisse tão incomodado com a etiqueta de *latin lover*. "Muitos guarda-livros têm mais casos amorosos do que eu", dizia, defendendo-se da mediocridade dos lugares-comuns.

Seu começo também não foi fácil. Marcello nasceu em 1924, em Fontana Liri, perto de Frosinone, e transferiu-se ainda pequeno para Turim, com a família, e depois para Roma, no bairro de San Giovanni. Viveu a guerra como uma aventura; para não ser convocado como soldado, participou de um concurso para desenhista organizado pela Todt, a grande empresa de construção alemã que fazia pontes e estradas para a Wehrmacht. Esteve em Florença, no Instituto Geográfico Militar, depois em Dobbiaco, de onde fugiu falsificando um salvo-conduto, e viveu escondido em Veneza durante um ano, até a chegada dos Aliados. A essa altura, retornou a Roma, com um belo saco de feijão para a família, mas logo descobriu que tinha sido superado pelo irmão mais novo, Ruggero — que viria a ser um excelente montador de cinema —, que trabalhava no Hotel Excelsior e levava riquíssimas sobras para a casa toda noite.

Os Mastroianni, assim como os Villani, viviam com dificuldade e cortavam um dobrado para conseguir chegar ao fim do mês. Nascemos assim, na Itália na época da guerra, e talvez isso também tenha contribuído para que a gente se gostasse tanto. Marcello dividiu a cama com a mãe até os vinte e sete anos, porque não tinham espaço, o irmão dormia no chão do outro lado, o pai marceneiro no corredor.

Com o final da guerra, chegaram a leveza, a esperança e, bem na frente do Bar Sport, uma pista onde se dançava o boogie-woogie. Marcello se apaixonou perdidamente por Silvana Mangano, que morava em seu bairro, mas depois de um ano, ela estourou no cinema e ficou noiva de Dino De Laurentiis. Foi um amor de juventude, mas ele ficou arrasado, e foi encontrá-la no set de *Arroz amargo*, desafiando os arrozais, o calor e os mosquitos. Mas ela fingiu que não o tinha visto.

Técnico em construção civil, Marcello queria ser arquiteto, mas os tempos eram duros e todos precisavam encontrar uma colocação. Conseguiu emprego como contador em uma produtora de cinema. Foi despedido dois anos depois, mas conseguiu se virar entre o teatro e Cinecittà, mesmo porque já atuava no centro universitário teatral, onde foi descoberto por Luchino Visconti. Não foi um início dos mais simples, pois o conde era capaz de fazer qualquer um sofrer: "Devia ser motorneiro, parece um gorila!", ele teria lhe dito durante os ensaios de *Orestes*, de Alfieri. No entanto, também lhe ensinou muita coisa. Marcello nunca conseguiu chamá-lo de "você", como também aconteceria mais tarde com De Sica, apesar da grande intimidade.

Certa noite, durante as filmagens de *Matrimônio à italiana*, Vittorio investiu contra ele:

– Perdi cinco milhões ontem por sua culpa.

– Minha?!

– Fui procurá-lo, mas não achei em lugar nenhum. Se a gente tivesse se encontrado, ia convidá-lo para comer uma bela pizza, em vez de ir para o cassino...

– Com todo o respeito, comendador, por que o senhor joga todo esse dinheiro na mesa verde?

Com Fellini, ao contrário, estabeleceu-se imediatamente uma amizade fraterna, de colegas de escola. Como o Maestro gostava de repetir, brincando, a amizade entre eles era muito sincera porque se baseava na mais completa e recíproca desconfiança. Os dois se divertiam bancando os boas-vidas e inventavam mentiras pelo prazer de mentir, eram mais que irmãos. Juntos, atravessaram a vida realizando algumas das obras-primas máximas do nosso cinema. Basta se lembrar de *A doce vida, 8½, Ginger e Fred*.

Marcello era um homem constante nos afetos e nunca abandonou as pessoas que amava. Seu casamento com Flora Carabella durou até a morte. Teve outros amores, outras companheiras, mas nunca quis se divorciar dela. Era sua esposa. Nem diante de

Catherine Deneuve ou do *amour fou* por Faye Dunaway chegou a tomar essa decisão: seria um sofrimento que lhe parecia insensato. Flora sabia de tudo, gostava dele e viveu suportando suas aventuras. Foi um pai doce e afetuoso para Barbara e Chiara, que de vez em quando o consolavam pelos amores perdidos.

A primeira coisa que me vem à memória quando penso em Marcello é a sua bonomia. Na maior parte das histórias que interpretamos juntos, ele era sempre o bom sujeito conciliador, e eu, a agressiva, impulsiva, impertinente. Depois de filmar uma cena em que o maltratava, dizia sempre:

— Desculpe, Marce', não queria. Acho que dessa vez exagerei.

E ele, um verdadeiro ator, além de uma boa pessoa, nunca ficava magoado.

— Você é uma feiticeira, Sofi', venha cá, me dê um abraço, *te voglio da' un bacio.**

No final, era ele quem acabava me consolando dos meus remorsos. E para agradecer eu fazia feijão com toucinho especialmente para ele.

Nossa amizade não precisava de muitas palavras, nos entendíamos com os olhos, com os gestos, só o fato de estar lado a lado já nos encorajava. Nunca brigamos, nunca reclamamos um do outro, nunca exigimos nada mais do que cada um queria fazer. Algumas vezes, para quebrar a tensão de uma cena mais difícil, para cutucar o outro, dizíamos: "Não gostei do jeito que você escolheu..."

Mas ríamos com os olhos e logo entendíamos que era só brincadeira.

ENTRE A ROMAGNA E BRECHT

"Confiança" parece até uma palavra de ordem. Com o tempo, aprendi que o verdadeiro desafio da nossa profissão, e talvez não

---

* Em napolitano: "Quero te dar um beijo." (*N. da T.*)

só da nossa, é transformar a confiança dos outros em autoestima. É aí que começa a experiência, no momento em que você aprende a acreditar em si, a guardar seus sucessos e seus erros como um tesouro.

Para mim, esse momento chegou com *Duas mulheres*. Depois de Cesira, estava pronta para enfrentar mais ou menos qualquer papel. Foi esse sucesso, íntimo antes de ser público, que inaugurou uma década muito intensa, que me viu como atriz reconhecida, mas também, finalmente, como esposa e mãe.

Eram os *Fab Sixties*, que mudariam o mundo. Os anos dos Beatles e de JFK, de *8½* e de James Bond, de La Bussola e de Martin Luther King. Trabalhando em várias frentes, muitas vezes em âmbito internacional, sempre que podia eu voltava a encarnar personagens italianas nos quais conseguia me exprimir totalmente.

Enquanto não chegava a hora de reencontrar Marcello em *Ontem, hoje e amanhã*, viajei no espaço e no tempo, tendo de me adaptar a mundos completamente diferentes. Depois de interpretar Jimena ao lado de Charlton Heston em *El Cid*, uma espécie de "superwestern" de época, fui Madame Sans-Gêne, uma lavadeira revolucionária que se torna duquesa.

No outono de 1961, abandonei as roupas de época e me deixei levar por De Sica em *A rifa*, um dos quatro episódios de *Boccaccio '70*. Os outros foram dirigidos por Visconti, Fellini e Monicelli. O roteiro era assinado por Ennio Flaiano e Suso Cecchi D'Amico, Giovanni Arpino, Tullio Pinelli, Goffredo Parise, Brunello Rondi e Italo Calvino, além do indefectível Zavattini, com quem tudo começou. Diante das câmaras desfilavam Romy Schneider e Paolo Stoppa, Tomas Milian e Romolo Valli, Peppino De Filippo e *la* Ekberg, retornando de *A doce vida* com Marcello.

No meu episódio, De Sica deixou aflorar toda a sua ironia — leve e delicada, mesmo quando está a um passo do grotesco — para encenar uma loteria clandestina durante uma genuína feira da Romagna. O prêmio final é exatamente eu, ou melhor, Zoe, a rainha do tiro ao alvo.

– Povo de Lugo, tiro ao alvo... pistola ou carabina?

No ritmo irresistível do cha-cha-chá de Trovajoli — "*Soldi, soldi soldi tanti soldi, beati siano i soldi, i beneamati soldi perchè chi ha tanti soldi vive come un pascià e a piedi caldi se ne sta...*",* cantava eu alegre e um pouco atrevida —, com uma blusa vermelho-fogo lançada como um bumerangue quando um touro furioso escapa do curral e corre na minha direção, encontro uma nova encarnação de Pizzaiola, que renuncia à riqueza pelo amor verdadeiro.

Foi muito divertido filmar naquela terra camponesa, no meio das vacas e da poeira do parque de diversões. O sotaque de Romagna me enchia de alegria, e no fim das filmagens eu estava falando quase como eles. Estava sempre de bom humor, e todos percebiam isso. Andava pelo set de bicicleta, cozinhava nas pausas, ouvia jazz, cantava. Às vezes, minha irmã Maria aparecia por lá e fazíamos duetos napolitanos que mantinham a equipe inteira acordada. Como se não bastasse, os floricultores de Lugo deram meu nome a uma nova variedade de rosa. O que mais eu podia desejar?

Minha Zoe agradou a Moravia, deixou Marotta, autor de *O ouro de Nápoles*, nervoso, acusando Zavattini de plágio, e obteve um enorme sucesso de público. Tanto que começaram a pensar num *Boccaccio '71* internacional, com Jacques Tati e Charlie Chaplin na direção, junto com De Sica.

Mas o projeto não vingou, e em 1962 — depois de ter filmado *Uma sombra em nossas vidas*, thriller assinado por Anatole Litvak, e de ter recebido o Oscar por *Duas mulheres* — voltei a ser dirigida por Vittorio em *O condenado de Altona*. Era baseado

---

* Em tradução livre: "Grana, grana, grana, muita grana, bendita seja a grana, a bem-amada grana, pois quem tem grana vive como um paxá, sempre com os pés quentes está." (*N. da T.*)

em, nada mais, nada menos, uma obra de Jean-Paul Sartre e conosco no projeto havia três ganhadores do Oscar: os atores Fredric March e Maximilian Schell e o roteirista Abby Mann, com a colaboração de Zavattini. Meu papel era de uma sofisticada atriz brechtiniana do Berliner Ensemble, às voltas com um cunhado nazista e seu passado sombrio. Era um papel muito distante da minha chave interpretativa, num filme não totalmente resolvido, apesar da excelência dos nomes envolvidos. Era, de todo modo, uma belíssima história e nós, atores, tentamos fazer o melhor. Os críticos nos arrasaram, mas talvez estivessem apenas um pouco desorientados. Coisas que acontecem. Quando a gente cresce, aprende que o fracasso não é uma tragédia: amanhã o sol nascerá novamente e no café da manhã o apetite estará de volta. Seja como for, foi uma experiência interessante, que me deu outro prêmio David di Donatello e uma pitada de consciência a mais.

Durante as filmagens, Carlo ligou para me dar uma má notícia. Estava no hotel, tínhamos encerrado o trabalho há pouco.

— Sophia...

— O que houve? Que voz é essa?

— ... Marilyn morreu, acabamos de saber. Barbitúricos. Estão falando em suicídio.

Fiquei muda, pendurada no telefone, sem saber o que dizer. Demorei tanto para falar que Carlo ficou preocupado. Ele sabia muito bem que por trás da fachada rigorosa e determinada se escondia uma mulher emotiva.

— Está aí, Sophia?

— Estou, claro, onde podia estar...

Aquela morte tão precoce, tão ambígua, me perturbou profundamente e me fez refletir muito. Mil imagens confusas turbilhonavam em minha mente. Pensei no sentido da beleza, da solidão, da necessidade de sentir-se amado que habita o coração de cada um de nós. Revi seu sorriso sedutor, velado de melancolia.

Marilyn era uma grande atriz, que foi esmagada pelo peso do próprio talento, por homens que lhe pediram tudo sem dar nada em troca ou que queriam transformá-la conforme o próprio gosto. Nunca conseguiu encontrar seu caminho. Senti um arrepio, como se uma sombra pairasse ao meu redor.

Este é um mundo cruel, que se alimenta, se satisfaz com aparências e raramente se pergunta o que há por trás delas. Por isso, a nós cabe manter o conto de fadas ancorado à vida real, para não esquecer quem somos, de onde viemos. O fascínio de Marilyn acabou por destruí-la, reduzindo-a a um *sex symbol* sem alegria.

ONTEM E HOJE

— Mas, Vittorio, nunca vi um *striptease* na vida, *nun saccio proprio comme se fa*.

— Não se preocupe, Sofi', contratei um professor.

Depois de outra longa primavera passada entre a Espanha e Cinecittà filmando *A queda do Império Romano,* com Alec Guinness e Omar Sharif, e de aproveitar uma pausa nas filmagens para ir a Hollywood entregar o Oscar a Gregory Peck, estava de novo no set com Vittorio, mais em forma que antes e pedindo novamente que superasse meus próprios limites. Estávamos em julho de 1963, e Marcello estava conosco novamente, revivendo nosso trio fantástico.

Vittorio não desistiu diante das minhas resistências.

— Você vai ver, Sofi', vamos fazer uma cena tão sexy que vai reduzir Marcellino a cinzas!

Olhei para ele com ar desconsolado, mas por dentro já antegozava o divertimento.

Ontem, hoje e amanhã também é filme em episódios, como *Boccaccio '70,* mas os protagonistas somos sempre nós, Marcello e eu, retratados em cidades e contextos diversos. Começamos a filmar pela última parte e depois seguimos de trás para diante por toda a Itália.

Mara é uma garota de programa com um coração de ouro, que vive na piazza Navona. Sua minúscula varandinha, debruçada sobre os telhados de Roma, confina com a de um jovem seminarista que perde a cabeça por ela e foge de casa. A avó do rapaz fica desesperada, acusa Mara de tê-lo seduzido, mas as duas mulheres acabam fazendo as pazes e unindo forças. O resultado é surreal: Mara suspende as atividades por uma semana, como promessa para que o jovem volte para casa. Mas concede a seu cliente mais fogoso um *striptease* que vai entrar para a história.

O "professor" convocado por De Sica para me ajudar era Jacques Ruet, vindo diretamente do Crazy Horse. Depois de algumas seções de "formação", nas quais me iniciou nos gestos, ritmos e movimentos, estava pronta para interpretar um *striptease* à minha moda.

Na realidade, antes de filmar a cena fiquei uma semana sem dormir. Também não devia estar completamente tranquila naquela manhã, pois fiz um pedido que não era muito do meu feitio: "Será que dá para esvaziar o set para mim, Vittorio?"

Ficamos sozinhos diante do cameraman. Marcello, deitado na cama completamente vestido, estava pronto para desfrutar do espetáculo. "Vai, Sofi', vai fundo!", sussurrou, com um sorriso de encorajamento. Enquanto tiro a roupa com "Abat-jour" na trilha sonora, ele, todo encolhido, o queixo apoiado nos joelhos, observa como um menino guloso e enxuga a testa com um lenço. Quando tiro a liga, explode num uivo de coiote no cio, que condensa toda a alegria de que somos capazes. É mais um achado de Vittorio, um verdadeiro toque de gênio que lhe valeu o Oscar de melhor filme estrangeiro de 1965.

Sei que corro o risco de parecer chata se disser mais uma vez que Marcello e eu jamais teríamos conseguido sem ele. Mas é a verdade. Mesmo porque não estávamos preparados para enfrentar o sexo exibido, ostentado, nu e cru.

"Lembro que nos velhos filmes", conta Marcello na entrevista a Enzo Biagi, "Marlene Dietrich ia para trás de um biombo e a gente via, no máximo, um corselete. E imaginava, perfurava aquele véu imaginando-a nua enquanto se despia." Aqui, meu único anteparo era a ironia de De Sica, aquela arte de nunca se levar completamente a sério, aquele sorriso cheio de afeto e humanidade. Só percebi depois, mas foi uma das cenas mais divertidas que já interpretei na vida. Acho que funciona até hoje, embora os tempos e os costumes tenham mudado tanto.

O comentário de Omar Sharif, que tinha conhecido há pouco, ainda me faz sorrir: "Para mim, aquele *striptease* não foi nenhuma surpresa, Sophia. Já imaginei você despida tantas vezes que tive a impressão de rever uma cena já vista!"

Para filmar o episódio intitulado *Adelina*, escrito por Eduardo De Filippo com base na história verdadeira de Concetta Muccardi, fomos para Nápoles. Contrabandista de cigarros no bairro Forcella, Concetta percebeu que as mulheres grávidas não iam para a prisão. E assim deu à luz dezenove filhos, que, por sorte, no filme se transformaram em sete. Na ficção cinematográfica não foram suficientes para evitar a prisão, mas, de todo modo, eram muitíssimos: estavam em toda parte, no colo, embaixo da cama, fora da prisão esperando que a mãe saísse.

A parte mais cômica era reservada a Carmine, o marido enlouquecido que não consegue mais cumprir seus deveres conjugais. A cena em que eles vão ao médico para buscar uma solução é portentosa:

– Resumindo, vocês não querem mais filhos...

– Não, ao contrário, muito pelo contrário, é que esse aí não funciona mais!

– Mas cavalo cansado – adverte o professor – não se chicoteia, se manda para o curral...

* * *

Quis o destino que bem no meio das filmagens napolitanas eu começasse a me sentir esquisita. Depois de alguns dias, talvez contagiada por Adelina, me veio a suspeita de estar grávida. Consultei um médico local, que pediu alguns exames e decretou que eram todos negativos. Mas a sensação continuava, e por isso, chamamos um outro medalhão de Roma, que chegou com uma maletinha de couro escuro. Quando a abriu, dei um pulo de susto. Uma rãzinha esverdeada olhava para mim assustada, com os olhos de fora.

– E *chisto*, o que é?

O médico não perdeu a linha e injetou minha urina na coitada.

– Se morrer, quer dizer que você está em estado interessante...

Pouco depois, o bichinho começou a se mexer de um modo esdrúxulo, como se tivesse levado uma pancada na cabeça. Mas não morreu. Despedi-me do médico e saí para dar um passeio até Mergellina, onde libertei nossa pobre cobaia num laguinho.

"Pena", pensei comigo, "por um segundo cheguei a acreditar".

Porém, contra todas as expectativas, um pouco antes do final das filmagens minha gravidez se confirmou. Fiquei desesperadamente feliz, como nunca antes. Tinha vinte e nove anos, que na época não eram poucos, e meu desejo de ser mãe já se transformara numa obsessão. Gostava muito de crianças, e a ideia de ter um bebê todo meu me dava aquela sensação de satisfação que buscava desde sempre.

"Sophia nasceu mãe", dizia Vittorio, que tinha uma sensibilidade particular em relação às crianças, que foram protagonistas de muitos dos seus filmes. Eu mesma conheci algumas delas no set e mantive contato com algumas por bastante tempo. A menina de *Tentação morena* até me escreveu alguns anos atrás para contar que tinha se tornado avó.

Fui uma mãe desesperada em *A mulher do rio*, uma mãe em crise em *Orquídea negra*, e a mãe passional das duas gêmeas de Cid Campeador, sem falar, naturalmente, da Cesira de *Duas mulheres*, que encarnava a grande mãe mediterrânea, capaz de tudo.

Já em *Começou em Nápoles*, filmado em 1959, encarnei uma tia alegre e transgressora. E nesse meio-tempo tinha me tornado tia de verdade. Em 30 de dezembro de 1962, exatamente nove meses depois de seu casamento com Romano Mussolini, Maria deu à luz Alessandra. A pequena nasceu prematura e nos deu muitas preocupações nos seus primeiros dias de vida. Foi batizada em 12 de janeiro, comigo no papel de madrinha feliz e orgulhosa.

À distância do tempo, parece incrível, mas até um evento tão alegre e inocente teve os seus detratores. Ou seja, uma pecadora como eu não poderia participar de uma celebração religiosa. Nossa situação, minha e de Carlo, estava longe de estar regularizada e continuava a excitar a morbidez de falsos moralistas. Mas não deixávamos que a malignidade deles nos atingisse muito: depois do primeiro susto, Alessandra crescia forte e saudável e nos consolava de qualquer desgosto. Agora, porém, tinha chegado a minha vez, e eu não via a hora de olhar nos olhos do meu filho.

Mas não foi assim, e os dias que se seguiram estão entre os mais tristes e sombrios da minha vida. Mesmo continuando a trabalhar, sentia que havia algo errado, não muito normal. Em Roma, consultei outro ginecologista que me tranquilizou: "Repouse alguns dias e viaje de trem em vez de carro, mas não se preocupe, está tudo em ordem."

Fomos para Milão, onde filmaríamos o último episódio do filme extraído de um conto de Moravia. A questão é que *Anna*, este era o título, se passava quase inteiramente dentro de um automóvel cenográfico, montado num braço hidráulico para simular os movimentos. Muito pior do que um carro de verdade.

Na primeira noite em Milão, senti uma dor horrível. O médico, chamado ao hotel, tentou me tranquilizar, mas poucas horas depois a dor nos obrigou a procurar um pronto-socorro. Não chamamos a ambulância para não atrair atenção, mas faltou pouco para que eu desmaiasse ainda no elevador do hotel. Fui muito bem-atendida, mas a urgência com que os médicos se agitavam ao meu redor não me deixava muita esperança. Estava com medo, olhava aterrorizada para a tragédia que estava para desabar sobre mim, roubando o lindo sonho que eu mal tinha começado a acalentar. Sentindo-me indefesa, fazia perguntas para as quais ninguém sabia encontrar resposta.

– Fique tranquila, estamos analisando, tentando entender. Não se preocupe, logo vai se sentir melhor.

Um mar de palavras que não queriam dizer nada e que me deixavam mais só em minha bolha de desespero. Ainda consigo me ver deitada no leito do hospital, as paredes brancas, a luz fria, o cheiro de desinfetante penetrando na minha pele e chegando até o coração.

A lembrança mais dolorosa daquela noite é o olhar de desprezo das freiras, que pareciam achar que a culpa era minha. Um olhar obtuso, sem humanidade, desprovido de qualquer sentimento. Uma humilhação gratuita e inútil, soprada pelos preconceitos e pela ignorância de quem pretende ser dono da verdade e nada sabe sobre a mulher que tem diante de si, seus desejos, seus medos.

Depois da curetagem, voltei imediatamente ao trabalho. Não queria que a equipe ficasse me esperando e, por outro lado, era a única coisa que podia fazer.

Foi um esforço enorme. Estava me sentindo completamente vazia, como se o mundo tivesse se apagado para sempre. Por mais que me esforçasse, não via nada diante de mim, nada que pudesse me consolar. Carlo estava ao meu lado, minha irmã chegou correndo de Roma para me fazer companhia, mas foi tudo inútil: continuei me sentindo desesperadamente sozinha, como nunca antes. Minha vida de estrela não era nada frente à felicidade das neomamães que entrevi na clínica, preparando-se para dar de mamar a seus recém-nascidos.

Na manhã em que retornei ao set, estava de carro, encolhida em um canto, olhando pela janela, ausente, uma Milão cinzenta que eu não compreendia. Marcello se aproximou tímido e cheio de ternura:

– O que aconteceu? Está esperando um bebê?
– Estava.
– Desculpe.

Ele se retirou sem uma palavra, com a mesma ternura com que se aproximou. Não falamos mais do assunto, mas sabia que ele estava ao meu lado, que gostava de mim. Naquele momento, compreendi que sempre poderia contar com sua amizade.

AMANHÃ

Logo fiquei sabendo que os solavancos do carro não tinham tido muita influência. Era tudo uma questão de hormônios. Antes de saber disso, a vida ainda me reservaria muito sofrimento.

Perdi um segundo filho quatro anos depois, enquanto filmava *Felizes para sempre*, uma bela fábula de Francesco Rosi, com Omar Sharif. Como sempre, a experiência ajuda, e essa me encontrou mais bem preparada, embora nada possa evitar a dor desse tipo de luto. Simplesmente conhecia melhor meu corpo, sabia interpretar seus sinais.

Aos primeiros sinais da gravidez, embora faltassem três dias para o fim das filmagens, chamei Carlo, feliz e ao mesmo tempo preocupada: "Carlo, estou grávida... Mas dessa vez quero ficar alerta, não posso arriscar."

Ele parecia mais agitado que eu, não sei se conseguiria suportar me ver sofrer como da vez anterior. Estava habituado a ter o controle da situação e, nesse caso, nos aventurávamos num território desconhecido, sem regras e sem certezas. Inventou uma falsa segurança para me tranquilizar: "Claro, Sophia. Pode deixar comigo. Vamos acabar o filme depois."

Abandonei o set e me obriguei a ficar de cama. Não fazia nada. Não lia, não via TV, falava o mínimo possível para não perturbar o bebê. Nem tocava na minha barriga, por medo de fazer mal. Mas lá por dentro uma vozinha me dizia que estava acontecendo tudo de novo.

Meu ginecologista, considerado um dos melhores da época, não me ajudou em nada. Ao contrário. Quando senti aquela dor que infelizmente já conhecia, estava em casa — estávamos morando, já há algum tempo, numa belíssima mansão em Marino, nas colinas romanas. Carlo estava em Londres a trabalho, e meu querido amigo Basilio estava me fazendo companhia. Desde o momento em que o conheci, no set de *A mulher do rio*, nunca mais nos separamos, sua amizade fraterna me passava segurança até mesmo na iminência da tragédia. Minha assistente, Ines, também me estendeu a mão. Seu sexto sentido já havia intuído, e talvez o meu também, mas não dissemos nada.

Basilio chamou o médico:

— Venha logo, por favor... Repito que a paciente está com contrações, muito pálida, prestes a desmaiar.

O medalhão não se deixou abalar e limitou-se a proclamar do alto de sua presunção:

— Ora, isso não é nada, dê uma camomila e falamos de novo amanhã.

Ele se via como um deus, nunca duvidava de si mesmo, e sua paixão estava voltada para outra coisa. Era fanático por carros de corrida e andava pela cidade com um capacete de piloto, como um ridículo novo Nuvolari.

Corremos ao hospital, apesar de sua indiferença, para encontrá-lo todo pronto para ir a um coquetel.

— É uma crise passageira, só isso — sentenciou, fechando a porta atrás de si, o jaleco esvoaçando sobre o pulôver de caxemira. — Agora trate de dormir, já lhe dei um bom calmante, amanhã veremos.

As contrações se intensificaram, como se eu estivesse em trabalho de parto. Eu estava amarela como um limão-siciliano. Minha mãe, que chegou para ficar comigo, partiu para cima dele com todas as forças:

— Não está vendo o estado dela? Está perdendo o bebê!

Mas não adiantou. O coquetel dele não podia esperar.

Quando as dores cessaram de repente, às quatro da manhã, compreendi que tudo estava acabado. Quem ligou para ele foi Ines, diante do fato consumado. Ele chegou calmamente por volta das seis horas e foi, para dizer o mínimo, cortante:

— A senhora realmente tem belas ancas, é uma mulher lindíssima, mas nunca terá um filho.

Suas palavras fizeram com que eu me sentisse incapaz, profundamente inadequada, e aniquilaram qualquer esperança que pudesse alimentar. Nada de conto de fadas, minha história estava tomando um rumo triste e sem futuro. Para tornar as coisas ainda mais difíceis, os jornais não perderam tempo em espalhar aos quatro ventos a nossa dor.

— Agora podemos voltar ao set para filmar — eu disse a Carlo, assim que pisei em meu quarto, diretamente do aeroporto. Tentava em vão ser brilhante, durona. Seu sorriso se contraiu em uma careta, que expressava toda a sua impotência. Somente então consegui me soltar, abandonando-me a um pranto sem-fim.

Foram meses desesperados, a sensação de fracasso se espalhava por cada canto de minha alma, como uma enchente que arrasta tudo: casas, ruas, cidades. Até mesmo Carlo, um sólido e concreto homem de negócios, sem medos, perdeu o passo. Caí em depressão, era difícil trabalhar, falar e até sorrir.

Felizmente, junto com os obstáculos, a sorte traz também algumas surpresas, um sopro de vento que inverte a rota, o anúncio de uma solução. Foi o que aconteceu conosco.

A mulher de Goffredo Lombardo, o produtor que inventou meu nome artístico, tinha passado por uma odisseia semelhante à minha e acabou descobrindo a pessoa certa. Um homem, antes de ser um médico. Seu nome era Hubert de Watteville e dirigia a clínica de ginecologia do hospital cantonal de Genebra.

Era um senhor alto e muito magro, na casa dos sessenta, de nariz aquilino e maneiras aristocráticas, meio distantes. Minha primeira impressão foi de decepção, pois esperava um pai acolhedor e não um profissional asséptico. Estava enganada. Quando o conheci melhor, descobri um dos homens mais afetuosos e sensíveis que já encontrei. Sem filhos, tinha derramado todo o seu desejo de paternidade no trabalho, e as crianças que ajudava nascer eram também um pouco suas.

Depois de estudar longamente o meu caso, chegou a conclusões bem mais otimistas do que eu esperava:

— Não há nada de errado, a senhora é uma mulher normalíssima. Da próxima vez que ficar grávida, vamos monitorá-la de perto para ver exatamente como intervir. Verá que dessa vez vai dar tudo certo.

Quando minha terceira gravidez teve início, no começo de 1968, resolvi me mudar para Genebra. Escolhi um hotel próximo do consultório dele, fiquei de cama e esperei pacientemente, sob seu olhar competente, que se realizasse o milagre. Ele me virou pelo avesso, fez todos os exames possíveis e no final sorriu:

— Seu problema é falta de estrogênios, que impede que o óvulo complete a implantação. Você vai tomar umas belas injeções de hormônio e, em dezembro, esse bebê vai nascer. Como o Menino Jesus!

Foram meses de ansiedade e, ao mesmo tempo, de calma, transcorridos no décimo oitavo andar do Hotel Intercontinental, meses de ócio forçado que exigiam alguma distração. E ela chegou diretamente da cozinha, que me falava da infância, da família, da vida. Comecei a cozinhar com Ines, recuperando receitas do meu passado, sugestões reunidas nas minhas voltas pelo mundo, conselhos de pequenos e grandes chefs que encontrei.

Tinha tudo anotado com cuidado em um caderninho, para não perder nada daquela maravilhosa experiência. E foi Basilio quem, folheando o caderno por acaso, exclamou:

— Mas isso é um belo livro de culinária! Por que não o publicamos?

Foi assim que nasceu *In cucina con amore*, publicado em 1971 e reeditado em 2013. O amor e a cozinha me conduziram até o dia — tão temido e tão desejado — do parto.

Quando chegou a hora — tínhamos marcado uma cesariana para evitar qualquer possível complicação —, Watteville foi me buscar escondido às cinco da manhã, entrando não sei como com o carro até o interior do hotel. Queria me poupar da multidão de jornalistas amontoados diante da clínica.

Eu não tinha conseguido dormir na noite anterior, perdida em meus pensamentos. A verdade é que não queria que a gravidez chegasse ao fim. Só quando entrei na clínica e ouvi o choro dos outros recém-nascidos foi que concluí que em breve estaria ouvindo o choro do meu filho. Queria suspender o tempo, dilatá-lo infinitamente. Estava assustada! Não queria partilhar esse bebê que era todo meu com mais ninguém. Agora sei que é exatamente isso que caracteriza o primeiro momento da maternidade. Ao me separar dele, entregaria meu filho à própria vida.

Poucas horas depois nasceu Carlo Hubert Leone Jr. — Carlo como o pai, Hubert como o Dr. Watteville, Leone como seu avô paterno —, trazendo com ele a doçura mais intensa que eu já havia sentido, igualada apenas àquela que viria com Edoardo, quatro anos mais tarde.

Agora sim, meu conto de fadas, meu verdadeiro conto de fadas, tinha se transformado em realidade.

Enquanto navego ao sabor das emoções nessa alegria indizível, mais uma vez o baú dos segredos chega para me conduzir pela mão, de volta a mais alguns anos atrás.

IX

MATRIMÔNIOS

MATRIMÔNIO À ITALIANA

"Dummì, a gente perdeu o bom dos filhos... Filhos são aqueles que embalamos nos braços quando são pequeninos, que nos dão preocupação quando estão doentes e não sabem dizer o que têm... que correm ao seu encontro com os bracinhos abertos gritando 'papai'..."

As palavras de Filumena Marturano ressoam em meus ouvidos como uma música suave e cheia de verdade, enquanto os dedos tentam abrir uma página de *Oggi* toda desfeita, datada de 23 de abril de 1964, anunciando o início das filmagens: Carlo e De Sica haviam decidido fazer um filme baseado na comédia de Eduardo De Filippo, escrita para sua irmã Titina. Não tinha como saber que dali a quatro anos eu mesma me transformaria na mãe real de Carlo Jr., o fato é que estava de novo no set incorporando mais uma mãe, mais uma com Marcello.

Era um projeto antigo de Carlo, que um dia tomou a decisão e lançou a isca como quem não quer nada:

– Sophia, você consegue se ver como Filumena?

Fechei os olhos, as cortinas se abriram diante de mim, depois as luzes, depois o veludo vermelho de uma imensa plateia...

– Filumena? Filumena Marturano?

Carlo adivinhou minha resistência e olhou para mim com um sorriso.

Também com um sorriso, respondi:

– Acha que eu seria capaz? Eu adoraria...

Aquela simples troca de frases bastou para inaugurar uma das nossas aventuras mais felizes.

Matrimônio à italiana — o título escolhido para a história de Filumena flertava com *Divórcio à italiana,* de Pietro Remi, de 1961 — foi um dos meus filmes mais importantes. Ele me deu uma personagem maravilhosa, completa, que abrange vinte e cinco sofridos anos de vida napolitana, um a um, por uma mulher inteligente e apaixonada, decidida a lutar com todos os meios por sua dignidade e a de seus filhos. Em suma, um papel que qualquer atriz italiana gostaria de interpretar.

Na comédia, Filumena é uma mulher de meia-idade, esgotada, mas não derrotada pela vida. Nascida nos *bassi* napolitanos, no vico san Liborio, ela acaba, como muitas de suas contemporâneas, em uma casa de tolerância, onde encontra Don Domenico, o Dummì, solteiro impenitente e abastado, pertencente a outra classe social. Os dois se amam, ela se ilude, mas Dummì não tem a menor intenção de casar com ela, que se torna sua amante, sua "teúda e manteúda". Ele passa a gerência de sua confeitaria a ela, que a administra com um espírito de patroa, e até a leva para casa, relegando-a, porém, ao quarto de empregada, além de traí-la durante a vida inteira. Nesse meio-tempo, Filumena traz ao mundo três filhos, que esconde de todos, criando-os e educando-os com o dinheiro dele. Mas agora está cansada, os filhos cresceram, e ela está determinada a garantir o futuro deles, um pai, um sobrenome. Como não lhe dar razão? Minha irmã Maria eu conhecemos bem a situação.

A obra tem início exatamente nesse ponto, com um magnífico subterfúgio: Filumena finge estar à beira da morte para conseguir se casar, mas não se rende nem quando é desmascarada. Nada mais é capaz de detê-la. Resolve abrir o jogo e dar sua última cartada até o fim: "Dummì, um desses filhos é seu, mas não vou dizer qual deles. Ou todos ou nenhum."

A personagem de Filumena era tão popular junto ao público no final dos anos 1940 que tinha vida própria. Certa noite, conforme contou Luigi De Filippo, filho de Peppino, um grupo de senhoras entrou no camarim do teatro romano Eliseo para cumprimentar Titina. Aproveitando a ocasião, pediram que revelasse o mistério da paternidade dos três rapazes Marturano.

– Parabéns, parabéns, Titina, você foi realmente encantadora. Mas, diga cá uma coisa: qual dos rapazes é filho de Don Dummì? Estamos morrendo de curiosidade...

Titina entrou no jogo, como grande atriz que era, e respondeu:

– Caras, caríssimas senhoras, eu sei, mas realmente não posso dizer: meu irmão Eduardo faria disso uma tragédia!

Em geral, conheço as pessoas desde o primeiro olhar, e o mesmo acontece com personagens: ou me agradam ou definitivamente não me agradam, ou me dizem alguma coisa ou simplesmente não. Filumena me pertencia, como o sotaque de Pozzuoli, como a via Solfatara, talvez porque tenha sempre seguido a sua própria lei: "Não a que faz *chiagnere*, mas a que faz rir."*

Diante do meu sim, mesmo tímido, Carlo não perdeu tempo: sondou a disponibilidade de Mastroianni e encomendou o roteiro a Renato Castellani, Tonino Guerra, Leonardo Benvenuti e Pietro De Bernardi. Mas, como sempre, foi De Sica quem resolveu minhas dúvidas e hesitações encontrando a medida certa para mim.

A comédia, na qual se baseava o filme, foi escrita por Eduardo em 1946, triunfou no teatro com sua irmã e já havia sido adaptada para o cinema em 1951 pelo próprio De Filippo. Quando se dizia "Filumena", todos naqueles tempos pensavam imediatamente em Titina e depois em outras grandes intérpretes, como Regina Bianchi e Pupella Maggio... O melhor do melhor.

---

* *Chiagnere*: chorar na língua napolitana. (*N. da T.*)

Por seu lado, De Filippo ficou satisfeito em poder passar o bastão para De Sica, confiando em seu espírito profundamente napolitano, em sua sensibilidade. Parecia até curioso para ver como eu interpretaria a personagem que ele criou sob medida para Titina.

– *Saccio ca'a trattarraje bbuon'* – disse ele todo sorridente um dia –, *ca num'a farraje manca'niente, ca 'a darraje quaccosa d' 'o ttuoje, e a farraje gira' 'o munno.**

Mas a vida, às vezes, se diverte criando brincadeiras de mau gosto. Já estávamos trabalhando no filme quando, em 26 de dezembro de 1963, o telefone tocou em nossa casa de Marino. Estávamos todos à mesa, com Basilio, minha mãe, Maria e a pequena Ale saboreando o resto do almoço de Natal no calor daquela atmosfera de dia seguinte, onde tudo é mais suave, a tensão caiu e é possível desfrutar profundamente da festa. Do outro lado da linha, a voz alquebrada de De Sica:

– Sofi', Titina morreu!

Seu coração enfraquecido não aguentou, levando embora uma mulher meiga, fortíssima e uma grande atriz.

Fui com Vittorio ao funeral, no Sacro Cuore Immacolato di Maria, na piazza Euclide. O inverno romano era frio, centenas de casacos manchavam a praça de escuro. Por todo lado pairava uma infinita melancolia. Entramos na igreja com o coração apertado e sentamos ao lado de Totò e Eduardo. Não me lembro de Peppino, o terceiro irmão, talvez estivesse em outra parte da igreja. Os dois Filippo tinham brigado vinte anos antes e desde então se evitavam como diabo e água benta, embora a irmã tivesse se esforçado até o último minuto para restabelecer a relação dos dois.

Titina, Eduardo e Peppino também eram, como os três filhos secretos de Filumena, filhos naturais nascidos fora do casamento.

---

* Em napolitano: "Sei que vai tratá-la bem, que não deixará que lhe falte nada, que lhe dará algo de teu e fará com que gire o mundo." (*N. da T.*)

O pai deles era o grande Eduardo Scarpetta, inesquecível maestro do teatro napolitano. A mãe, Luisa De Filippo, uma sobrinha de sua esposa oficial, Rosa. Uma família ampliada, a Scarpetta-De Filippo, que compreendia também um filho ilegítimo de dona Rosa com o rei Vittorio Emanuele.

Scarpetta viveu com as duas mulheres ao mesmo tempo, um pouco aqui, um pouco acolá. O mesmo, aliás, que fazia De Sica: sua esposa Giuditta Rissone, com Emi de um lado, e María Mercader, com Manuel e Christian, do outro. Matrimônios à italiana? Enquanto isso, Carlo e eu continuávamos parados no mesmo lugar: nosso casamento permanecia inatingível como uma quimera.

Não é nada simples adaptar uma comédia para o cinema, transformar a potência do teatro sem que o resultado fique aguado. Acrescente-se a isso o fato de que, assim como em *Duas mulheres*, havia um problema de idade: Filumena era bem mais velha que eu. Vittorio sabia disso e resolveu tudo a seu modo, com seu habitual toque de magia. Pegou aquela história fantástica, com seus monólogos e diálogos e ambientou-a na rua, entre as vielas, à sombra do Vesúvio. Levou Filumena a Agnano, para assistir às corridas de cavalos, à igreja, na piazza del Gesù, à elegante Pasticceria Soriano, tão verdadeira que quase dava para sentir o perfume. Coloriu a história com imagens, às quais deu movimento, e as fez viajar no tempo. Saindo do teatro, libertou Filumena dos limites da sua idade madura e contou sua juventude em longos flashbacks, que a veem primeiro mocinha, com os cabelos curtíssimos e aterrorizada com as bombas que caem fora do cassino, e depois como a jovem beleza napolitana, alegre e explosiva.

A cena preferida dos meus filhos é justamente aquela em que Don Dummì, as moças e os clientes fogem para os abrigos enquanto eu, um bichinho assustado, fico no meu quarto, escondida dentro do armário, sem coragem de sair.

— Quantos anos têm? — pergunta Marcello.

— Dezessete — respondo, com os olhos arregalados de medo e de juventude. São olhos que permanecem secos durante todo o filme porque "não se pode derramar lágrimas quando não se conheceu o bem".

E o bem é coisa que Filumena jamais conheceu. Só no final, quando graças à sua força tudo volta ao lugar e ela pode se abandonar a um pranto libertador, cheio de humanidade.

Era difícil imaginar um papel mais próximo de minha sensibilidade. A todo instante era chamada a misturar alegria e melancolia, audácia e sofrimento, leveza e beleza. Estava novamente em Nápoles, na minha cidade, para dar a uma de suas mulheres, *malafemmina* só no nome, a luz de um fôlego mais vasto.

Confesso que pedi ajuda para filmar *Matrimônio à italiana*. E fiz muito bem! A ideia me veio de repente, uma noite, conversando com Carlo e com Enrico Lucherini, meu *press agent*, no terraço do Hotel Excelsior, em Nápoles. O mar soprava uma leve brisa, levando embora o cansaço e dando espaço para novos pensamentos. Olhando as ruas da minha cidade, voltei no tempo e me deixei envolver pelo cheiro, pelo ar caseiro.

— Carlo, o que acha de convidar minha mãe e tia Dora para visitar o set?

— Claro, se é o que você quer. Mas, por quê? No que você está pensando? — Ele era um homem de poucas palavras, mais interessado em entender do que em emitir julgamentos.

— Quem poderia se aprofundar melhor na psicologia de Filumena que mãezinha e tia Dora? Quem, melhor do que elas, poderia expressá-la assim, ao vivo, com os gestos certos, as palavras...

Não esperei mais e fui chamar as duas. Estavam na casa dos cinquenta anos, o que naquele tempo significava o início da terceira idade.

— Tia querida, vou mandar buscar você em Pozzuoli amanhã de manhã cedinho.

"Mãezinha, trate de ficar pronta, o carro estará na sua porta às sete."

— *Che staje dicenno, si' asciut pazz?**

"Amanhã de manhã?", responderam quase em uníssono, cada uma em seu telefone. Viviam separadas há muito tempo e talvez nunca tenham sido próximas, desde crianças, alimentando sonhos muito diversos. No entanto, falavam a mesma língua e tinham as mesmas reações. E eu sabia que haviam ficado muito felizes com aquele convite.

A equipe recebeu as duas como rainhas.

Minha mãe se sentia a pessoa certa, no lugar certo, e andava para lá e para cá no set como uma estrela, feliz em poder emprestar o talento artístico que os acasos da vida a impediram de expressar. Tia Dora ficou mais deslocada, porém, desprovida de veleidades de atriz, foi ainda mais preciosa. Elas me chamavam quando alguma coisa estava fora do tom e apontavam: "Isso é assim, aquilo é assado." No final, segui o texto, mas a espontaneidade das duas ajudou muito a minha Filumena, emprestando-lhe a naturalidade necessária. Entre uma tomada e outra, olhava para elas, toda derretida. Era graças às duas que tinha chegado até ali, e agora eram minhas convidadas de honra.

Marcello foi a cereja do bolo: cortejando as duas com elogios e gentilezas, cumpriu seu papel de galã com louvor. Elas ficaram embevecidas e brigavam por sua atenção como se ele fosse o galo do galinheiro.

Finalmente, num papel menos bonachão que o habitual, Marcello fez de seu Don Dummì um personagem inesquecível. Aqueles bigodinhos afetados, as roupas elegantes, a superficialidade um pouco teatral faziam um contraste perfeito com o dra-

---

* Em napolitano: "O que está dizendo, ficou maluca?" (*N. da T.*)

ma de uma mulher que envelhece sem ter sido vista. E nossa paixão nas telas estava destinada, mais uma vez, a funcionar e emocionar, pois, mais uma vez, contava uma história verdadeira, tão cheia de imperfeições que tornava até o *happy ending* profundamente humano. No dia do casamento, esperado durante mais de vinte anos, De Sica se detém em detalhes só aparentemente marginais: o vestido que cai mal, os sapatos apertados demais — que Filumena, como qualquer noiva que se preze, tira assim que chega em casa, com um suspiro de alívio — emocionam mais do que mil discursos de ocasião.

Nós também estávamos emocionados e muito, muito divertidos! A cena inicial, da falsa agonia de Filumena, teve de ser repetida dez vezes. Assim que ouvíamos "Ação!", Marcello e eu caíamos na risada e não conseguíamos parar. Quantas vezes Vittorio perdeu a paciência naquele dia! Estava cansado, seus pés doíam e estávamos tornando sua vida impossível. O clímax era quando o padre chegava para a extrema-unção. Tentávamos ficar sérios, mas bastava um olhar para que caíssemos na gargalhada de novo, estragando tudo. Ele se sentia impotente diante dos nossos ataques de riso. Trovejava como um Zeus enfurecido com as travessuras de algum deus menor: "Vocês dois são atores, não crianças! Não têm vergonha de desrespeitar todo mundo desse jeito? O que pensam que estão fazendo? Chega, acabou! Por favor, contenham-se!"

Matrimônio à italiana foi candidato ao Oscar como melhor filme estrangeiro, apesar da recentíssima vitória de *Ontem, hoje e amanhã*, e valeu minha indicação como melhor atriz. Uma grande satisfação, uma confirmação de que, no caso de *Duas mulheres*, a decisão da Academia não havia sido ditada pela emoção.

Filumena me deu muitos outros prêmios importantes, do David di Donatello à indicação para o Globo de Ouro, do prêmio do Festival de Moscou ao Bambi Award, reconhecimento atribuído à atriz mais popular na Alemanha, que receberia de 1961 a 1969, com a única exceção de 1966.

Carlo, Vittorio, Marcello e eu vencemos nossa aposta, assim como Filumena venceu a dela, conquistando seu matrimônio à italiana. Mas na vida verdadeira as coisas pareciam bem mais difíceis.

Outro casamento muito italiano tinha sido celebrado dois anos antes. Maria, minha irmã menor agora crescida, levantou voo e casou-se com Romano Mussolini, filho mais novo do Duce. Depois de uma infância trágica, Romano dedicou-se de corpo e alma à música e transformou-se em um talentoso pianista de jazz. Talvez Maria, que nasceu com a música no coração, tenha sido conquistada justamente por essa paixão.

Fiquei um pouco preocupada com sua escolha e tentei falar com ela. Éramos — somos — verdadeiras irmãs e sempre dissemos tudo uma à outra. A confiança entre nós é uma das mais belas certezas da minha vida.

— Você tem certeza, Mari'? Está mesmo apaixonada?

— Mas claro, Sofi', gosto muito dele. Viu como ele toca? Viu que mãos?! Que sorriso?

Romano vivia num mundo próprio, feito de viagens, concertos, mulheres. Chegava, sumia, voltava, ninguém nunca sabia nem quando nem porquê. Mas ela o amava, ou pelo menos pensava que o amava. Não havia nada que pudéssemos fazer.

O casamento foi em Predappio, no dia 3 de março de 1962, em uma igreja apinhada de convidados que transbordavam para a praça como água de uma garrafa cheia demais. E, como sempre, paparazzi para todos os lados, máquinas fotográficas levantadas acima da cabeça para pegar um flagrante daquele estranho evento. Não consegui ver nada, nem quando o noivo, chegando ao altar com um preocupante atraso, perdeu os sentidos e teve de ser reanimado.

— O que aconteceu? Ele não vem? Ah, chegou! Romano, Romano... Está se sentindo mal? Desmaiou? Deve ser o calor, a multidão, a emoção...

Cada um dizia uma coisa, a partir do seu próprio e estreito ponto de vista. Era muito difícil ter uma visão de conjunto no meio daquela turba.

No final da cerimônia, fugi dali, tonta com toda aquela confusão.

Infelizmente, o pior ainda estava por vir. O carro que me levava de volta a Roma envolveu-se em um acidente com uma Vespa, que acabou em tragédia. Foi um dos momentos mais terríveis da minha vida. Não há palavras sensatas que possam ser ditas a respeito.

O casamento de Romano e Maria durou o tempo de trazer ao mundo Alessandra, em 1962, e Elisabetta, em 1967. Começava a ser uma bela família, mas...

MATRIMÔNIO À FRANCESA

— Não, não tem nada a ver! Você sabe, Sophia, que não gosto de ser fotografado com você no set.

— Por favor, Carlo, *nun te lamenta'*, queria tanto! Tazio disse que com essa luz tão suave ficaríamos ótimos... — respondi com o olhar malicioso que usava de surpresa quando queria conseguir alguma coisa a qualquer custo.

Confiava cegamente em Tazio Secchiaroli, meu fotógrafo inseparável. Trabalhava com plena liberdade, pois eu sabia que ele faria sempre a coisa certa. Foi indicado por Marcello, era seu amigo, e logo nos demos bem. Fellini também gostava muito dele, trabalhavam juntos com frequência. Foi o primeiro a imortalizar a vida noturna de via Veneto, inspirando não apenas o personagem do paparazzo de *A doce vida*, mas toda a atmosfera do filme.

Para mim, ele se tornou quase um membro da família, me acompanhando nas viagens pelo mundo afora, de set em set, de evento em evento, e seu filho David, que tem a mesma idade de Carlo Jr., viajou muitas vezes de férias conosco. Tazio era um homem profundo, um mestre em seu trabalho, um apaixonado pela vida. Mas quando sua mulher se foi, não resistiu à dor e se entregou à morte.

Naquele dia, no set de *Matrimônio à italiana*, Tazio tirou lindas fotos de nós dois nos fundos da Pasticceria Soriano, onde Dummì tramava, às escondidas de Filumena, um casamento com a jovem e respeitável Diana, interpretada por Marilù Tolo. Ficaram ótimas, mas nenhum jornal quis publicá-las. Matteo Spinola, que formava, junto com Lucherini, a minha assessoria de imprensa, não encontrava explicação, nem eu. "Será que saímos de moda?", brinquei, para aliviar o dissabor. Até que finalmente entendemos o motivo e conseguimos contornar o problema: Tazio reimprimiu as fotos de modo que parecessem tiradas em movimento, e Matteo as vendeu como "fotos secretas de Sophia Loren e Carlo Ponti". Aí estava o mistério! As primeiras fotos eram posadas demais, não interessavam a ninguém, enquanto aquele falso furo reacendia a tensão mórbida pelo nosso amor adúltero e pecador. E pensar que já estávamos juntos há anos, o primeiro casamento de Carlo já havia acabado também há anos, e somente a lei — e a Igreja — se recusavam a admiti-lo.

O nosso caminho era uma estrada muito acidentada, que teve início sete anos antes. Em setembro de 1957, em Ciudad Juárez, casamos por procuração sem eu sequer saber disso. Mas esse casamento mexicano, imortalizado em uma foto grotesca na qual dois advogados gorduchos trocam alianças em nosso lugar, tinha desencadeado um inferno. Válido no exterior, mas não na Itália, não teria maiores consequências se a já citada dona Fulana não tivesse se metido no meio, com a ideia de nos denunciar. Era uma desconhecida dona de casa milanesa, prisioneira de seus próprios preconceitos, movida pela exigência de defender a santidade da união matrimonial que Carlo e eu estávamos enlameando com o nosso amor. Ainda me lembro dela, mas não sei quais eram os seus verdadeiros motivos. Era o que nos perguntávamos então, no turbilhão dos acontecimentos, e o que me pergunto às vezes, ainda hoje, depois que tudo acabou bem. Por mais que me esforce, não consigo encontrar uma resposta convincente.

Contra nós se configurava a hipótese de um crime, a violação do artigo 556 do Código Penal: bigamia.

A denúncia de dona Fulana ganhou, em 1959, a companhia de outra, de Orlando di Nello, prefeito de uma cidadezinha de Abruzzo. Carlo podia pegar de um a cinco anos de prisão e eu, uma condenação por cumplicidade e concubinato.

Nos primeiros anos, até 1959, ficamos no exterior, por causa do temor, bem concreto, de sermos presos. Mas ninguém pode viver em suspenso, longe de casa para sempre. E, assim, cansados do exílio, voltamos para a Itália, depois do período hollywoodiano, por nossa própria conta e risco. Levávamos uma vida difícil, com uma sensação permanente de clandestinidade. Tentávamos não aparecer em público juntos; se fôssemos jantar, chegávamos e saíamos separados, fugíamos dos olhares como dois amantes pegos em flagrante, como dois estudantes que fugiram da escola, como presos em liberdade condicional.

O verdadeiro paradoxo é que Giuliana, primeira mulher de Carlo, também queria ficar livre e, como advogada, estudava a situação buscando uma saída. Os Ponti pediram a anulação à Santa Rota três vezes, e três vezes ela foi negada. A única solução para resolver pelo menos a questão da bigamia seria pedir a anulação do casamento mexicano, coisa que, aliás, parecia antes um passo atrás do que um avanço.

Sofri muito, mas no fundo do coração sabia que tinha a consciência limpa e, por mais que estivesse envolvida em todas as acusações públicas e privadas que choviam sobre nós, sabia que estava certa. Sentia-me uma mulher casada, e isso me bastava, embora não fosse assim tão fácil viver na berlinda, marcada pela infâmia. Nas portas das igrejas foram colocados cartazes que condenavam meus filmes e, ao mesmo tempo, convidavam os fiéis a rezar por nossas almas pecadoras. Recebíamos milhares de cartas, muitas vezes ferozes: a pior de todas veio de um grupo de mulheres de Pozzuoli. Ser atacada pela minha cidade, pelo coração da minha infância, da minha terra, causou uma ferida profunda, que demorou muito a cicatrizar.

A Itália se dividia entre quem estava do nosso lado e quem era contra nós. Era a Italia de Coppi e da Dama Branca, de Rossellini e Ingrid Bergman, uma Itália carola que não tinha muito futuro. Dez anos depois tudo seria resolvido com o referendo sobre divórcio. Mas, na época, estávamos muito distantes disso e só nos restava suportar, sem permitir que nos aniquilassem.

Por volta do final de agosto de 1960, Carlo e eu fomos intimados a comparecer diante de um juiz. Chegamos pontualmente, ele parou em um bar para tomar um café como se tudo aquilo fosse normal e estivéssemos cumprindo uma simples formalidade.

– Quer alguma coisa, Sophia?

Fiquei sem voz, fiz que não com a cabeça, girando levemente de lado. Meus olhos estavam brilhantes demais para encará-lo de frente.

Subimos as escadas íngremes do tribunal, meio sem fôlego, de emoção. Pela primeira vez na minha vida adulta eu tinha medo. Estava me sentindo nua e impotente, parecia que o mundo girava ao contrário, todas as regras de cabeça para baixo. Nem a presença de Carlo conseguia me tranquilizar de verdade. Enquanto ele batia na porta do magistrado para comunicar que tínhamos chegado, sentei na beira da velha poltrona de couro da antessala. Felizmente, estávamos em agosto e não tinha ninguém, só poeira, longos corredores e vidros sujos. Tensa como uma corda de violino, avistei, do outro lado da janela, o céu de verão, daquele azul-celeste límpido que as crianças usam em seus desenhos, o sol, as nuvenzinhas brancas, os passarinhos.

— Será possível que uma manhã como esta mude a nossa vida? Que uma pessoa possa ser presa por amor?

A Idade Média parecia estar perigosamente perto de nós.

— Vamos, Sophia, o juiz está esperando — disse Carlo devagar, encorajando-me com os olhos.

Entrei sozinha e, em minhas lembranças nebulosas, tudo durou um punhado de segundos.

— É casada com Carlo Ponti?

— Não.

— Muito obrigada, senhorita, pode ir.

Depois foi a vez de Carlo, que ficou lá dentro cinco minutos, que me pareceram uma eternidade. Quando saiu, o rosto sombrio e cansado, fui até ele. Ele tocou em minhas costas com doçura e indicou a saída. Descemos sem falar nada, só se ouvia o som dos saltos dos sapatos sobre o mármore frio, rimando com as batidas do meu coração ferido. No carro, ele disse que o juiz tinha perguntado de novo se éramos casados. E que sua resposta foi não, pois o casamento celebrado no México por procuração na verdade não era válido por vários motivos, entre os quais a ausência das duas testemunhas exigidas por lei.

Para que o magistrado pudesse reconsiderar o processo teríamos de apresentar o certificado da Ciudad Juárez, que tinha desaparecido. Mais um obstáculo entre nós e a felicidade, como em um roteiro mal escrito. Dirigindo, Carlo tirou a mão da marcha e pousou sobre a minha: "Vai dar tudo certo, tenho certeza. Só precisamos de um pouco mais de paciência."

O certificado foi encontrado — tinha sido roubado por um jornalista italiano — e a audiência foi marcada para fevereiro do ano seguinte.

* * *

De adiamento em adiamento, a situação não avançava, e pouco a pouco o interesse pelo nosso caso acabou diminuindo. O que dizer? Uma típica farsa à italiana. Em compensação, Giuliana encontrou a solução no exterior. Se nós três assumíssemos a nacionalidade francesa, explicou ela a Carlo, o quebra-cabeça se resolveria em um segundo, e o problema aparentemente insolúvel desapareceria como neve ao sol.

Foi por isso que nos transferimos, em 1964, para um magnífico apartamento em Paris, na avenida Georges V. A França nos deu a nacionalidade *honoris causa*, por nossa contribuição ao cinema francês e mundial. Giuliana adquiriu-a por direito conjugal. Era uma piada: uma mulher italiana se torna francesa porque é casada com um francês, do qual só podia se divorciar nessas condições.

Pouco mais de um ano depois, em 9 de abril de 1966, o prefeito de Sèvres, cidadezinha nos arredores de Paris, nos uniu em matrimônio. Para organizar a cerimônia, dois telefonemas foram suficientes.

– Basilio, conseguimos: pegue o primeiro voo sem que ninguém saiba. E, por favor, não esqueça as alianças.

"Mari', estamos esperando, será amanhã de manhã. Não deixe que descubram. O quê? O chapéu? Use o que quiser, de qualquer modo, será uma coisa bem simples, só a família. *Si, chillo verde me piace assaje*, vai ficar ótimo. Mãezinha? É inútil, ela não viria, morre de medo de avião. Contaremos depois. De qualquer jeito, para ela não conta: sem igreja, vestido branco etc."

Na noite anterior ao casamento Carlo dormiu na suíte do Hotel Lancaster e eu fui para a casa de uma amiga, Sophie Agiman. Quis a sorte que nós duas, além do nome, tivéssemos mais ou menos o mesmo corpo. Na manhã seguinte, na hora de sair de casa, vi pela janela que havia um fotógrafo de plantão na porta do edifício. A notícia tinha vazado, não sei como. Sophie enfiou meu impermeável, meus óculos escuros e passou correndo em direção ao meu carro. O pobre fotógrafo caiu na armadilha. Enquanto ele corria atrás dela, parti com o marido dela ao encontro do meu casamento. Há quantos anos esperava por ele?! Naquela altura, nem parecia que fosse verdade.

    A cerimônia foi rápida e sóbria, com um sabor ao mesmo tempo velho e novo. Como sempre, nada na vida é exatamente como esperamos. Os sonhos dão lugar à realidade, que muitas vezes surpreende com detalhes que ninguém tinha imaginado. Foi o prefeito e não Carlo quem colocou a aliança em meu dedo, segundo a regra local. *Je vous déclare unis par les liens du mariage*. De *tailleur* amarelo, com um buquê de *muguets* na mão, eu me sentia estranha. Estranha, cansada, feliz. Comecei a chorar, chorar, chorar.

Interlúdio

O tempo passa, lá fora a neve cobriu tudo de silêncio. Que horas serão? A memória é uma amiga estranha, que algumas vezes chega e nos leva para bem longe, sem que a gente perceba. É tão bom andar para trás, deixar-se transportar, esquecer-se de tudo. Às vezes, ela tropeça nas datas, mistura coisas que não têm nada a ver, tece armadilhas apagando dores ou paixões intensas demais; mas se tivermos paciência para segui-la, ela nos transporta aos momentos em que vivemos de verdade. Aos momentos em que realmente estávamos presentes, não àqueles em que pensávamos estar. Mas é preciso resistir à tentação dos atalhos, deixar-se guiar pelos caminhos mais longos, que podem se perder em mil detalhes. Às vezes, em uma esquina qualquer se esconde a surpresa. Esta noite, minha cama está forrada de recordações. Entre as linhas de uma carta, no olhar capturado por uma foto, as cores e as vozes se reacendem para me contar a minha própria vida e me convidar a folheá-la como um livro, como se fosse a história de outra pessoa.

Já me aconteceu, muitas vezes, de me ver de fora, de assistir ao meu sucesso quase como se fosse o de uma estranha. É uma sensação curiosa, que antigamente me perturbava, me deixava desorientada. Quando eu era jovem, mergulhada nas coisas, sair dos trilhos assim de repente me incomodava. Hoje não tenho medo, já me habituei. Às vezes, penso que essa duplicação não é casual, serve para criar o distanciamento necessário das coisas que são maiores do que eu. Para entrever um caminho mesmo onde não parece haver nada.

Procuro a melhor posição e concedo a mim mesma um daqueles biscoitos de chocolate em forma de meia-lua, cujo gosto acaricia e consola. Comer sem ninguém ver não conta, penso com um sorriso. Puxo a manta, o inverno suíço não perdoa. Amanhã é véspera de Natal.

Estou cansada, porém mais consciente que nunca, todos os sentidos alertam para captar o que o baú de segredos me oferece. Agora, depois de ter revivido o nascimento dos meus filhos, o tão esperado casamento, a alegria de Marcello, de Vittorio, uma excitação boa toma conta de mim, anunciando algo de especial. Um nome surge entre as cartas, mais verdadeiro, mais vivo que nunca, assim como mais verdadeiras e mais vivas ressoam as suas palavras: "Sophia, chegou a hora de aprender a dizer não." Leio estas breves notas, escritas em uma folha de papel, e me sinto maior, mais forte. É o que acontece quando se tem a sorte de ser tocada por um gênio: a luz que vibra em suas cordas nos ilumina e transforma.

X

ESTRELAS

A IMPORTÂNCIA DE DIZER NÃO
– Telefone para a senhora.
– Quem é? – gritei do primeiro andar, onde estava pegando um xale.
– Charlie Chaplin.
Com certeza, ouvi mal. Tento de novo.
– Quem? Fale mais alto, estou aqui em cima!
– Chaplin! Charlie Chaplin!
Pensei que era uma brincadeira de Carlo ou de Basilio. Pensei que era um engano. Pensei que era uma alucinação. Depois peguei o telefone e disse um hesitante "Alô?". O Mestre queria conversar comigo. Perguntava quando poderia passar em minha casa.
Assim que desliguei, disquei o número de Roma, da Champion.
– Carlo?! Carlo??? Está sentado? Você não sabe, não pode saber, não pode nem imaginar quem acabou de me ligar! – Ele ouvia, enternecido com meu entusiasmo. Mas, lá no fundo, sabia que estava orgulhoso de mim.

Na manhã em que finalmente nos conhecemos, naquela longínqua primavera de 1965, estava sozinha em casa, até Ines tinha saído. Lá fora, caía aquela densa chuvinha inglesa, que convida ao repouso. O *cottage* que tínhamos alugado ficava perto de Ascot, a alguns quilômetros do estúdio onde estava sendo filmado

Arabesque, uma história de espionagem tipo *007*, com o belíssimo Gregory Peck. A trama era muito complicada para que qualquer um pudesse entender, mas estávamos nos divertindo muito, entre fugas mirabolantes, raptos, corridas de cavalos e vestidos deslumbrantes de Christian Dior. Quando a campainha tocou, levantei do sofá e caminhei lentamente para a entrada. Tentava ganhar tempo, esperando vencer a emoção. Quando abri a porta, estava diante de um rosto redondo e um pouco embaraçado, emoldurado de branco.

– *Good morning, Miss Loren. Pleased to meet you!*

Sorri, virei de lado para deixá-lo entrar, sem abrir a boca. Charlie Chaplin estava vestido de escuro, calças cinza e paletó de *tweed* meio gasto sobre um suéter polo azul, com os três botões fechados até em cima. Estendeu um macinho de violetas e vi que carregava embaixo do braço algo com todo o jeito de ser um texto. Não consegui dizer nada, e ele ficou olhando para mim com paciência, como se olha uma criança paralisada pela timidez. Não tinha pressa.

Finalmente, quase sussurrando, ofereci:

– Posso lhe oferecer alguma coisa? Um chá, um café, um copo d'água?...

– Não se incomode, obrigado – disse ele, o olhar concentrado em algum outro lugar, um ponto distante perdido dentro dele mesmo. Depois, percebendo meu embaraço, começou a falar. Pulou todas as formalidades e foi direto ao ponto:

– Tenho uma história na gaveta há muito, muito tempo. Quando a vi em *Ontem, hoje e amanhã*, pensei que tinha sido feita para você. Gostaria muito que...

– Sim – interrompi num impulso, recuperando o domínio de minhas cordas vocais e vencendo o medo. – Sim, Mr. Chaplin, com certeza, quando quiser!

Tinha escrito *A condessa de Hong Kong* para Paulette Goddard, uma de suas muitas ex-mulheres, inesquecível protagonista de *O grande ditador* e *Segredos de alcova*. E agora estava adaptando o texto para mim...

Inútil dizer que trabalhar com Charlie Chaplin era o sonho de qualquer ator, em qualquer lugar do mundo. Era como ser chamado à Corte, ser convocado pelo rei, convidado a dançar pelo príncipe. Era o conto de fada dos contos de fadas, a plena realização de um ofício, de uma vocação, de uma carreira. Sob sua direção, eu recitaria até o catálogo telefônico.

Resumiu a história para mim em grandes linhas. Era ambientada em um barco a vapor em viagem de Hong Kong para a América. Natasha, fugitiva russa de origens aristocráticas, embarca clandestinamente na cabine de um diplomata americano, virando sua vida de pernas para o ar.

Chaplin leu alguns trechos, fazendo todas as vozes. Falou em Marlon Brando como um possível parceiro. Convidou-me a ir com Carlo a Vevey, onde morava com a família.

Respondi que tinha um contrato a cumprir, mas que, assim que terminasse *Arabesque*, estaria à sua inteira disposição. Ele se levantou, cumprimentou com uma inclinação quase imperceptível e disse:

– Então nos falamos em breve.

Num impulso instintivo, ia pedir seu endereço e telefone para poder entrar em contato, mas mordi a língua. Os gênios não têm endereço e telefone, pensei. Moram em algum lugar do mundo e vivem apenas para torná-lo mais belo a cada dia.

Despedimo-nos como duas pessoas com um objetivo comum, pelo qual poderíamos nos apaixonar juntos. Tinha se criado uma intimidade entre nós: se estivéssemos falando italiano, já estaríamos nos tratando por "tu".

Assim que foi possível, Carlo e eu fomos a Vevey, onde Charlie, que estava chegando perto dos oitenta anos, vivia com sua jovem mulher, Oona, filha de Eugene O'Neill, que tinha lhe dado um monte de filhos. Juntos, formavam um casal estranho e muito bonito, que emanava ternura em cada gesto. Apesar do calor do nosso primeiro encontro, eu estava tensa e emocionada e meu coração batia forte. É inútil, ninguém se habitua aos gênios.

A casa de Chaplin ficava perto de Montreaux, no lago de Genebra. Era cercada por um jardim encantado, que parecia mais um parque que um jardim, salpicado pelas alegres risadas das crianças. Não sabia o que fazer, o que pensar, o que dizer. Não sabia por onde começar uma conversação que fosse minimamente sensata. Carlo, que em ocasiões como aquela talvez mostrasse mais desenvoltura que eu, era limitado por seu inglês titubeante. Oona, por sua vez, era uma mulher doce e tímida, habituada a viver à sombra daquele homem extraordinário que ela alimentava com afeto e atenção. Sendo assim, Chaplin tratou de nos entreter sozinho, com sua maravilhosa elegância. Falava do roteiro, mas, de repente, começava a falar de si, de sua infância nos subúrbios pobres de Londres, para voltar ao cinema e, em seguida, levantar e ir direto para o piano, onde tocava o tema do filme que já havia começado a compor. Era um turbilhão de imaginação, um grande fabulador mergulhado em sua magia.

Como demonstração do seu afeto, fez questão de preparar para nós seu prato preferido. Convidou-nos a sentar, correu até a cozinha e retornou com um sorriso triunfante:

– Eis as minhas famosas batatas ao caviar! – exclamou, colocando a travessa no centro da mesa com um amplo gesto de prestidigitador. Serviu a todos pessoalmente e mostrou como deviam ser comidas as famosas batatas.

– Vejam – dizia concentrado, retirando as batatas do papel-alumínio –, devem ser cortadas assim, ao comprido. Depois, espalhe um leve toque de manteiga e, por cima, o caviar com uma gota de limão...

Era profundo em cada detalhe, desconhecia aproximações. Se pensava que não podia fazer uma coisa realmente bem, preferia não fazê-la.

Retornei a Vevey outra vez, com Marlon Brando. Chaplin tinha acabado de escrever o roteiro e queria nos mostrar. Recebeu-nos com um abraço e depois de nos levar para uma volta no lago, no fundo do jardim, fomos para o estúdio. Foi aí que teve início a contradança. Leu o roteiro de uma só vez, interpretando todos os papéis, todas as frases. Eu estava em êxtase: ouvia suas palavras, tentava apreender cada inflexão, cada nuance. Observava como se transformava em cada personagem, da sedutora Natasha, que eu interpretaria, ao belo embaixador meio mal-humorado, preocupado com sua carreira; da velha herdeira que tossia em seu leito ao comandante do navio, gentil, mas um pouco arrogante.

Como Vittorio, Chaplin era diretor, mas também era ator e colocava seu talento à nossa disposição como inspiração para mostrar, com o corpo e a alma, o que queria de nós.

E Brando? Bem, apesar de todo o seu fascínio, era um homem que não parecia à vontade no mundo.

No primeiro dia de filmagem, apresentei-me no set como sempre: um pouco antes, com todas as falas perfeitamente decoradas e o coração na boca. A cena inicial acontecia no salão do navio, onde todos os casais esperavam para começar o baile. Usava um vestido de noite branco, que me acompanharia em boa parte do filme. Todos estavam prontos: os figurantes, os maquinistas, o diretor. Só faltava uma coisa. Ele.

– Onde está Brando? – perguntou Chaplin um pouco nervoso.

– Não tenho a menor ideia, Charlie, sinto muito – respondi com pesar, levemente constrangida.

Não era minha culpa, mas mesmo assim eu me sentia responsável, não sei explicar. Estava lá, diante de um monumento do cinema mundial, e era difícil suportar a ideia de que algo desse errado, de que alguém podia lhe faltar o respeito. Chaplin ficou calado, fechado no seu aborrecimento. Quase dava medo. Caminhava para a frente e para trás como um pai à espera do nascimento do primeiro filho e olhava o relógio a cada três minutos, as sobrancelhas franzidas. Não sabia o que fazer e procurava um ponto onde pudesse fixar o olhar. Os outros também não sabiam o que fazer, e a tensão era tão grande que era possível cortá-la com uma faca.

Depois de quarenta e cinco minutos de espera, Marlon chegou, fresco como uma rosa. Talvez não tivesse sequer se dado conta do que tinha feito. E certamente não esperava o que ia acontecer em seguida. Chaplin foi ao seu encontro com uma lentidão dura, inexorável, marcial. Seus olhos o fulminaram de alto a baixo, afrontando-o sem piedade diante de toda a equipe enfileirada à espera.

– Se pensa em chegar com esse atraso amanhã, depois e assim por diante, no que me diz respeito pode sair desse set agora e não voltar nunca mais.

Brando desinflou como um balão e murmurou umas desculpas. Tomou seu lugar de cabeça baixa e, finalmente, estava pronto para começar. Mas, a quando chegou a hora da sua primeira fala, não tinha voz. Tinha sumido junto com a desfaçatez.

Nunca mais chegou atrasado, mas as coisas não melhoraram muito. Ele me passava a impressão de ser uma pessoa infeliz, emaranhada em seus pensamentos, alguém que não sabia onde se enfiar, o que fazer com seu enorme talento, com o próprio corpo. No início do filme estava em plena forma, belo como só ele sabia ser. Mas a dificuldade de viver o atormentava, não lhe dava paz. Não sei por que motivo, resolveu se alimentar exclusivamente de sorvetes. O resultado foi que engordou demais, a ponto de quase comprometer seu papel.

A bem da verdade, também não hesitou em encrespar a nossa relação profissional. Um dia, um pouco antes de filmar uma das cenas mais românticas do filme, sem mais nem menos, Brando me agarrou. Virei tranquilamente e dei um sopro em seu rosto, como uma gata acariciada a contrapelo.

– Nunca mais ouse fazer isso! Nunca mais!

Depois de pulverizá-lo com os olhos, ele, de repente, me pareceu pequeno, desarmado, quase vítima da fama que o seguia em toda parte. Nunca mais fez algo parecido, mas estava ficando cada vez mais difícil trabalhar com ele.

Por seu lado, Chaplin também teve dificuldades. Fazia muito tempo que não filmava e na primeira semana teve de fazer um grande esforço para se colocar atrás das câmeras. Como se não ousasse tomar as rédeas da situação. A delicada paciência de um técnico maravilhoso rompeu esse bloqueio, levando-o pouco a pouco a reassumir seu posto de comando. Creio que a silenciosa presença de Oona, sempre no set, sem dizer uma palavra, pronta para correr em seu socorro para qualquer coisa que precisasse, também foi de grande ajuda.

Em compensação, Charlie me fez o maior elogio que já recebi. O texto previa que, depois de ouvir uma fala de Brando, eu respondesse apenas com os olhos, sem palavras.

– Você parece uma orquestra que responde ao maestro – disse ele, quase comovido. – Se ergo a mão, você sabe o tom... se abaixo, você desce. Excepcional.

Dessas palavras, semeadas dentro de mim, germinou uma planta verde e forte que continua dando frutos até hoje.

Trabalhar com ele foi uma experiência inesquecível. Era um diretor meticuloso, atento aos mínimos detalhes. Podia ficar em uma cena durante horas, sugerindo entonações, gestos e, sobretudo, humores, usando as imagens mais extraordinárias para evocá-los. Mas, quando parava de explicar e começava a atuar, o mundo mudava de repente. Eram os momentos em que esquecia seu papel de diretor e voltava a bailar como um saltimbanco, apesar da idade. E nessa hora Carlitos ressurge diante dos seus olhos, coisa que pode ser uma injeção de ânimo, mas, por outro lado, pode inibir: todos sabem que ele é único e que tudo começa e termina com ele.

Chaplin era muito exigente, queria as coisas exatamente como tinha imaginado e não arredava um passo de suas convicções. Era um homem direto. Quando gostava de alguém, não havia meio-termo: gostava e pronto. Sempre dizia o que pensava e, se alguém se mostrasse desleal, simplesmente virava as costas e apagava a pessoa de sua existência.

Também é dele o ensinamento mais importante e marcante dos meus trinta anos. Tinha trabalhado mais de metade da minha vida, mas sob certos aspectos ainda era frágil e ingênua. É bom lembrar também que trinta anos, para as mulheres, não é uma idade fácil. A juventude já ficou para trás — ou pelo menos ficava naquela época —, e mesmo que faça coisas maravilhosas, ninguém mais vai dizer: "E ainda é tão novinha!"

Comecei a descobrir que não teria de passar necessariamente por novos inícios e que já possuía um passado com o qual precisava acertar as contas, para o bem e para o mal. Tinha chegado o momento de enfrentar meus defeitos, de aceitá-los ou tentar superá-los. Foi Chaplin quem identificou meu ponto fraco e logo tratou de revelá-lo com sua proverbial franqueza:

— Sophia, querida, você tem uma grande limitação que precisa superar se pretende ser uma mulher completamente feliz. Precisa aprender a dizer não. Chega de tentar agradar aos outros o tempo todo, chega de aceitar tudo e todos. Não, não e não. Você não sabe dizer não, e isso é uma falta grave. Aprender a negar é essencial para poder viver seu tempo da maneira que quiser. Também foi difícil para mim, mas, desde que aprendi, tudo ficou diferente: minha vida se tornou infinitamente mais simples.

A condessa de Hong Kong foi o último filme de Chaplin e seu primeiro em cores. Nunca poderei esquecer seu rosto surgindo na porta da cabine, numa rápida aparição, um *cameo*, nas vestes de um velho camareiro de bordo. Uma pequena, humilde aparição que, de vez em quando, volta para me fazer companhia.

Naqueles dias, mesmo aprendendo a dizer não, dei uma fugida do set para dizer sim a Carlo. Quando voltei, era uma mulher casada, e brindei com toda a equipe.

LADY LOREN

Charlie Chaplin e Marlon Brando vieram depois de uma série de filmes que, nos anos 1960, me viram ao lado das estrelas mais luminosas do cinema internacional. Gregory Peck, como disse, mas também Paul Newman, Alec Guinness, Omar Sharif, Charlton Heston e o maravilhoso, inesquecível, Peter Sellers.

Atuei com Paul Newman em *Lady L*, em 1965, um filme importante e difícil, dirigido por Peter Ustinov. Conosco estavam David Niven e Philippe Noiret, atores igualmente excepcionais. Extraído de um romance de Romain Gary, escritor russo-francês conhecido por seus pseudônimos e por seus dois prêmios Goncourt, o filme me ofereceu um papel complexo, que me obrigou a trabalhar muito comigo mesma. A protagonista era uma duquesa de oitenta anos que revisitava toda a sua vida desde a época de Napoleão. O envelhecimento foi um grande desafio, pois, além da maquiagem, era baseado na voz da personagem. Nem sei como consegui encontrá-la, de onde tirei aquela voz. Honestamente, não consigo lembrar. Mas recordo-me que fiquei realmente orgulhosa com o resultado que, além do mais, tinha de ser perfeitamente *British*. Foi certamente divertido viajar no tempo e imaginar como eu seria em cinquenta anos.

E eis que, de repente, surge, do baú dos segredos, a surpresa de uma linda carta da minha mãe:

Mãezinha querida,
ontem fiz os testes como velha e fizeram essas três fotos com uma Polaroid.
Resolvi mandá-las para você porque fiquei emocionada com a incrível semelhança com o retrato de vovó que tínhamos na sala.
Um beijo, até breve, Sophia.
(Três horas de maquiagem com a pele esticada com cola.)

* * *

A vida — o cinema — prega estranhas peças. Às vezes, me surpreendo, quando penso que Lady L tinha a idade que tenho agora. E, no entanto, hoje, muitas vezes me sinto jovem como era naquela época. E às vezes até mais. Talvez seja porque o tempo é subjetivo, tudo depende das metas que você tem, de sua tranquilidade interior. Envelhecer pode ser até divertido para quem sabe como passar seus dias, está satisfeito com o que já obteve e é capaz de olhar ao seu redor. Acordo de manhã e tento pensar nas coisas que me ajudam a ficar bem, tento fazer aquilo de que gosto, que tem sentido para mim. Mesmo coisas pequenas, talvez sem nenhuma importância, mas que podem dar aos meus dias um toque de prazer e que correspondem a mim mesma.

Ustinov, que tinha acabado de ganhar um Oscar como melhor ator coadjuvante em *Topkapi*, era também um ótimo diretor, um homem forte e carismático, apesar de seu temperamento talvez um pouco insistente. Nem sempre era fácil segui-lo. Paul Newman, em compensação, era um homem suave e sensível, meio tímido, mas em paz consigo mesmo. Belo como o sol, com aqueles olhos capazes de roubar a cena, teve a sorte, e também o mérito, de um casamento longo e sereno, que manteve suas raízes bem fincadas na vida real. Não era arrogante, não descarregava seus problemas nos outros, se conhecia bem. Todo dia trazia para o set uma pilha de toalhas. "*Chi 'o ssape pecché*", pensava cá comigo. Para que será?

Um dia não aguentei e perguntei, talvez com um pouco de impertinência demais:

— Paul, para que servem todas essas toalhinhas?

Olhou para mim com um belo sorriso aberto e transparente.

— Costumo suar nas mãos, Sophia, estão sempre molhadas.

Um homem adorável, que não tinha necessidade de esconder suas fragilidades.

* * *

Já com Omar Sharif, partilhei um estrepitoso desafio culinário, que me dá água na boca só de lembrar. Tínhamos trabalhado juntos em *A queda do Império Romano*, com Alec Guinness, talvez o ator mais completo que já conheci. No filme, Alec era meu pai, o imperador Marco Aurélio. Quando abria a boca, o mundo parava, e eu ficava ali, observando tudo com olhos sonhadores.

Omar era um homem cheio de vida, transbordante de ideias. Nascemos nas margens opostas do Mediterrâneo e de lá partilhávamos os perfumes, as cores, a ironia. Voltamos a nos encontrar no set de uma linda fábula dirigida por Francesco Risi, *Felizes para sempre*. Um dia, diante da triste "marmita" que a produção dava aos atores, ergueu os belos olhos negros para o céu e suspirou:

– Quem pode comer uma porcaria dessas? Ah, que saudade da berinjela de mamãe...

Uma fala que podia ser minha. Caí na risada e respondi:

– Se soubesse como é maravilhosa a berinjela da minha mãe... a melhor do mundo!

A discussão pegou fogo.

– Ah, não, Sophia, não digo nada sobre todo o resto, Romilda pode ser uma ótima cozinheira, mas sobre berinjela não tem conversa: as da mamãe são insuperáveis!

– Quer apostar? – disse eu com um olhar desafiador.

Omar ligou para a mãe no Egito e convidou-a para vir a Roma, sem dizer o motivo. Ela aceitou de bom grado, feliz de poder passar um tempo com o filho, que não via quase nunca. Ele a levou para passear, encheu-a de atenções, apresentou-a aos amigos italianos e depois, como quem não quer nada, desferrou o golpe final:

– Mamãe, vamos jantar com Sophia, a mãe dela e a equipe na semana que vem. Não quer fazer aquela sua berinjela?

A Sra. Sharif levou a missão a sério e passou por todas as bancas do mercado, comprando uma berinjela aqui, outra lá... só as mais bonitas. Minha mãe, que jogava em casa, não precisou de grandes preparações.

Na noite da competição, convocamos as duas inocentes cozinheiras e fizemos o teste, improvisando um júri meio mambembe, mas motivado por um robusto apetite. A escolha da vencedora não foi fácil. As receitas eram muito parecidas, berinjelas à *parmigiana*. Tanto a "puteolana" quanto a egípcia derretiam na boca, com aquela crosta crocante que fazia cócegas no palato. Todos comeram até dizer chega, depois de dias e dias de sanduíches molengos. No final, depois de um longo debate, a Sra. Sharif venceu por quase nada. Minha mãe não ficou chateada. Ficou amiga daquela mãe egípcia, simpática e calorosa. À noite, confessou, rindo:

– *Amm' parlat sulamente' vuje. Pecché ogni star è bell' a mamma soja.**

Comida traz alegria, leva de volta para casa, diz coisas que as palavras não podem dizer. E quando se junta com a música, pode ter efeitos devastadores. Isso foi confirmado, anos antes, por Peter Sellers, que me envolveu no projeto de um disco que nos deu muitíssimas alegrias. Mas antes mesmo da música vinha sempre o cinema. Conheci Peter em 1960, no set de *Com milhões e sem carinho*, e nos demos maravilhosamente bem. Peter era um homem de inteligência extraordinária, sempre surpreendente e capaz de envolver qualquer um com seu charme. Não tinha uma vez que interpretasse uma cena da maneira que se esperava. Era inspirado, imprevisível, milagrosamente divertido. Gostava muito de mim e trabalhávamos juntos com paixão. Ele me fazia rir mais do que qualquer outro, conhecia Londres como a palma da mão, e entre nós se estabeleceu uma amizade destinada a durar no tempo.

O filme era livremente inspirado numa comédia de George Bernard Shaw e girava em torno do dinheiro. A herdeira Epifâ-

---

* Só falamos de vocês. Porque toda *star* é maravilhosa para sua mãe. (*N. da T.*)

nia, vestida de Pierre Balmain do início ao fim, recebeu do pai a ordem de não se casar com homens que não fossem capazes de centuplicar cento e cinquenta libras esterlinas em três meses. Jogando-se no Tâmisa numa cômica tentativa de suicídio, depara com um médico indiano, que por sua vez tinha recebido da mãe o conselho de não casar com nenhuma mulher que não fosse capaz de passar três meses com trinta e cinco xelins.

Uma semana depois do fim das filmagens nos trancamos no estúdio de Abbey Road — sim, exatamente o dos Beatles — para gravar *Goodness Gracious Me*, uma ideia de George Martin, o mítico produtor discográfico, para promover o filme. O compacto simples chegou em poucas semanas ao topo das paradas, e resolvemos continuar. O próximo hit foi *Bangers and Mash*, que falava do divertido casamento entre um soldado inglês e uma napolitana. Nesse dueto, o que nos une e nos separa é justamente a comida. Se Peter/Joe deseja a receita da mãe, purê de batata e linguiça com molho *cockney*, eu proponho minestrone, *macaroni*, *tagliatelle* e *vermicelli*. Foi uma explosão de riso e improvisação, ressoando em cada nota da canção.

Paradoxalmente, foi durante as filmagens de *Com milhões e sem carinho* que meu caminho se cruzou com o de The Cat, ou melhor, que o caminho de The Cat cruzou com o das minhas joias. Todas as joias que eu, finalmente, tinha podido comprar, graças ao meu trabalho ou que Carlo me dava de presente no final de cada filme. Por trás de cada par de brincos, de cada anel, de cada colar, uma história, um esforço, um sucesso. Eram as medalhas que acompanhavam cada vitória alcançada. Depois de uma primeira noite no Ritz, onde deixei o porta-joias no cofre do hotel, resolvemos nos instalar no Norwegian Barn, um *cottage* dentro do Country Club de Hertfordshire. Além de Basilio e Ines, vieram também a cozinheira Livia e a cabeleireira, todo o pequeno mundo que me seguia sempre, de set em set. Pensando nas joias, Basilio solicitou um guarda-noturno, mas o secretário do clube respondeu com muita segurança:

— Estamos na Inglaterra, não em Nápoles. Não precisa se preocupar!

Tomamos posse do *cottage* e cada um se instalou em seu quarto. O meu, no primeiro andar, tinha um grande e luminoso closet *à coté*. E foi ali que o ladrão se enfiou, como um leve e silencioso sopro de vento, com todo mundo dentro de casa, esperando a hora certa.

Eu mesma lhe ofereci esta hora num bandeja de prata. Saí à noite para pegar Carlo no aeroporto. Enquanto Basilio e Ines conversavam na frente da TV, no andar de cima, The Cat deslizava para fora do closet e carregava todos aqueles preciosos pedacinhos da minha vida.

Quando retornamos, por volta das onze, subi para o quarto. Era tarde e no dia seguinte teria uma dura jornada de trabalho. Assim que entrei, senti que alguma coisa não andava bem. Olhei ao redor procurando o que era e finalmente descobri. Diante de mim, a gaveta da cômoda aberta, assim como a janela lateral. Quase perdi os sentidos. "*Uh maronna mia...*", murmurei, "não pode ser...". Por aquela janela tinham fugido os meus diamantes, as minhas safiras, as pérolas e os rubis, junto com minhas lembranças mais caras.

Chamamos a Scotland Yard, que chegou logo, mas não havia mais nada a ser feito. O ladrão já estava longe, e nunca conseguiriam pegá-lo. (Muito tempo depois, quando o crime prescreveu, recebi uma carta de The Cat assinada com este nome. É assim que o imagino: um gato de passo aveludado, todo vestido de negro, um sósia de Cary em *Ladrão de casaca*.)

Na hora, tive dificuldade para manter o controle, minha cabeça girava, estava me sentindo violada. Racionalmente, sabia que existem desgraças bem piores nesta vida, mas era como se alguém tivesse entrado na minha cabeça, no meu coração, para roubar meus sucessos e, sobretudo, todo o esforço que tinha feito para alcançá-los. Não apenas os filmes, mas todas as emoções que giravam à nossa volta e que costumava reviver sentindo aquelas joias no pescoço ou no dedo.

Fui deitar quando já estava quase amanhecendo, mas no dia seguinte estava no set como se nada tivesse acontecido. Com certeza, tinha a ver com o senso de dever, a importância de cumprir os compromissos, o respeito pelo tempo dos outros. Mas, também, tinha a ver, acho eu, com o fato de que podia reencontrar no trabalho a ordem que havia sido desfeita. Fazendo o que sabia e devia fazer, tinha a impressão de recuperar o controle, aquele que The Cat surrupiara com tanta habilidade, bem debaixo do meu nariz.

Naquela manhã, numa pausa das filmagens, de repente toda a equipe se reuniu a meu redor.

– O que houve? – perguntei assustada, os nervos à flor da pele.

Peter me deu uma caixinha prateada com fita de ouro. Era um belíssimo broche, com o qual meus colegas demonstravam sua proximidade e seu afeto. Aquele gesto me fez entender que nada estava realmente perdido. Ainda haveria muitos outros filmes a festejar, a viver, a recordar. E usar também.

No entanto, mais uma vez, foi De Sica quem disse a última palavra, quem me deu o presente mais precioso.

Tinha chegado a Londres para fazer um pequeno papel conosco. Assim que soube do roubo, correu para saber como eu estava. Encontrou-me chorando na intimidade do meu quarto. Sentada na cama, olhava para a cômoda, a janela, o vazio que The Cat tinha deixado atrás de si. Sentou a meu lado e estendeu seu lenço:

– Não desperdice suas lágrimas, dona Sophi'. Somos dois napolitanos nascidos na pobreza. O dinheiro vai e vem. Pense na quantidade que perco no cassino...

– Não, Vitto', *nun capitaje*. Aquelas joias eram parte de mim...

– Ouça bem, Sophi': nunca chore por algo que não possa chorar por você.

XI

CHEGADAS E PARTIDAS

```
+ 14 NEWYORK PUB187 26 19 1525===    PAROLE

= DEAREST SOPHIE CONGRATULATIONS ON REACHI
YOU ARE TOO YOUNG FOR ME STOP DOST LOVE =
```

O MILAGRE

Carlo Jr., como todos os recém-nascidos, chorava muito. E eu, como todas as mães, olhava para ele com alegria e apreensão. Mas eis que a palavra "choro" — a memória, como se sabe, muda de rumo sem mais nem menos — evoca um renascimento naquele longínquo janeiro de 1969, onde o médico de Watteville, em sua clínica genebrina, deu início à minha nova vida.

Sim, posso dizer que nasci de novo no dia em que meu primeiro filho viu a luz. Fui tomada pela emoção de apertar nos braços aquele que durante tantos anos tinha sido o meu desejo mais intenso. Para poder desfrutá-lo plenamente, ou talvez por medo de despertar daquele sonho maravilhoso, resolvi me fechar no quarto. Estava me sentindo abrigada, segura, só eu e ele, ele e eu num ninho suave feito de longos olhares, leite, carinho. As enfermeiras nos paparicavam, cuidavam de tudo, varriam para longe qualquer preocupação. O mundo, que nos aguardava lá fora, ávido de espetáculo, não podia nos alcançar. É bem verdade que não foi assim tão simples. A mão firme de Carlo, sua inteligência teve de entrar em ação para dar a eles o que desejavam e preservar o resto só para nós.

Estávamos no auge do *star system* e Carlo Jr. era tratado como um principezinho. Quando nasceu, um exército de fotógrafos e câmeras acampou diante da clínica, vindos de todo o planeta.

Os anais contam que os mais barulhentos eram os italianos; os mais insistentes, os ingleses; os mais organizados, os alemães; os mais informados, os americanos; e os mais espertos, os japoneses, cuja equipe era dirigida por uma mulher, capaz de "penetrar" mais facilmente em meu coração de mãe.

Foi marcada uma coletiva de imprensa, para satisfazer todo mundo de uma só vez: fiz meu ingresso na sala apinhada, transportada em meu leito de puérpera, com meu filho nos braços, os olhos cansados, mas finalmente feliz. A meu lado, meus paladinos: de um lado, Carlo, do outro, minha irmã Maria, que veio de Roma para o grande evento. Basilio, porém, tinha se perdido em alguma parte da nossa felicidade, que era também dele.

Os jornalistas me crivaram de perguntas. Não sei por quê, mas achei que eles também estariam pelo menos um pouco emocionados. A emoção, aliás, é contagiosa, e quando há um recém-nascido no meio, todos respiram uma atmosfera de milagre.

— Parece com quem?
— Puxou os olhos de quem?
— E a boca?
— Quanto pesa?
— Sophia, Sophia, como se sente?
— Teve medo?
— O leite chegou?
— É mais ou menos emocionante que um Oscar?
— Quando pensa em voltar aos sets?

Olhava para eles sorrindo, mas depois voltava para o meu Cipi — esse foi o apelido que lhe dei. "Como você é lindo", pensava olhando o rostinho redondo, a mãozinha segurando meu dedo, num aperto quente com gostinho de paraíso. Todo o resto parecia desfocado, sem importância, como se não tivesse nada a ver comigo.

Vivia mergulhada em minha existência, que de repente havia adquirido um sentido profundo, uma estabilidade frágil, de pura satisfação. Tinha medo de sair, de que o bebê se resfriasse, sem coragem de voltar para casa. E assim, dia após dia, fincava raízes naquele quarto branco e limpo, protegida de todos os perigos, recusando-me a pensar no amanhã.

Mais uma vez, foi ele, o meu médico, quem me mandou embora com doçura, depois de cinquenta dias que, para mim, passaram num piscar de olhos.

– Não pode ficar aqui para sempre, Sophia, a vida está esperando lá fora...

Olhei para ele aterrorizada, mas, pouco a pouco, tive de me render:

– Como sempre, o senhor tem razão.

Depois de nove meses de imobilidade e quase dois de acolchoado puerpério, havia chegado a hora de partir, de enfrentar de novo a realidade. Uma realidade que, ao contrário dos filmes, não tinha um texto a ser seguido. Minha história como mãe e a dele como filho ainda estavam para ser escritas.

É estranho como a gente se sente forte e, ao mesmo tempo, vulnerável com um filho nos braços. É uma sensação inebriante, que faz girar a cabeça e que a gente carrega para sempre.

Tinha consciência de que, para sair da concha e retornar ao mundo, precisava de alguém que me ajudasse, mas nenhuma das moças indicadas para isso me convenceu. As babás em potencial pareciam vistosas demais, decotadas demais, um exagero de rendas e fitas, como num desfile. Precisava de uma pessoa confiável, tranquila, que entendesse minha felicidade e se concentrasse totalmente no bebê. E, sobretudo, que não fosse dada a fricotes inúteis.

Certa manhã vi pela janela do meu quarto um carrinho de bebê no meio da névoa invernal do jardim, empurrado por uma babá mais do que imprudente.

"Como ela pode", pensei então, "levar um bebê recém-nascido para passear a esta hora, com este frio? Deve estar louca! Jamais deixaria meu filho nas mãos de uma mulher dessas!" Porém...

No dia seguinte o médico de Watteville entrou triunfante em meu quarto. Finalmente, tinha encontrado a pessoa certa para mim, que me daria coragem para liberar o quarto para outras mulheres e outros bebês que iam nascer.

Atrás dele, perfilava-se a figura de Ruth Bapst, uma enfermeira de ar esperto e gentil. Assim que botei os olhos nela, a reconheci! "É ela", pensei, "a maluca do carrinho na névoa..." Cumprimentei-a com uma certa frieza, sem nenhum curiosidade. No meu coração, já havia decidido despedi-la.

Mas Ruth não se deixou abater e estendeu a mão, competente e profissional. Observei seu sorriso franco, as maneiras simples, o olhar direto. Em seus olhos, lia-se o amor pelas crianças e a vontade de trabalhar. Meu ímã interior, aquela misteriosa capacidade que sempre tive de atrair e reconhecer as pessoas certas para mim, começou a vibrar, abalando minhas certezas.

– Bem, podemos tentar – disse, com uma voz meio titubeante.

No léxico familiar, Ruth se transformou em Ninni, e faz quarenta e seis anos que está conosco. Ajudou a criar os meninos e hoje paparica os filhos deles com a mesma alegria de sempre.

Com ela ao meu lado, tomei coragem e deixei a clínica, Genebra e a Suíça. Destino: nossa casa em Marino.

OS DOIS LADOS DO PARAÍSO

Villa Sara era um antigo solar perdido entre os olivais de Castelli. A meia hora de Roma, parecia um oásis de calma e silêncio que nos protegia de toda a confusão da cidade, dos sets, da vida pública, e nos trazia de volta a uma dimensão de paz. Onde quer que pousasse os olhos, era um deslumbramento de beleza. Os pavimentos revestidos de mosaicos romanos, os jardins verdejantes com fontes de mármore, móveis antigos e preciosas peças de antiquário decorando tantos salões e quartos ainda por descobrir.

Mas o que me fazia sonhar de verdade eram os afrescos nas paredes: grandes banquetes, cenas de caça, guirlandas de frutas e flores, mantos e festões e, ainda, animais, árvores, estrelas na doce paisagem italiana. Tão diferente do cinema! Olhar ao redor era sempre uma festa.

Tínhamos comprado o solar em 1962 e, depois de importantes trabalhos de restauração, fomos para lá, deixando o apartamento de piazza D'Aracoeli, aquele onde passamos a minha noite de Oscar. Em 1964, fomos para Paris, mas voltávamos sempre que era possível, mesmo por períodos curtos. Talvez ainda fosse jovem demais para apreciá-la a fundo, mas o cruzamento mágico de arte e natureza me proporcionava experiências impagáveis.

Nada comparável, é claro, ao milagre de ver Carlo crescer, começar a dar seus primeiros sorrisos, levantar as mãozinhas para ficar pendurado no ar e parar de repente, encantado com as folhas das árvores sopradas pelo vento.

Finalmente, eu estava feliz. Pela primeira vez na minha vida nada me faltava. Naquela época, se pudesse parar o tempo, teria ficado ali, à beira da piscina — que nasceu assimétrica para não sacrificar um belíssimo damasqueiro que conquistou o amor de Carlo —, onde meu menino espalhava água para todo lado em sua pequena boia de pato. Ao pé da espreguiçadeira havia um texto que me chamava de volta ao dever. E eu, abandonada nos meus pensamentos, acalentada pelas duas cascatinhas artificiais que estavam ali justamente para me fazer companhia.

Devo dizer que não me habituei facilmente a tanta maravilha. No início, o fausto da Villa Sara me oprimia um pouco e eu costumava buscar refúgio no meu quarto, entre meus filmes e revistas. Mais uma vez, foi Carlo quem mostrou a saída:

— Sophia, as casas são como as pessoas. Temos de nos aproximar aos poucos, ir ganhando intimidade...

E ele tinha razão. Não demorou para que Villa Sara e eu começássemos a nos entender e a nos amar.

Como todo paraíso, a villa tinha o seu lado obscuro. Era um lugar isolado, não desprovido de perigos, que atiçava a cobiça dos delinquentes e atraía os vagabundos. Um deles, em particular, conseguiu nos pregar um susto. Fugido do manicômio, conseguiu penetrar no jardim certa manhã e chegar quase até o terraço da piscina. Estava com um monte de papel na mão e queria atear fogo em tudo. Berrava a plenos pulmões que Cipi era seu filho e que tinha vindo para levá-lo. "Quero o meu filho, quero o meu filho!", delirava, mergulhado em sua loucura. Chegou até a entrada de casa e tentou derrubar a porta com um machado.

Num primeiro momento, ficamos paralisados, mas por sorte logo descobrimos um jeito de acalmá-lo. Conseguimos pegá-lo com alguma facilidade, mas, com a mesma facilidade, ele foi novamente dominado por sua obsessão e não demorou a reaparecer. Fugiu várias vezes do hospital psiquiátrico, bombardeou-me de cartas, queria nos encontrar. Vigiávamos seus movimentos, mas tentando não perder o domínio da situação. Ainda assim, não conseguia me livrar de uma sensação permanente de medo e profundo desconforto que era difícil de suportar, mesmo porque a Itália estava entrando no período de chumbo dos sequestros, os verdadeiros, que muitas vezes não deixavam nenhuma saída.

À parte várias ameaças sem consequências, o próprio Carlo correu o risco, no início dos anos 1970, de ser vítima de um sequestro: só se salvou graças à rapidez de seus reflexos e a intervenção oportuna da polícia.

Certa vez, tarde da noite, voltava do escritório pela via Appia Antica quando, de repente, um carro atravessado na estrada o obrigou a parar. Olhando rapidamente pelo retrovisor, ele viu que outro carro havia fechado a saída por trás. A porta foi aberta bruscamente e um homem com o rosto coberto saltou do carro e caminhou em sua direção com um fuzil apontado. Carlo era um homem seguro e muito reativo, habituado a tomar decisões rápidas em situações de emergência. Enfiou o pé no acelerador, saiu cantando pneus e por pouco não bateu no carro que bloqueava a rua. O bandido do carro de trás começou a atirar, mas, debruçado sobre o volante, Carlo não se deixou intimidar. Quando finalmente chegou em casa, seu Alfa Romeo estava crivado de balas, como se estivéssemos numa guerra.

A polícia não pôde fazer nada além de alertá-lo para o futuro.

– Doutor, não hesite em nos avisar quando for voltar para casa mais tarde.

Foi assim que, da segunda vez, sempre na Appia, ele viu um estranho incêndio mais adiante na estrada e começou a ficar preocupado. Em seguida, um carro emparelhou com o dele e tentou colocá-lo para fora da estrada, mas uma patrulha da polícia se materializou do escuro, obrigando os sequestradores a fugir. Em Villa Sara, escondida entre os arbustos, encontraram uma van sem placa, com o motor ligado. No bagageiro, cordas, rolos de fita adesiva, seringas e clorofórmio. Todo o necessário para um sequestro em grande estilo. Foi demais até para nós. Em 1974, resolvemos nos mudar para Paris com as crianças, que àquela altura já eram duas.

Já havia passado por um grande susto em Nova York, alguns anos antes, quando Cipi era bem pequeno. Foi em outubro de 1970: estávamos na suíte do vigésimo andar da Hampshire House, no coração de Manhattan, com grandes janelas debruçadas sobre um Central Park fulgurante de cores outonais. Alex, filho de Carlo, também morava lá, assim como Greta Garbo, com quem infelizmente nunca encontrei. Sempre dava um jeito de espiar no elevador esperando vê-la, mas nunca consegui.

Estávamos nos Estados Unidos para lançamento de *Os girassóis da Rússia*, com Vittorio e Marcello. Carlo teve de voltar inesperadamente para Milão: seu pai, a quem era profundamente ligado, estava morrendo. Fiquei sozinha com Ines, Ninni e Cipi.

Na manhã seguinte à sua partida, fui despertada por uns ruídos estranhos, que pareciam gritos sufocados. Meio dormindo, não entendi o que estava acontecendo e pensei que fosse um sonho.

Tirei os protetores de ouvido que costumava usar para dormir e ouvi de novo os tais gritos, dessa vez mais claros. Ainda me debatia entre o sono e a vigília quando dois homens entraram no meu quarto: um era o *concierge* do hotel, com um volumoso maço de chaves e uma cara de além-túmulo; o outro, atrás dele, carregava um instrumento que num primeiro momento achei que fosse um estetoscópio. *Ai, meu Deus, o bebê não está bem*, advertiu meu coração de mãe. Na verdade, tratava-se de um revólver.

– Isso é um assalto – latiu o homem, como um policial de filme B.

Fingi que não entendia e ele ficou ainda mais nervoso.

Encostou o cano do revólver na minha testa, rosnando:

– Não quero saber de gracinha!

Era uma situação surreal. Diante de mim, um ladrão que parecia fantasiado para o Carnaval, de peruca, bigodes falsos e óculos escuros. Na minha cabeça, uma arma que realmente não parecia de brinquedo. Nos meus olhos, os dele, mais azuis que os de Paul Newman. A poucos metros, no outro quarto, meu filho, frágil e desprotegido.

– Ande, entregue de uma vez essas joias! – berrou o ladrão, revistando tudo à procura delas.

A joalheria Van Cleef & Arpels tinha me emprestado um conjunto que eu usaria mais tarde, na noite de gala do Rockefeller Center. *Como ele sabe disso?*, perguntei a mim mesma, confusa, à mercê do terror. A lembrança de Cipi me fez confessar:

– Estão numa bolsa, na gaveta debaixo da cômoda.

O homem dos olhos azuis seguiu histericamente as minhas instruções, encontrou o bracelete, o colar e os brincos de diamantes e rubis e tratou de enfiá-los no bolso. Mas ainda não era aquilo que ele estava procurando. Berrava como um possesso, tão alto que era difícil entender o que dizia.

– Isso tudo é mixaria... O anel, quero o anel, o da TV...

Finalmente entendi o terrível equívoco e amaldiçoei minha vaidade. Durante a longa entrevista que dei a David Frost, junto com Marcello, algumas noites antes, usei um vistoso diamante, sempre Cleef & Arpels, que devolvi imediatamente depois. E agora aquela futilidade inútil, que valia cerca de quinhentos mil dólares, estava colocando em risco a minha vida e a de meu filho. Tentei explicar, dizer a verdade, mas ele me agarrou pelos cabelos e me jogou no chão.

– Onde está o menino? – berrou logo em seguida, gelando meu sangue.

Entrei em pânico e não percebi que seu cúmplice, que estava de vigia na entrada, assustado demais para ter paciência, tinha acabado de gritar:

– Vamos embora!

Enquanto fugiam com as joias de Van Cleef & Arpels, joguei a bolsa que continha todas as minhas joias em cima deles. Não sei por que fiz isso, talvez um gesto catártico ou uma provocação. Ou quem sabe apenas uma prece para que se afastassem o mais rapidamente possível de nós.

Corri ao quarto de Cipi e abracei-o com força, caindo num pranto descontrolado. Jurei a mim mesma que daí em diante nunca mais usaria nenhuma joia preciosa além dos bracinhos do meu filho.

THE (IM)POSSIBLE DREAM

Logo Edoardo viria se juntar a Carlo Jr., duplicando uma felicidade que pensei única. Mais um dos mistérios insondáveis da maternidade.

Fiquei grávida do meu segundo filho quando filmava *O homem de La Mancha*, com Peter O'Toole. Foi o primeiro e único musical da minha vida (à parte uma pequena ponta no recente *Nine*), extraído de um enorme sucesso da Broadway, de Dale Wasserman. Fala de Miguel de Cervantes que, preso pela Inquisição, distrai seus companheiros de cela encenando a história de Dom Quixote e de seu amor pela serva Aldonza, que ele transfigura na nobre princesa Dulcineia.

Peter era um ator extraordinário, um homem de inteligência imprevisível e transgressora, espirituoso como um grande cômico e intenso como um personagem de tragédia. Era maravilhoso trabalhar ao seu lado. Lembro que eu bebia suas palavras, cheia de admiração: quando ele recitava, parecia cantar. Mas quando precisou cantar de verdade, também teve suas dificuldades. Nem eu nem ele éramos cantores profissionais e tínhamos perfeita consciência disso. Honestamente, estávamos mortos de medo...

Ainda por cima, as gravações eram realizadas em estúdio, mas tínhamos de cantar também no set, como em qualquer musical que se preze, pois as canções eram completamente integradas com a ação. Certa manhã, na hora de filmar, fiquei completamente sem voz e sem palavras, pior que Marlon Brando diante da fúria gelada de Chaplin. Peter me chamou de lado e, do alto de sua ilimitada sabedoria, sentenciou:

– É inútil se preocupar, Sophia, isso é claramente uma laringite psicossomática...

Tentei me defender, mas seu olhar oblíquo não me deu a menor chance. No entanto, quando o termômetro que a enfermeira me deu marcou 39 graus de febre, encontrei forças para me opor a ele.

– Está vendo, Peter, nada de psicossomático, estou com gripe! – consegui sussurrar, mais tranquila no que dizia respeito à minha saúde mental.

Mas ele não desistiu:

– Bobagens, Sophia! É medo, medo de cantar na frente de toda essa gente.

Ele tinha razão, e dois dias depois, na intimidade do estúdio, fui capaz de fazer o que devia sem problemas. Foi ele, ao contrário, quem, de tanto brincar com Freud, acabou preso em seu nervosismo. Quando chegou a hora de cantar "The Impossible Dream", música-tema do filme, que se transformou num célebre *standard* interpretado por muitos cantores, de Sinatra a Elvis Presley, de Jacques Brel a Placido Domingo, ele mandou me chamar.

Éramos companheiros de glória e de infortúnio e ficamos unidos até o final. Nas pausas no set, corria para desafiá-lo no *Scrabble*. E por ironia da sorte, embora ele fosse um culto shakespeariano e eu uma napolitana jogando fora de casa, conseguia arrasá-lo, sem lhe conceder um pontinho sequer. Talvez fosse porque, embora tivesse parado de estudar muito cedo, tive tempo de aprender os primeiros rudimentos do latim, que me permitiam inventar e, muitas vezes, acertar na mosca. Como nos divertimos! Ou talvez seja melhor dizer: como eu me diverti à custa dele!

A lembrança mais vívida que tenho dele, porém, se refere a uma imagem nítida e precisa. Uma noite, ele bateu à porta da suíte em que eu estava com Ninni e Cipi. Fomos abrir e topamos com ele enfiado numa inacreditável túnica verde, como uma espécie de Jesus Cristo descido da cruz.

– Posso entrar para fazer companhia a vocês?

Era louco de pedra, daquela loucura criativa e afetuosa que muda a forma de olharmos o mundo.

No final das filmagens, que aconteceram inteiramente em Roma, descobri que estava grávida de Edoardo. A notícia me pegou muito mais preparada que da primeira vez. Sabíamos tudo sobre estrogênios, e as injeções foram aplicadas pela costureira de cena. Só parei de trabalhar no quinto mês e, em setembro de 1972, peguei um avião para Genebra.

Passei meses tranquilos, sem muita pressão. Lia, cozinhava, via TV. E abria espaço dentro de mim para a chegada de mais um grande amor. Pois, embora todo o contexto fosse mais sereno, a emoção era a mesma da primeira vez. Apesar de o bebê estar bem-posicionado, Watteville optou por uma cesariana, pois não queria correr riscos inúteis, devido ao meu passado. Estava com medo, aquele medo saudável que toda mãe tem antes do parto. O nascimento de Edoardo, como o de Carlo, foi o presente mais bonito que a vida poderia me conceder. Até a chegada dos meus netinhos...

Por falar em presentes, Peter não desmentiu a própria fama, nem nesse caso. Quando, no dia 6 de janeiro de 1973, Edo chegou ao mundo, lindo como o sol, o meu Dom Quixote se apresentou com um extraordinário ovo de avestruz autografado: "*With all my love, Peter*." Guardei-o durante muito tempo em minha mesinha de cabeceira, lembrança surreal de um amigo querido e decididamente excêntrico.

TIO RICHARD

Por falar em amigos queridos e um pouco excêntricos, naquela mesma primavera de 1973 chegou à Villa Sara um hóspede muito especial, que alegrou e, sob certos aspectos, complicou nossa rotina. Richard Burton tinha sido chamado por Carlo para atuar a meu lado em *Viagem proibida*, que seria o último filme de De Sica.

Numa manhã de abril, eu acabara de amamentar e desfrutava, na varanda, da tímida chegada da primavera. Edo, finalmente satisfeito, dormia, enquanto Cipi exigia insistentemente a minha atenção, para compensar a presença daquele irmãozinho que talvez lhe causasse um pouco de ciúme. Foi então que Ines me passou um estranho telefonema.

– *Sophia? Is it you? This is Richard speaking.*
– *Richard?*
– *Yes, Richard, Richard Burton!*

Nunca tínhamos nos visto e não estava esperando aquele telefonema, mas fiquei contente com seu jeito direto, com sua transparência. E, depois, que voz! Transpassava o telefone, por assim dizer.

Eu já sabia, naturalmente, que íamos trabalhar juntos, e não via a hora de conhecer um dos deuses do meu Olimpo. Mas ele não se fez por satisfeito e deu mais um passo:

– Se concordarem, gostaria de ficar com vocês antes do início do filme. Preciso entrar em forma, você sabe, e não gosto da ideia de morar num hotel... Não iam me deixar nem respirar em paz.

De fato, a sua tormentosa história com Elizabeth Taylor estava em todas as rotativas do mundo, cronistas e paparazzi não deixariam escapar uma presa tão saborosa. De resto, Villa Sara tinha uma bela casa de hóspedes, que permitia que hospedássemos amigos e parentes sem precisarmos tropeçar uns nos outros.

– Será muito bem-vindo, Richard – respondi sem hesitar, contente em poder ajudá-lo.

Chegou com seu *entourage*, incluindo médico, enfermeira e secretária. Na verdade, estava tentando se desintoxicar do álcool e também do amor por sua bela Cleópatra de olhos violeta. Não conseguia falar de outra coisa senão dela, e eu ouvia com paciência. Muitas vezes, almoçava comigo e com os meninos à beira da piscina, e logo nos tornamos amigos. Cipi ficou apaixonado, juntos fazíamos uma estranha dupla.

Do baú dos segredos, já quase vazio, brota ainda uma belíssima foto de Richard, com roupas de cena, que ele mesmo enviou para seu pequeno amigo alguns anos depois.

> *To my beloved "Cipi",*
> *this is Uncle Richard when he was a bit younger and you and Edoardo and E'en So were not even born! Che cosa incredible!**

---

* Para o meu adorado "Cipi", este é tio Richard quando era um pouco mais jovem e você e Edoardo e até So nem tinham nascido. Que coisa incrível!

Bastam essas poucas palavras para me trazer de volta sua voz, seu calor, sua inteligência.

Galês, penúltimo de treze filhos de um mineiro, conseguiu ser aceito em Oxford, onde estudou interpretação. Sempre dividido entre o cinema e o teatro, mulherengo e grande bebedor desde muito jovem, apaixonou-se por Elizabeth Taylor no set de *Cleópatra* e pouco tempo depois, em 1964, deixou a mulher para casar com ela. Justamente naqueles primeiros meses de 1973 seu casamento entrava numa crise que, em um ano, os levaria ao divórcio, em 1974. Divórcio que não os impediu de casarem novamente em 1975 e se divorciarem definitivamente em 1976. Cada ano marcado por uma surpresa.

Durante sua estadia em Marino, Richard era um feixe de nervos, talvez por causa da dieta desintoxicante a que estava se submetendo. Mas, de todo modo, era simpático, brilhante, afetuoso, um vulcão de ideias e citações. Seu amor pela literatura transbordava por todo lado e tornava sua companhia uma experiência única.

No entanto — sim, sei que não é fácil de acreditar — ele também foi vítima de minha habilidade no *Scrabble*. Apesar da vasta cultura e da riqueza do seu vocabulário, teve de ceder, como Peter, à minha supremacia. Ficava sem palavras diante da evidência e olhava para mim desconcertado. Eu ria, satisfeita, gozando o meu triunfo.

Jogávamos para passar o tempo, à espera da próxima claquete. Já estávamos prontos para começar as filmagens de *Viagem proibida* quando as condições de saúde de De Sica pioraram e ele precisou se submeter a uma operação que adiou o início das filmagens para o mês seguinte. Richard já era de casa: Cipi o chamava de tio e Edoardo olhava para ele de boca aberta, com aquele espanto típico dos recém-nascidos. Embora nós dois estivéssemos muito tristes e preocupados com Vittorio, cultivamos aquela amizade doméstica, feita de jogos, brincadeiras e confidências.

E ele parecia ter encontrado um equilíbrio que, no entanto, estava destinado a não durar.

Na sexta-feira anterior à inauguração do set, chegou um telefonema fatal de Liz de Los Angeles.

"Vou ser operada amanhã. Você tem de vir, Richard, sem falta."

– Está de brincadeira? – quase deixei escapar, mas parei em tempo. A bem dizer, não era assunto meu e o melhor que tinha a fazer era não me meter.

Talvez ele tenha lido meus pensamentos. Respondeu em silêncio, com olhos impotentes:

– O que posso fazer? Não posso simplesmente dizer não!

Carlo entendeu a situação e, como sempre, foi direto ao ponto:

– Vá, pode ir. Basta que esteja aqui no set segunda-feira de manhã.

Richard partiu, voou quinze horas na ida e quinze na volta só para segurar a mão de Taylor por alguns minutos. Mas cumpriu seu dever, ficou em paz com a própria consciência e estava pontualmente no set quando bateram a claquete.

Liz veio encontrá-lo em Roma algumas semanas depois e ficou um pouco conosco e um pouco no hotel. Uma onda anômala, um elétron livre, uma flecha certeira em seu coração sofredor: eis o que ela era para ele.

Quando começamos *Viagem proibida*, Richard estava lá, mas sua mente estava viajando, bem longe. Em busca de uma solução para seus problemas que, no momento, parecia impossível de encontrar.

Talvez tenha encontrado essa solução, mesmo que provisoriamente, algum tempo depois, e não hesitou em me contar. Estávamos nos preparando para as filmagens de *Breve incontro* [*Breve encontro*], um remake de um famoso filme de David Lean que seria rodado na Inglaterra sob a direção de Alan Bridges, quando ele me escreveu essa carta, brincando, como sempre, mas ao mesmo tempo falando de si de maneira autêntica e profunda e demonstrando toda a amizade que nos une:

Cara poeira e Divinas Cinzas,
   Li o *script*. Que diabo pode ter levado alguém a querer fazê-lo sem mim? Incrível impertinência. Nos vemos em uma semana. É claro que te amo, mas devo dizer também que é um ótimo roteiro...
   O diretor parece ser um bom sujeito, mas um pouquinho nervoso. Será que conseguiremos trabalhar com ele? Espero um pouco de nonsense por parte do povo de Churchill, mas vamos deixar isso para Frings e os outros idiotas. Amo você.
   Estou completamente recuperado de minha recente loucura e raramente me senti tão feliz. Elizabeth nunca sairá dos meus ossos, mas finalmente está fora da minha cabeça e o amor que sentia se transformou em compaixão. É um desastre absoluto e não há nada que possa fazer por ela sem me destruir junto. Amo você.
   Não vejo a hora de revê-la, quase não caibo em mim. E também de rever Cipi e Edoardo e Inês e Pasta e Carlo e até mesmo a Inglaterra. Já faz muito tempo que não apareço por lá. Tanto que quase me surpreendo.
   Dessa vez serei um bom ator para você. Da última vez, fui um completo idiota.
   Nos vemos em uma semana.
   Amor,

                                                                   Richard
   Me esqueci de dizer que te amo.

CIAO VITTORIO
   Quatro anos antes de *Viagem proibida*, logo depois de me tornar mãe, voltei ao trabalho no set de *Girassóis*. Era o outono de 1969 e, enquanto o mundo explodia em contestações, nós filmávamos entre Milão e Rússia e eu me sentia em família, como se estivesse no jardim de casa. Os três mosqueteiros estavam juntos

novamente: Vittorio, Marcello e eu. *Special guest*, Carlo Jr., no papel dele mesmo, meu filho na vida e no filme. Tão pequenino, era o companheiro de viagem ideal. Eu o carregava para todo lado e não conseguia ficar longe dele mais que algumas horas.

Os girassóis da Rússia retornava à guerra tal como a conhecemos na Itália para depois ampliar seu olhar até a Rússia, para a grande retirada, para o soldado Antonio que, quase congelado, é salvo por uma moça do lugar, com a qual constitui família. Sua mulher italiana vai procurar por ele e, por azar, o encontra. E dá-se o encontro dilacerante entre duas mulheres envolvidas pela mesma dor. No meio, um Mastroianni que, mais uma vez, encarna com perfeição o homem sem qualidade. Como Dummì, em *Matrimônio à italiana*, como o Carmine destruído pelo excesso de filhos em *Ontem, hoje e amanhã*, como Don Mario em *A mulher do padre*, uma comédia agridoce que nos veria mais uma vez juntos um ano depois, sob a direção de Dino Risi.

Vittorio não estava bem, dentro dele a doença nos pulmões escavava lentamente o seu caminho. Em momento algum, perdeu a sensibilidade para os detalhes, o amor pelas crianças — russas ou napolitanas que fossem —, o gosto de descrever o trabalho cotidiano das mulheres, o dilaceramento das despedidas na estação, os sentimentos frustrados pela violência da vida.

Cipi — não digo para me gabar — atuou muito bem, e o filme fez sucesso, sobretudo nos Estados Unidos. Revisto hoje, aquele amarelo intenso dos girassóis, adubado pelos corpos de milhões de soldados, russos, italianos, alemães, mandados para a morte sabe-se lá por quem, parece um último apelo à vida, um sopro de esperança, um toque de cor num mundo que se apaga lentamente antes da grande viagem.

E o título do último filme de De Sica é justamente *Viagem proibida*, filmado entre outubro de 1973 e janeiro de 1974, que me reúne novamente em cena com Richard, depois de meses de convivência. O filme era baseado numa novela de Pirandello e se passava entre Sicília, Nápoles e Veneza, às vésperas da Primeira Guerra Mundial. Uma história de amor e morte, um clássico melodrama à italiana. Vittorio estava mal, Richard pensava em outra coisa e eu era mais mãe do que atriz. No entanto, era uma bela história, que conseguiu emocionar o público e, de novo, fez muito sucesso no exterior.

Dois dias antes do término, fiz uma coisa que nunca tinha feito antes. Folheando com De Sica as fotos de cena, caiu em minhas mãos uma foto dele, linda.

– Olhe que foto linda, Vitto'. Não quer fazer uma dedicatória para mim?

Ele me olhou, enternecido, e obedeceu:

Sofia, Sofi', aos quinze anos me disseste: Sim.

Não é por acaso que é exatamente uma das primeiras fotos que deram partida a esta minha longa viagem na memória.

As filmagens acabaram em janeiro de 1974, mas continuei a trabalhar alegremente, passando de *A sentença*, com Jean Gabin, a *Ligações proibidas*, ainda com Richard, que recordei anteriormente, até reencontrar Marcello em *A garota do chefe*. Mas meu pensamento não saía de Vittorio.

Quando naquele 13 de novembro ouvi a voz de Carlo ao telefone, tive vontade de desligar com uma desculpa qualquer. Não queria ouvir aquilo que ele tinha para me dizer, que no íntimo eu já sabia. Mas era a verdade: De Sica havia morrido em Paris, a poucos quilômetros da minha casa. Estávamos próximos e distantíssimos, dos dois lados do mesmo rio onde corria a nossa história juntos.

Faleceu no American Hospital e a família deu ordens precisas quanto à privacidade, que atingiu até os amigos mais queridos. Liguei para María Marcader, mas ela não atendeu. Sentia-me impotente, congelada em minha dor, não sabia para onde me virar, o que fazer, como encontrar alívio. Mas, sem dúvida, não podia ficar em casa assim, sem me despedir dele antes de voltar a Roma.

Liguei para o hospital, uma, dez, cem vezes, e a resposta era sempre a mesma: "Sinto muito, senhora, não há nada que possamos fazer."

No final, depois de mil tentativas, encontrei uma brecha e passei por ela. Um empregado mais condescendente me acompanhou até a câmara mortuária, que estava fechada. Pela janela, olhava incrédula para o caixão fechado. A seu lado havia um estrado, onde seu corpo havia repousado até então. Na altura da cabeça, notei uma mancha mais escura. Senti o perfume de sua brilhantina e comecei a chorar como nunca tinha chorado antes.

NEM SOLDADO, NEM MARIDO, NEM PAI

Pensava que sem De Sica nunca mais trabalharia, ou melhor, que talvez ainda viesse a atuar, mas nunca mais encontraria um papel capaz de me conquistar e me fazer voar. Mas a vida é imprevisível e nos reserva oportunidades especiais, seja você uma atriz ou uma dona de casa apagada, que vive para a casa, criando o melhor que pode uma fileira de pequenos *balilla*.*

Se Vittorio ainda estivesse vivo, tenho certeza de que, ao me ver em *Um dia muito especial*, ficaria orgulhoso de mim. E, na verdade, nunca poderia ser Antonietta se primeiro não tivesse sido Cesira, Adelina, Filumena.

Estávamos em 1977 quando Ettore Scola, um grande diretor, rigoroso, coerente, idealista, apresentou o roteiro a Carlo. A história parecia ter sido escrita especialmente para mim e Marcello. Uma história delicada e profundamente humana, que, mais uma vez, falava da nossa vida, falava de nós.

---

* No fascismo, meninos dos oito ao catorze anos organizados em formações de caráter paramilitar. (*N. da T.*)

O "dia especial" é 6 de maio de 1938, em que Roma, travestida de capital do Império, recebe o Führer com uma grande parada carnavalesca. Toda a cidade desce às ruas. Toda ou quase toda. Há quem prefira não sair no prédio do viale XXI Aprile, um grande edifício popular que transpira conformismo e normalidade. Ali, presos entre os meandros do regime, estão Gabriele, locutor radiofônico recém-dispensado por suas ideias antifascistas e sua homossexualidade, destinado ao confinamento, e Antonietta, uma dona de casa exaurida, mãe e mulher fascista, consumida por uma solidão da qual sequer se dá conta.

Basta pouco para que se encontrem, basta seguir um mainá que escapou da gaiola na varanda, basta ousar um pouco mais alto, no terraço, entre os lençóis que secam ao sol, para iluminar um céu desbotado com novas cores. É um encontro intenso e contido, que deixa entrever, por trás das olheiras, dos flancos pesados, os passos de rumba apenas acenados, os grãos de café espalhados no chão, o desejo de sentir novas emoções, de sair dos estereótipos, de mudar nem que seja um sopro em suas vidas. Talvez com um pequeno cacho de cabelos, faceirice arranjada diante do espelho no último minuto.

Enquanto Gabriele e Antonietta se aproximam, confessando os próprios limites e as próprias impotências, o rádio, terceiro protagonista do filme, transmite diretamente a crônica martelante da parada, e a porteira vigia, raivosa, para que tudo permaneça como está. Mas até ela, guardiã mesquinha do grande edifício, percebe que aquele tímido encontro, como qualquer encontro, carrega em si uma dose de verdade que é, por força das coisas, transgressiva.

Se o único hobby de Antonietta é colar fotos do Duce num álbum, Gabriele confessa que não corresponde a nenhum dos modelos fascistas em que ela pensa que acredita. Com sua doçura imprevisível, sussurra para ela que não é soldado, nem marido, nem pai. É somente um homem, pelo qual aquela mulher envelhecida e humilhada se apaixona.

Carlo teve dificuldade para obter financiamento, mas no final acabou encontrando no Canadá e pudemos finalmente começar a filmar. É bem verdade que era um desafio encaixar dois atores como nós, símbolos de beleza e juventude, em personagens propositalmente marginalizados e desbotados. Scola era muito amigo de Marcello e não tinha dúvidas sobre ele. Mas sobre mim, sim. Temia que minha beleza não me permitisse entrar no papel de uma mulher desglamourizada e envelhecida, com seu roupão de algodão barato.

Não demorei a perceber sua desconfiança inicial e os primeiros dias de filmagem não foram fáceis. Sentia que a personagem me pertencia, mas, mesmo assim, precisava de sua confiança para encontrar a chave de acesso a ele.

Depois de alguns dias, Carlo ligou para Ettore às escondidas:
– Alô, Scola? Sou eu, Ponti. Está acontecendo alguma coisa? Fez Sophia chorar...
– Eu? – disse ele. – E por quê?
– Talvez não esteja se sentindo à vontade, talvez o papel...
Scola não recuou um centímetro.
– Sophia é uma grande atriz: é ela quem deve entrar no papel, não é o papel que tem de mudar.

Carlo teve de reconhecer que ele estava certo. Ele foi o primeiro a me ver nas vestes de Antonietta e não era um homem que buscasse compromissos onde não fossem necessários. Acreditava na história, acreditava no diretor, acreditava em mim. Isso era suficiente para ele.

Talvez aquele telefonema tenha servido para nos dar um pouco de fôlego, para que todos entendessem que o processo de identificação de um ator com seu personagem é delicado e exige paciência.

Mais alguns dias se passaram e apaixonei-me perdidamente por aquela mulher tão normal e tão especial. Minha gratidão a Ettore será eterna. O filme foi um triunfo, atraiu uma avalanche de prêmios, conquistou o público e a crítica, além de um lugar muito especial no meu coração.

Foi durante as filmagens de *Um dia muito especial* que Riccardo Scicolone morreu.

Certa manhã, minha irmã ligou para mim no set, às lágrimas:
– Venha logo, Sofi, papai está mal.

Corri para o hospital e encontrei a seu lado as mulheres de sua vida: minha mãe, Maria e sua última companheira alemã. Fui até lá e apertei sua mão. Ele olhava para mim, sustentei aquele olhar, como se estivesse paralisada. Sorri, depois me afastei, até a janela, onde Maria chorava. Olhei para fora. Vistos do alto, carros, pedestres, bicicletas pareciam brinquedos. Tentei chorar, não fui capaz.

XII

DEZESSETE DIAS

RAIOS

Numa manhã de fevereiro de 1977, dois carros da Guarda de Finanças adentraram os portões de Villa Sara, em Marino: toda a casa foi revistada e foi feito um inventário preciso dos móveis, dos quadros e dos objetos de valor. O mesmo acontecia contemporaneamente nos escritórios romanos da Champion, produtora de Carlo. Dirigindo a investigação, Paolino Dell'Anno, procurador da República que, considerando Carlo como residente na Itália (quando era, há muitos anos, um cidadão francês residente no exterior), o acusava de irregularidades financeiras relacionadas à venda de filmes no mercado internacional e de ter realizado filmes em coprodução com sociedades estrangeiras, requerendo os benefícios previstos pela lei italiana, aos quais, na realidade, segundo a acusação, não teria direito na medida em que seriam filmes totalmente financiados no exterior.

Foi um raio em céu sereno, que nos tirou a tranquilidade e a segurança. Mesmo porque sempre agimos, em toda a nossa vida, com honestidade e lealdade, no respeito à lei, e não estávamos de modo algum preparados para o que estava acontecendo. Tentamos reagir, preservar nosso equilíbrio familiar, não entrar em pânico, mas não foi nada fácil e tivemos que lançar mão de toda a força de nosso espírito.

Uma outra ducha fria chegou um mês depois, em 8 de março. Estava em Roma para preparar o lançamento de *Um dia muito especial*. Quando me apresentei em Fiumicino para pegar o último voo para Paris, fui detida na alfândega e passei a noite sob interrogatório. Os policiais perguntavam sobre coisas que eu desconhecia. "Sou uma atriz, não uma mulher de negócios." Tentava me defender, em vão. Foi somente graças à intervenção do meu advogado que recuperei meu passaporte e embarquei de madrugada no primeiro avião para casa. No aeroporto parisiense Charles De Gaulle, além de Carlo, uma multidão de jornalistas em pé de guerra esperava por mim. Foi uma experiência muito desagradável, mas pensei que tudo acabaria ali. Estava enganada.

A essa altura já tínhamos penetrado numa espécie de labirinto kafkiano, onde tudo parecia ser o contrário de tudo. As investigações de Paolino Dell'Anno resultaram na condenação de Carlo em primeiro grau a quatro anos de reclusão por fraude fiscal, da qual foi absolvido sucessivamente de forma plena; também a acusação relativa às coproduções internacionais se resolveu desde a primeira instância com plena absolvição. Embora tudo tenha dado certo no final, foram anos difíceis, em que nos sentimos vulneráveis e impotentes.

Mas nossas dificuldades com a justiça pareciam não ter fim.

Depois de um processo de acusação totalmente infundado, fomos acusados do crime de *esterovestizione* (localização fictícia no exterior da residência fiscal de uma empresa que, ao contrário, tem de fato sua atividade e persegue sua razão social na Itália). Isso resultou primeiramente no sequestro e depois no confisco de uma coleção de quadros que, no decorrer dos anos e graças ao nosso trabalho, tivemos a sorte e a oportunidade de reunir. O confisco (que só teve solução anos mais tarde, depois de muitos e complicados processos) causou uma ferida profunda que, além do aspecto econômico, bastante importante, tocou em uma das paixões da nossa vida. O *happy end* dessa história não apagou totalmente a amargura que causou.

A CONDENAÇÃO

Mas essa não foi, entre tantas, a experiência mais traumática para mim.

Nesse mesmo período, fui pessoalmente atingida pela condenação por uma suposta evasão fiscal (que na realidade jamais aconteceu), referente a muitíssimos anos antes. Quase não pude acreditar: a decisão da Corte me pegou totalmente de surpresa e me tirou o fôlego.

Entre o final dos anos 1950 e o início dos 1960, eu vivia e tinha residência fiscal no exterior. Por isso, meu contador na época não apresentou minha declaração de renda; mas anos depois um outro contador (que evidentemente ignorava as decisões do seu antecessor) disse que eu devia apresentar a declaração no regime de ajuste fiscal: ao fazê-lo, eu mesma contradisse o fato de ter residência no exterior naquele período e, em suma, me autoacusei de omissão de declaração de renda.

Isso determinou a abertura de um processo penal contra mim.

A primeira condenação foi seguida pelo apelo e, finalmente, em 1980, a Corte de Cassazione me condenou à pena definitiva de trinta dias de reclusão, determinada pelo fato de que meus advogados tinham se esquecido de requerer a concessão de atenuantes genéricos. Foi um erro em cima do outro: não me restava outra alternativa senão o exílio (ou seja, não voltar nunca mais à Itália e nunca mais ver minha mãe) ou a prisão.

Já vivíamos em Paris há tempos e eu não sabia bem o que fazer. A decisão amadureceu dentro de mim, lenta e inexoravelmente: por fim, resolvi retornar à Itália e enfrentar a prisão. Uma decisão que tomei sozinha, seguindo o meu instinto, aquela voz interior que sempre indicou o caminho mais reto e rigoroso, recusando atalhos e soluções comodistas.

Estava cansada, confusa e alimentava a ilusão de que, apresentando-me aos magistrados, obteria justiça e poderia demonstrar a verdade. Nunca pretendi enganar meu país, mas me sentia oprimida pela sombra que pairava sobre mim. Já havia experimentado o sabor amargo do exílio, devido às conhecidas questões matrimoniais, e agora, com quase cinquenta anos, a simples ideia parecia absolutamente insuportável. Queria ser livre para voltar para casa, abraçar minha família novamente, rever meus amigos, o mar da minha cidade. Por causa de um quiproquó burocrático, meu nome e minha reputação tinham sido enlameados aos olhos dos meus conterrâneos. Pois eu me sentia, e ainda me sinto, italiana, e queria estar em paz com minha consciência, com minha gente, e com a ficha penal limpa, é claro.

No domingo antes de voltar à Itália, em 16 de maio de 1982, Carlo Jr. e Edoardo fizeram a primeira comunhão. Festejamos apenas os quatro: foi um momento especial de afeto e intimidade antes do grande salto. Na terça à noite, os meninos entraram em meu quarto enquanto eu fazia as malas, para as despedidas. Foi então que, olhando para eles com toda a minha ternura e tentando fixar seus rostos na memória, percebi o que me levou a dar aquele passo tão difícil. Como não tinha pensado antes! Não poderia permitir que meus filhos tivessem de mim uma imagem ambígua, velada pelo halo da desonestidade e da covardia. Sempre tentei ensinar aos dois, desde pequenos, o valor da responsabilidade, o poder da coragem. Não podia me desmentir bem agora, quando estavam crescendo e preparando-se para enfrentar o mundo.

Então, no dia seguinte, parti para a Itália de cabeça erguida. embora meu coração estivesse cheio de preocupação e tristeza. Não sabia exatamente o que esperar e talvez, admito, escondesse por trás dos grandes óculos escuros um véu de medo. Quando aterrissei em Roma, uma Alfetta branca do Esquadrão Móvel da Polícia esperava na pista para me conduzir à casa de detenção da circunscrição de Caserta, a dois passos de onde cresci, driblando o mar de jornalistas e fotógrafos que esperavam por mim. Era uma prisão pequena — vinte e três presas, eu era a vigésima quarta —

num edifício pequeno no centro histórico da cidade, que logo ficou famoso no mundo inteiro. Apinhada na entrada, uma multidão me saudou calorosamente, até parecia uma festa. Apesar de tudo, as pessoas gostavam de mim, e aqueles aplausos me deram forças para ir ao encontro do meu difícil destino.

Apesar das flores, das cartas, dos telegramas, das visitas da tia Dora e da afetuosa presença da minha irmã Maria, que ficou em Caserta durante todo o período em que estive presa, passando toda a noite debaixo da minha janela para me fazer companhia, vivi a dor da solidão, do isolamento. Nada humilha mais do que a negação da liberdade. Nada fere mais do que não ser vista.

Nunca esquecerei a manhã em que fui chamada para um interrogatório.

– Onde está a detenta Scicolone? – perguntou o funcionário atrás de sua escrivaninha.

Eu estava ali em pé, na frente dele, há mais de cinco minutos.

Fiquei numa cela privada — que tinha, como sublinhou o presidente da República, Sandro Pertini, até o luxo de um aparelho de televisão — e me aconselharam a não me envolver com as outras detentas: de fato, minha situação era delicada e podia se tornar perigosa. Seja como for, tentei transmitir àquelas moças infelizes um pouco de afeto, gentileza, esperança e, quando saí, fiz questão de cumprimentar uma por uma. Tinha experimentado na pele, embora por pouco tempo, aquilo que algumas delas viveriam durante anos e, com a ajuda das maravilhosas freiras que cuidavam de nós, fiz questão de deixar claro que jamais me esqueceria delas. E assim foi.

Na prisão, descobri que o tempo muda seu ritmo, se enche de pensamentos sombrios, se torna amargo. Tentava amansá-lo lendo, observando, às vezes cozinhando, mas sobretudo escrevendo.

Em meu baú de segredos, encontro com emoção um caderno vermelho comum, daqueles que as crianças suíças usam na escola.

É o diário da minha breve, mas nem por isso menos traumática, experiência na prisão. Contém meus pensamentos, minhas reflexões, observações intensas e fragmentárias. Contém uma raiva desalentada, um sentimento que, em geral, não experimento. E contém também uma carta a Sandro Pertini, a quem pedi graça e recebi uma negativa: melhor que muitas reconstruções póstumas, ele encerra o sentido de uma decisão que não foi nada fácil de tomar.

Quero reportar este diário tal como foi escrito naqueles dias sombrios, que mudaram — se para o bem ou para o mal ainda não sei dizer — meu modo de estar no mundo.

NOTAS

> *Fame is steam*
> *Popularity an accident*
> *The only thing that endures is personality.*
> HARRY TRUMAN*

Meu diário tem início mais ou menos na metade do período de detenção. Depois dos primeiros dias de ambientação, estas palavras esparsas são minha tentativa de ordenar, de controlar as emoções, de criar coragem. E de resistir aos ataques da imprensa que, como sempre, demonstrava um estranho prazer em derrubar seus ídolos, mantidos até um minuto antes no pedestal. Relendo hoje estas páginas, que retornam de tão longe, sinto uma espécie de choque, uma sensação de vulnerabilidade que nada mais poderá apagar.

Tento reagir à tristeza com uma raiva e uma fúria que me mantêm vigilante e ativa.

---

* A fama é fumaça,/ A popularidade, um acidente,/ A única coisa que permanece é a personalidade.

Sábado
Na prisão. Minha alegria é falsa e até mesmo a minha tristeza é mecânica.

Domingo
Já se passaram onze dias, estou muito triste e melancólica, completamente cortada do mundo. Parece incrível que tudo isso tenha acontecido. É grotesco e se presta realmente a considerações filosóficas sobre a baixeza humana, sobre a vaidade, sobre as frustrações do homem comum. Quando um pobre coitado pede que, através de mim, a justiça se mostre severa, no fundo, sinto pena. Ele não sabe nada de nada, exceto uma coisa, ou seja, que vive na injustiça, massacrado pelo poder. E, então, através do caso macroscópico, tenta invocar justiça. Esta análise não se aplica, obviamente, aos chamados jornalistas que nos últimos dias mergulharam de cabeça no delírio: o caso deles é inveja, miséria moral, frustração constante. Nenhum deles foi à fonte para apontar a seus leitores a moral do fato, o grotesco da situação... Bem, é melhor não pensar mais nisso, vou tentar, aliás, extrair disso tudo um ensinamento para o futuro.

Por sorte, em toda situação, por mais difícil que seja, escondem-se encontros especiais, com pessoas que têm a força de olhar além das aparências e fogem dos juízos fáceis e superficiais. São pessoas que podem fazer a diferença, que enriquecem até as piores experiências, que chegam como um presente do céu, para olhar em seus olhos e reconhecer a sua humanidade por trás dos preconceitos e lugares-comuns.

A superiora é solícita e afetuosa como uma verdadeira mãe nesses momentos de dor. Que Deus a abençoe pelo bem que sabe distribuir.
Nem sei como seria esta péssima experiência sem ela.
Em meio a tanta tristeza, é a única experiência preciosa que levarei daqui, uma experiência que me enriqueceu e permitiu que não desesperasse da vitória da bondade humana.

O cárcere não deve ser um inferno sem esperança. No coração de quem cumpre uma pena, por mais grave que seja, existe sempre uma centelha que pode se transformar na chama da redenção. Conversei muito com a querida madre superiora, pude observá-la, admirá-la. Quanta sabedoria e firmeza se abrigam em sua alma.

Revivendo com trinta anos de distância aqueles dias terríveis, momento a momento, fico me perguntando sobre o significado da liberdade. A verdadeira liberdade não está tanto em fazer o que se quer, mas antes em poder partilhar com os outros as próprias razões. Relido com os olhos de hoje, meu sofrimento de então era provocado pelo sentimento de abandono, de solidão, de falta de reconhecimento que caiu em cima de mim sem que eu esperasse. Sob a luz dos refletores, eu me sentia completamente transparente, como se o mundo não visse mais nada por trás da minha imagem de estrela caída em desgraça.

A falta de liberdade é um inferno. Só conseguimos pensar no que faremos quando estivermos fora, e nos tornamos mais egoístas.
Neste momento, talvez a minha prisão beneficie alguém.
É preciso ser forte, humilde, só então os grandes cairão a seus pés. Os que podem me ajudar, prometeram céus e terras, mas, depois da explosão inicial, chegamos a um ponto final — como todas as coisas na Itália (é quase natural que eu esteja na prisão, mesmo inocente). Todos desapareceram — e alguns, espalhados por aí, se fazem ouvir, comentando as coisas com indiferença e ironia.
Todos se tornaram invisíveis. Espero que, quando sair e recuperar minha liberdade, eles tenham desaparecido de meu coração.
Sem liberdade sou como um galho seco, me sinto inútil, só sirvo para ser jogada fora.
Estão todos prontos, com os olhos voltados para mim, prontos a condenar qualquer pequeno gesto. É realmente difícil fazer com que entendam que sou capaz de sentimentos humanos.

...e com Vittorio, a quem devia tanto.

Um bilhete afetuoso da querida Audrey, parabenizando-me pelo Oscar.

LA PAISIBLE
TOLOCHENAZ
VAUD

There are no words to tell you how happy I am for you Sodhi — the whole world rejoices for you — Brava! brava! brava! — You have had so much courage and now you have your beautiful reward — I send you three all my love..... and happiness — Audrey

Mas o trabalho continua. Uma expressão engraçada no set de *Madame Sans-Gêne*, de 1961.

No outono do mesmo ano, nas filmagens de *A rifa*.

Em 3 de março de 1962, num momento de felicidade familiar: o casamento de Maria.

E menos de um ano depois, em janeiro de 1963, no batizado de Alessandra.

1963 foi o ano de *Ontem, hoje e amanhã*. Precisei aprender a fazer *striptease*. Aqui apareço com o professor do Crazy Horse.

Uma cena do filme.

O 45 rotações de *Abat-jour*, trilha sonora do *striptease*.

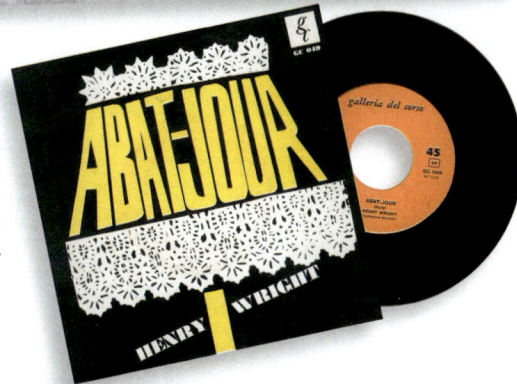

A revista *Oggi* de 23 de abril de 1964, para o lançamento de *Filumena Marturano*.

Um artigo no interior da revista mostra como eu ficaria depois do envelhecimento para o papel de Filumena...

...e neste bilhete do mesmo ano conto à minha mãe como fizeram para me envelhecer ainda mais para Lady L ("três horas de maquiagem com a pele esticada com cola").

Um retrato de Carlo que esbocei num papel timbrado de um hotel em Paris.

...e um esboço de autorretrato.

Carlo e eu.

Na Inglaterra, em 1965, uma foto no set de *Arabesque*, dirigido por Stanley Donen e com Gregory Peck.

Com Vittorio, quando filmávamos *Matrimônio à italiana*, de 1964.

Com Chaplin, antes de entrar em cena em *A condessa de Hong Kong*. Tive de esperar totalmente imóvel para não amassar o vestido.

Um momento da coletiva de imprensa do filme.

9 de abril de 1966, o dia do meu casamento.

Em 1967, com Vittorio Gassman durante as filmagens de *Fantasmas à italiana*, de Eduardo De Filippo.

Nasceu Carlo Jr.! Aqui estamos os dois com nosso fotógrafo Eisenstaedt.

Os amigos compartilham nossa alegria. Entre muitos outros, recebemos um telegrama de Vittorio, uma longa carta de Giulietta Masina e um bilhete de Joan Crawford.

Roma 9-1-'69

Sofia cara,
ho voluto scriverti, dopo che un pò si pace ha finalmente sostituito il clamore, e Tu puoi goderti Tuo figlio, Tuo so etanto e di tuo padre, e non di qualche centinaio di in lio ni di persone.
Tanto contenta con Te — Il nostro incontro è stato breve, ma io ho provato per Te subito una vivissima simpatia umana. Lo che cosa significa quale incredibile emozione di vederlo, ei, appa rire veramente finito, comple to, totale, bello, forte, così come chi Ti vuol bene voleva fosse — Se posso indicare un istante della Tua vita, quello è

l'istante —
Dagli un bacio, e a Te e a Carlo un abbraccio sin: cero anche a Federico
Giulietta Masina Fellini

JOAN CRAWFORD

December 31, 1968

Darlings Sophia and Carlo,

I am so happy to hear of the birth of your Carlo Junior. My congratulations to all of you. Your baby has already shown discretion in choosing you for his parents.

Bless you, and my love to all of you.

Joan

Com Carlo Jr. no set de *O homem de La Mancha*.

Em 1970, com Marcello e Dino Risi nas filmagens de *A mulher do padre*.

Em 1973, outro ano de alegria: nasce Edoardo.

Um bilhete com uma poesia que Carlo Jr. me escreveu quando estava no ensino fundamental.

> Chère petite maman
> comme un papillon tu voltiges
> d'un endroit à l'autre et
> comme lui tu remplis de joie
> les yeux et le cœur de ce qui
> te regardent mes quand en
> rentrent chez nous tu refermes
> la porte derrière toi tu es
> seulement à moi.
> Ma chère petite maman Carlo Jr.

Com meus adorados Cipi & Edo.

Nestas páginas, lembranças do querido amigo Richard Burton.

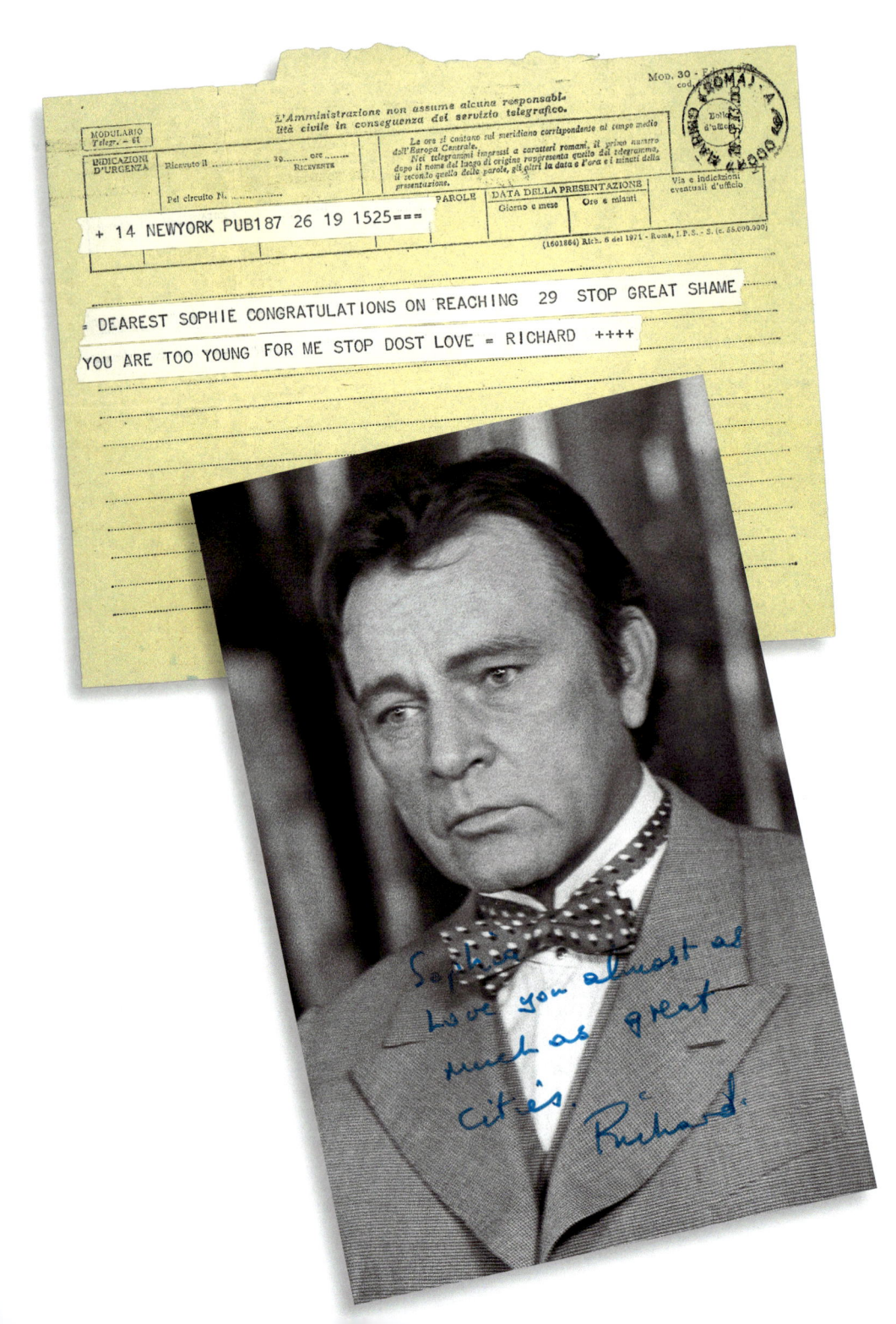

+ 14 NEWYORK PUB187 26 19 1525===

= DEAREST SOPHIE CONGRATULATIONS ON REACHING 29 STOP GREAT SHAME YOU ARE TOO YOUNG FOR ME STOP DOST LOVE = RICHARD ++++

Sophia, I love you almost as much as great cities. Richard.

Richard Burton

Dearest Dost and Divine Ashes,

Have read script. What on earth ever persuaded anybody to do it without me? Incredible impertinence. I shall see you in one week from today. I love you, of course, but it's also a fine piece for much as I love I wouldn't do it otherwise.

The metteur-en-scene seems very nice but very nervous. Is he alright to work with? I expect there'll be some nonsense with the "Churchill" people but we'll let Frings and the other idiots work that out. I love you.

Im completely recovered from my recent madness and have rarely felt so content. Elizabeth will never be out of my bones but she is, at last, out of my head. Such love as I had has turned to pity. She is an awful mess and there's nothing I can do about it without destroying myself. I love you.

I'm looking forward to seeing you with immense eagerness. And Cipi and Eduardo and Inez and Pasta and Carlo and even England. It's quite a long time since I've been there. I was surprised at how long it's been.

This time I shall be a good actor for you. I was a bloody idiot last time.

See you in a week.

            Love,
                Richard

I forgot to mention that I love you.

> To my beloved "Cipi". This is Uncle Richard when he was a bit younger and you and Eduardo and E'en So were not even born! Que cosa incredible!
> Richard.

A foto que Richard dedicou "a meu adorado Cipi".

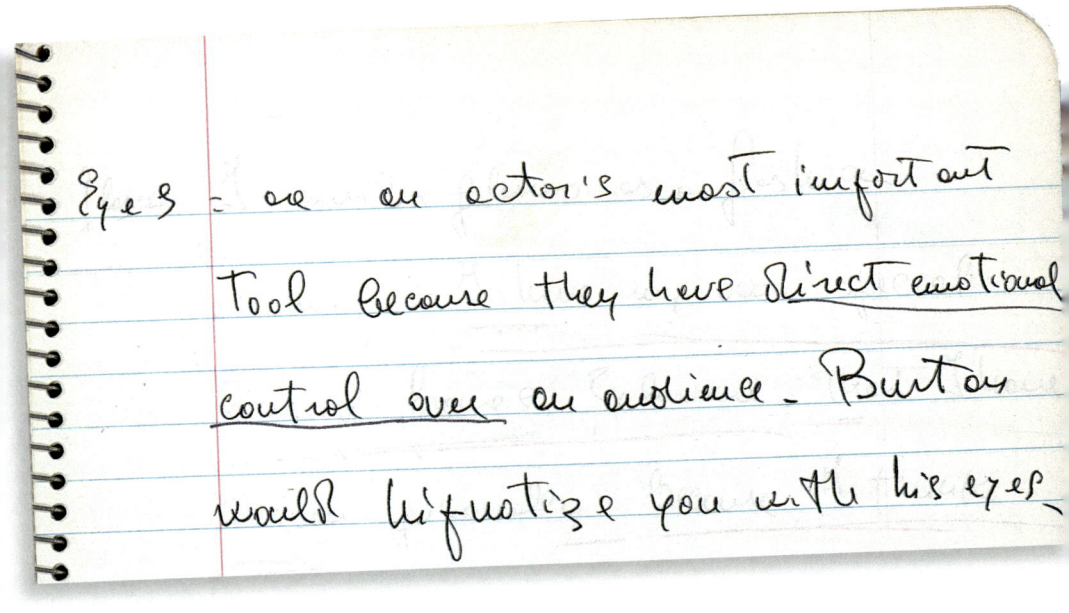

> Eyes – are an actor's most important tool because they have direct emotional control over an audience. Burton would hipnotize you with his eyes.

Uma observação minha sobre o fascínio de seu olhar: "Os olhos são o instrumento mais importante para um ator, pois controlam diretamente as emoções do público. Burton hipnotizava com os olhos."

Duas imagens do set de *Viagem proibida*, do mesmo ano de 1973, último filme com Vittorio.

Mais uma vez com Marcello em *Um dia muito especial*, de 1977.

A carta que escrevi na prisão para o presidente da república, Sandro Pertini.

Gregory Peck estava comigo quando ganhei o Oscar honorário, em 1991.

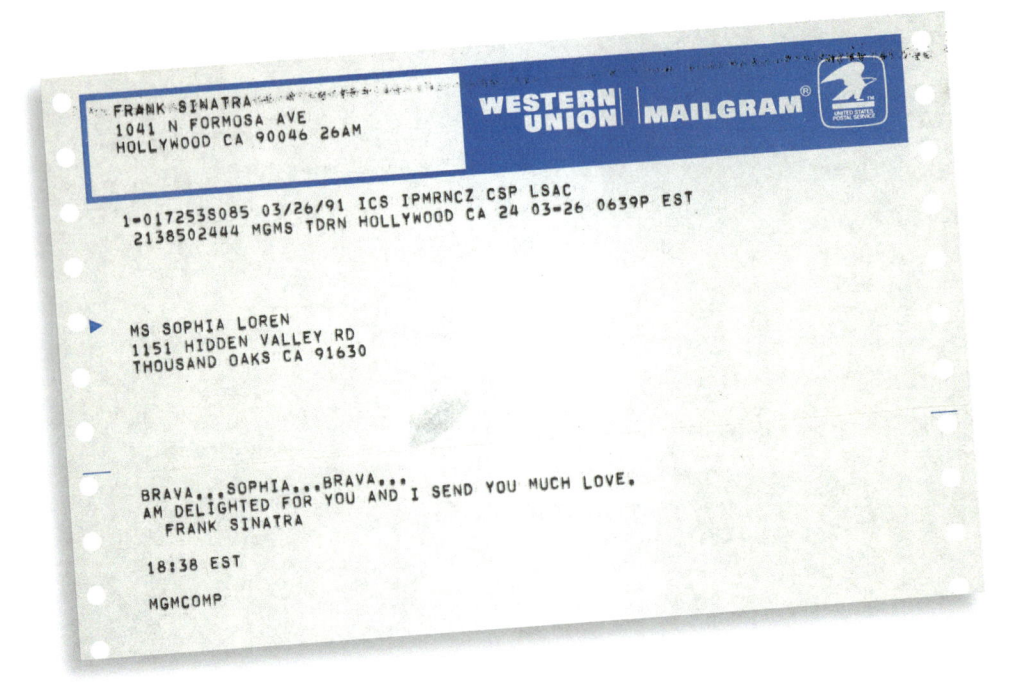

O telegrama de felicitações de Sinatra.

Paris, le 5 Mai 1993

Madame Sofia LOREN

**COMPAGNIE DE MIME
MARCEL
MARCEAU**

Chère Amie, chère Sofia Loren

    Ayant été élu en 1991 à l'Académie des Beaux-Arts au fauteuil de Germain Bazin, je dois suivre les traditions de cette vénérable institution.

    L'une de mes obligations est de constituer un "Comité de l'Epée" parrainé par des personnalités de mes amis, et j'ai pensé à vous qui avez joué un rôle important dans ma vie artistique. J'aimerais que vous répondiez très simplement à ma proposition de devenir Membre d'Honneur de ce Comité.

    Je n'ai pas interrompu mes activités depuis mon élection et ai déjà du retarder de plusieurs mois mon installation sous la coupole. La date étant irrévocablement fixée au 27 Octobre prochain, mon bureau apprécierait une réponse rapide à cette lettre, afin de mettre en place l'organisation de cet évènement.

    Dans l'attente de votre réponse, que j'espère favorable, je vous prie de croire, Chère Amie, à mon amitié fidèle.

Et avec toute mon admiration
je reste votre fidèle

Marcel Marceau

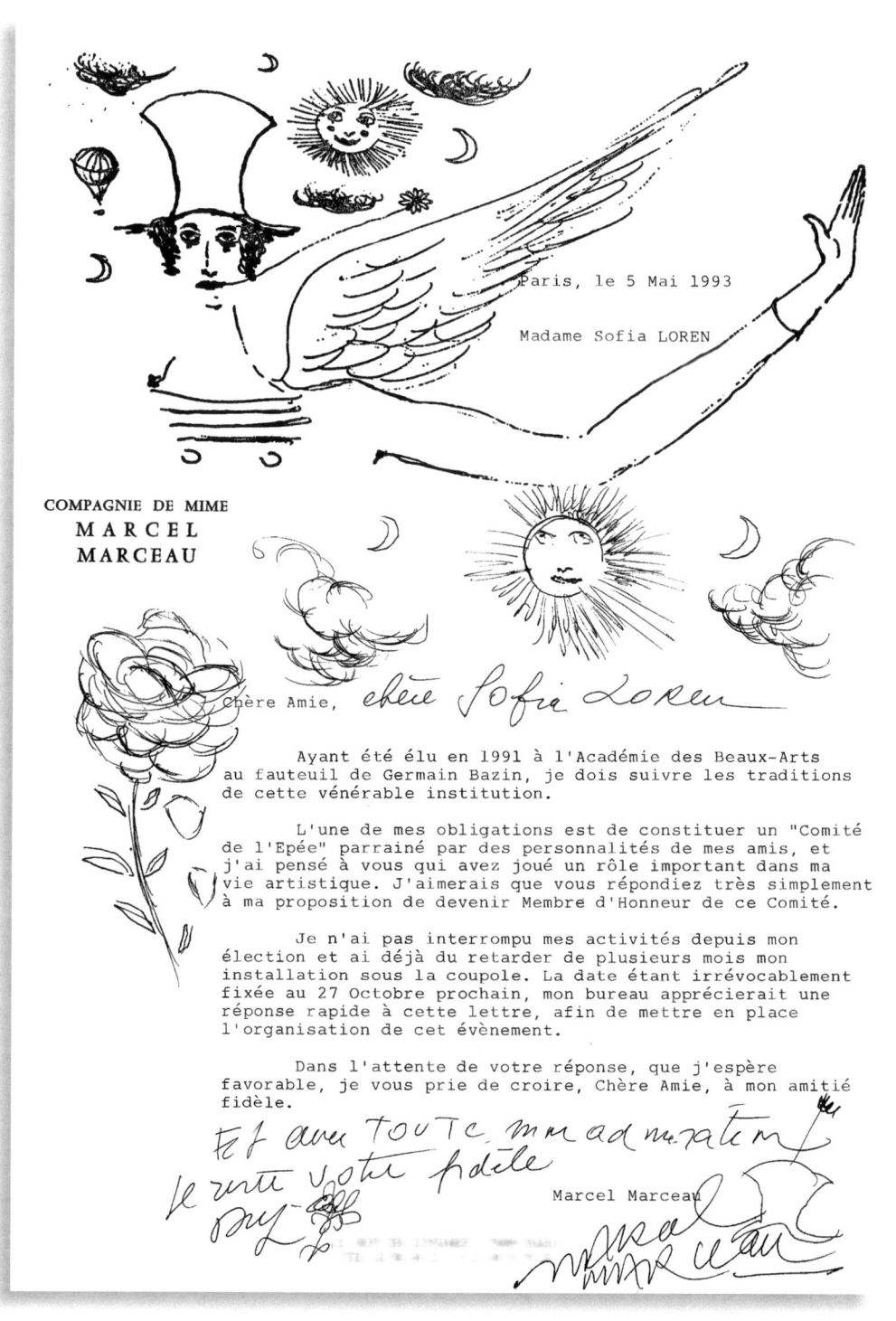

Uma carta, com desenhos, em que Marcel Marceau me convida,
em 1993, para participar do Comité de l'Epée.

Com Marcello, no set de *Prêt-à-Porter*, de 1994.

Com Giorgio Armani.

Num desfile com Roberta Armani, uma amiga querida.

Em 1999, anunciei o Oscar de Roberto Benigni por *A vida é bela*.

Dois momentos de *Voz humana*, meu último filme, graças a Edoardo.

O meu retrato "mais belo", o de avó.

Tento buscar um pouco de força dentro de mim, não posso contar com a justiça. Devo tentar superar essa experiência ruim, esta encenação.

Nosso presidente sabe que hoje o mundo mudou? Que estamos quase chegando ao ano de 2000? Além do mais, de que servem as imagens da TV se você está na prisão?

Nunca tive muita vontade de escrever, mas agora escrevo como uma louca. É a única maneira de permanecer ocupada por alguns minutos, é o único conforto nesse momento de blecaute. Além disso, faço companhia a mim mesma, me sinto menos sozinha, parece que estou conversando comigo mesma e, com um pouco de imaginação, me sinto melhor.

Os dias na prisão são marcados pela leitura, pelo diálogo com as irmãs, às vezes ao redor do fogo consolador dos fogareiros, pela espera de notícias. E pela consciência de estar num lugar onde o nível de dor era inversamente proporcional ao de esperança. Uma dor que para mim era passageira, mas que para muitas detentas podia ser permanente.

Terça-feira
Hoje passei a manhã na cozinha.
Basilio não mandou notícias. Todos me esqueceram. Aqui, a justiça é lenta e os processos, longuíssimos. Não vejo um final. Espero que Basilio mande notícias.
Aqui na prisão a notícia de que uma moça se suicidou e uma outra fez um monte de cortes no braço vem se somar à atmosfera já pesada.
Espero que Basilio mande notícias. Finalmente, são 18h30 e recebo uma cartinha dele.
Noite trágica com outra moça que se cortou e foi levada para o hospital. Não consigo dormir. Os pensamentos são tantos que sobrecarregam minha mente.

Quarta-feira

Penso, leio, escrevo, observo. O consolo é pensar que cada experiência pode ser utilizada e que dentro em breve — a liberdade? Penso também em quem vai ficar na prisão. Sabe-se lá quantos anos, talvez injustamente.

Estou muito melancólica, é a minha cor dominante. Preciso apelar para todos os meus recursos de vitalidade e ironia para não cair no desespero — o que é fácil quando falta a liberdade.

Ninguém se afastou da suspeita de sensacionalismo, ninguém ou quase ninguém parou para pensar sobre o grotesco da situação que me transformava no Al Capone do momento, ninguém escreveu uma notinha sequer para dizer "Estamos atentos, mas será que não estamos exagerando?". O que há por trás de tantas reações emocionais? Sem contar que foram os pedidos deles ao presidente que bloquearam definitivamente qualquer possível ato de clemência.

Não tinha certezas. Mesmo quando o pesadelo começou a se aproximar do fim, nunca me informaram qual seria o dia e a hora da soltura. Nada dependia de mim, exceto a força de resistir àquela provação com dignidade.

Quinta-feira

Passei a noite em claro. Ontem à noite, cumprindo aqueles gestos habituais, cotidianos, pensava comigo: é a última vez que fecho as janelas, é a última vez que ouço a chave na fechadura e o som metálico que faz ao fechar, é a última vez que durmo nesta cama... Começo a olhar ao redor atentamente para que essas imagens fiquem bem gravadas na minha mente. O armarinho cor de salmão, as duas caminhas com colchas militares, um toalete mínimo e um quadradinho que chamam de varanda, circundada por vidros altos com grades. Erguendo a cabeça se vê um pedacinho de céu, sempre azul, onde o sol passa cerca de duas horas por dia.

A cela é clara, uma mesa coberta por uma toalha de plástico xadrez, uma cesta de violetas, frutas e muitas, muitas flores. Mensa-

gens, frutas que chegam diariamente. É a primeira vez que falo do meu quarto. Talvez seja porque sinto que estamos próximos do ponto final.

O diário também tem passagens em francês e em inglês. Talvez mudar de língua me ajudasse a escapar da sensação de claustrofobia, a criar um outro ponto de vista sobre as coisas para me sentir menos oprimida, menos paralisada, menos prisioneira.

Sexta-feira
Obviously it's very, very tough. I am facing a world that I would have never known. It's pain, suffering, frustration. Being secluded it's I think the worst punishment that human soul may bare.*

E eis finalmente o dia do último adeus, com um pensamento especial para a madre superiora, a quem serei eternamente grata.

Sábado
Últimos olhares, últimos gestos nesta cela que foi a minha tortura por dezessete dias.

Últimas despedidas das irmãs emocionadas, últimos abraços com a guarda. Num cantinho mais distante do corredor, uma figura pequena, triste: a madre superiora. Espera por mim, seu olhar foge do meu, ela é a única que não me acompanha até embaixo, que me deixa no elevador com os cantos da boca tremendo. Eu me viro rapidamente e vou embora, deixando atrás de mim um mundo cheio de dores e de misérias humanas.

---

* Naturalmente, é muito, muito duro. Estou enfrentando um mundo que de outra forma jamais conheceria. É dor, sofrimento, frustração. Ser privado da liberdade é, penso eu, a pior punição que um ser humano pode suportar.

CARTAS
No fundo do caderno encontro, transcrita com a minha letra, a "carta de um amigo", um presente anônimo e preciosíssimo que foi capaz de me consolar nos momentos mais sombrios.

Se estivesse entre seus conselheiros e amigos, teria impedido que tomasse uma decisão tão dura. Um único dia na prisão na Itália é uma experiência tão terrível quanto inútil. Mais do que por solidariedade, lhe escrevo por gratidão por tudo o que representou e representa para a cultura cinematográfica mundial e pela coragem firme que demonstra em cada uma de suas escolhas...

Mas agora, fique atenta. Terá de ajustar contas com a obtusidade e a solidão: enfrente-as recuperando dentro de si mesma as enormes reservas de humanidade e de reação que certamente possui. Mantenha-se estranha a tudo isso e deixe essa violência deslizar por você sem feri-la.

Com toda a amizade.

Encontro também uma carta minha em resposta a um jornalista que soube entender, lá onde tantos outros sentenciaram, julgaram, espetacularizaram.

Carta a um jornalista napolitano
Obrigada e permita-me que o trate por você. Como poderia pensar, num lugar como este, em tratamentos de cerimônia?... Obrigada, você não pode imaginar que bálsamo, que bênção suas palavras foram para o meu coração. E aquele raio de verdade quando diz: "se vai ao fundo das vísceras humanas... de uma humanidade exaurida e banhada em loucura, que não está em paz, que passa noites insones..."

Você entendeu e teve a coragem de escrever, recusando os arabescos fáceis dos escrevinhadores que se lançaram sobre o meu caso para dar vazão a um moralismo decididamente suspeito. Mas você é um verdadeiro escritor, e os outros hão de desaparecer como desaparecem as modas, as vaidades, as exibições "segundo a direção do vento".

Agradeço por sua voz honesta, civil, que carrega o eco, não dos salões pseudointelectuais, mas do povo miúdo, que me ama e sabe que a injustiça e a mortificação estão lá, em cada esquina, a cada momento de suas vidas.

Perdoe este desabafo, mas as horas, os minutos aqui são longos, eternos.

O coração bate mais apressado, mas a mente desacelera, o ritmo se perde e algumas vezes é difícil reordenar as ideias. Este é um momento em que consegui organizá-las, e como primeiro gesto quero lhe dizer que, com simplicidade e paixão napolitanas, conseguiu dar um pouco de doçura a esta amarga experiência. Talvez ser entendido, enquanto ao redor todos espalham intolerância e má-fé, seja um dos presentes mais belos que um ser humano pode receber. E este é o presente que você me deu, sincero e veraz, à napolitana, e por isso sou muito grata.

E por fim a carta a Sandro Pertini, que talvez melhor que tudo resuma minhas razões e meus sentimentos.

Caro senhor presidente,
A solidão da prisão faz minha mente girar sobre muitos assuntos, buscar muitos porquês, tentar chegar ao fundo de certas verdades.

Quando os jornalistas o informaram sobre meu caso e sobre minha prisão, o senhor recebeu as notícias reevocando sua própria prisão, o que me fez sentir minúscula, quase envergonhada com a comparação. Devo dizer que invejei a imensa fé e a paixão ideal que o sustentaram naquele obscuro, angustiante túnel que é a vida na prisão. Mas em meu caso não há nenhum apoio moral. Entrei aqui quase inocente, envolvida sem culpa nas tramas da burocracia jurídica. Meu único impulso foi a saudade da Itália, pois não podia me conformar com a ideia de não poder mais ocupar meu lugar entre os cidadãos livres do meu país.

O cárcere, senhor presidente, não é apenas a cela singular ou o trabalho ou a televisão, é uma experiência que o senhor viveu dolorosamente em sua própria pele. É a solidão total, é viver fechado num ambiente cujas chaves estão em mãos alheias. São os gritos de raiva, os acessos de fúria das outras infelizes trancafiadas aqui dentro. As noites insones, a alma reduzida ao estado primordial.

A mente esmorece, enquanto o coração dispara por conta própria.

Senhor presidente, é realmente verdade que mereço tudo isso? E que mereço isso por que sou quem sou? Minha carreira, a fama, são uma culpa? A maledicência fácil, a fúria sádica de lapidar os ídolos não são aberrações que deveriam ser julgadas e condenadas quando exercidas pelo puro prazer de massacrar?

Perdoe-me, senhor presidente, por roubar alguns minutos do precioso tempo que o senhor tão bem emprega em benefício do nosso país, sendo por isso tão amado por todos como um pai afetuoso e leal. Mas os minutos, as horas que passo aqui dentro ajudaram-me a vencer a barreira da timidez para torná-lo partícipe deste momento de comoção e de infelicidade pessoal, segura de que saberá me compreender. Envio uma saudação afetuosa e muitos, muitos votos de felicidade.

Em 5 de junho, às seis e vinte da manhã, saí da casa de detenção para cumprir o resto da minha pena em prisão domiciliar, na residência da minha mãe, em Roma, conforme prevê a lei. Estava mais magra, mais desiludida, mais sábia. E, sobretudo, livre de novo, pronta para abraçar meus filhos sem nenhum peso no coração. Com a esperança de que a verdade acabaria afinal prevalecendo.

Depois de quase trinta anos, em outubro de 2013, pude finalmente ver concluído um segundo processo judiciário, que remontava a 1974, quando, segundo a acusação, mais uma vez infundada, teria cometido uma omissão em minha declaração de renda. Foram anos de recursos e defesas diante da Comissão tributária nos vários graus de juízo, até que a *Corte di Cassazione* esclarecesse as coisas, afirmando expressamente minha correção no cumprimento da Lei e no pagamento dos impostos. Um outro exemplo clamoroso da lentidão da justiça italiana.

XIII

O SORRISO DA MONA LISA

UMA MANHÃ NO MUSEU

O fascínio? O que é o fascínio?... Se fosse possível defini-lo, seria um ingrediente ao alcance de todos. Mas, ao contrário, é um dom da natureza, ou melhor, um mistério, que, diferentemente da beleza física, tem a vantagem de não murchar com os anos. Penso em Madre Teresa de Calcutá, em Rita Levi-Montalcini, em Katharine Hepburn e em Greta Garbo. E penso na Mona Lisa.

Naquela fria manhã de inverno do início da década de 1980, o Louvre estava estranhamente vazio. Nas salas quase sempre apinhadas de turistas pairava uma calma suave e repousante, na qual visitantes e quadros conversavam entre si como velhos amigos. Foi assim que, de repente, vi aquele modesto quadro de choupo, surpreendentemente pequeno em comparação com sua fama. Em geral, diante da *Gioconda* desfilava uma fila infinita de admiradores. Naquele dia, ao contrário, estava sozinha, e eu podia admirá-la em paz.

Examinei-a longamente, tentando encontrar em seu enigmático sorriso uma resposta para minhas perguntas. O tempo passava também para mim, a experiência da prisão deixou atrás de si um rastro de cansaço e dor, embora meus filhos crescessem fortes, bonitos, cheios de energia e me enchendo de orgulho a cada dia. Estava chegando aos cinquenta e aquela beleza que foi minha companheira de vida desde os tempos em que fui coroada Princesa do Mar colocava algumas questões que exigiam reflexão.

Minha carreira tinha sido fulgurante e não me deixou tempo para olhar para trás. Agora, finalmente podia tomar a distância necessária e repensar o sentido do meu sucesso, a relação entre aparência e realidade. Claro, sempre me senti bonita, mas de uma beleza inquieta, que nunca se bastou a si mesma. A beleza pode, aliás, se transformar em uma deficiência quando ganha excessiva importância. Pode nos dar uma rasteira quando menos esperamos, empurrar-nos para o alto, cada vez mais alto e, de repente, nos deixar cair. Uma queda que pode se revelar ruinosa se todas as nossas atenções estiverem concentradas nela.

Naquela manhã, a Mona Lisa não me pareceu assim tão bonita. Tinha um quê de masculino, uns quilinhos a mais e jamais passaria num teste em Cinecittà. No entanto, foi justamente nessa hora que entendi aquele magnetismo que tinha seduzido toda a humanidade. A Gioconda olhava para mim como se estivesse prestes a me revelar um segredo que mudaria minha vida. Bastou ouvi-la e, num piscar de olhos, tudo pareceu muito claro.

Enquanto nos encarávamos como duas desconhecidas um segundo antes de serem apresentadas, compreendi que seu fascínio provinha de uma espécie de tranquilidade interior, do conhecimento profundo que aquela dama tinha de si. E, como dizia George Cukor, não há beleza capaz de competir com a consciência e a aceitação de quem realmente somos.

Eu já sabia quem era e me sentia realizada no amor da minha família. O cinema ainda era a minha paixão, mas a experiência dos anos me ajudava a me interessar também por outras coisas. Estava em paz com minha consciência, confortável comigo mesma, de bem com a vida. Eu me conhecia muito melhor que antes, e graças também aos preciosos conselhos de Charlie Chaplin, tinha aprendido até a dizer não. Em suma, sabia como gastar minhas energias e onde encontrar felicidade. Por mais sábio que se nasça, só a idade pode dar essa segurança. E só essa segurança pode alimentar a beleza que se esconde em cada um de nós.

A verdadeira beleza, além de expressão de si, é um presente para aqueles que nos cercam. Cultivá-la é uma forma de respeito por aqueles a quem amamos. Ao envelhecer precisamos, é bem verdade, de um pouco mais de esforço, e tudo se transforma numa questão de disciplina. O corpo exige cuidados e atenções, além de um pouquinho de paciência. A todos que, no decorrer dos anos, me perguntaram qual era o meu segredo, sempre tentei responder com bom senso: cada um deve encontrar o equilíbrio justo entre repouso e movimento, atividade e sono, entre os prazeres da boa mesa e o gosto de uma dieta saudável e equilibrada. Mas o verdadeiro elixir da juventude se esconde na imaginação com que se enfrenta os desafios do cotidiano, na paixão pelo que se faz e se é, na inteligência para desfrutar das próprias capacidades e para aceitar os próprios limites.

A vida não é um jogo fácil, exige seriedade e bom humor. Dois dotes que já vinha treinando há tempos.

PEQUENOS HOMENS

Em 1980, a família inteira se mudou para a Suíça, onde podíamos viver tranquilos e abrigados. Quando não estava fora a trabalho, cuidava dos meninos o máximo que podia, de seus estudos, de suas necessidades. Costumava pegá-los na escola, acompanhá-los em suas atividades, observando encantada o desabrochar de seus talentos.

Carlo Jr., que tinha começado a tocar piano com nove anos, se dedicava de corpo e alma à música. No curso de longas conversas com o pai, que tinha uma intuição capaz de captar as habilidades e dons naturais das pessoas, começava a imaginar um futuro.

– Por que não pensa na ideia de ser um maestro? – sugeriu Carlo. – Seria uma abordagem mais complexa e completa da música que você tanto ama...

Como sempre, tinha razão. Anos mais tarde, depois de ter se diplomado no Pepperdine's Seaver College de Malibu e de ter feito mestrado na University of Southern California de Los Angeles, Carlo Jr. já havia frequentado um seminário de regência orquestral em Connecticut, que abriu caminho, depois de estudos complementares na UCLA e na Vienna Music Academy, para a profissão de sua vida.

Edoardo, por seu lado, sonhava com o cinema desde pequeno. Tentávamos preservar sua liberdade, encorajando-o sem forçar. Justamente porque era "filho de peixe", era importante que tivesse tempo suficiente para verificar a autenticidade de sua vocação.

Em 1984, estivemos juntos no set num melodrama *on the road* intitulado *Aurora*. Ele tinha onze anos e eu cinquenta redondos. Ele fazia um menino cego cuja mãe, eu, percorria a Itália de fio a pavio para tentar recolher, entre os ex-amantes e pais do menino em potencial, o dinheiro necessário para fazer uma operação que lhe devolveria a visão.

O papel de Edoardo não era nada fácil e eu, como mãe e atriz, tentei dar alguns conselhos.

– Edo, não quer conversar um pouco? Quem sabe posso ajudar...

Mas ele, com a ousadia da idade, respondeu seco, quase ressentido:

– Não, obrigado. Posso fazer sozinho.

Afastei-me, observando-o de longe.

Não demorou muito a voltar, depois de topar com os primeiros obstáculos.

– Tinha razão, mamãe. Não vou conseguir sem você, me dá uma mão...

Depois de recebê-lo com um sorriso, fomos fazer um pequeno passeio.

– Precisa esquecer que é cego, Edoardo, deve ser e basta...

Nos dias que se seguiram, repassamos juntos o papel, tentando descobrir como se move, o que sente um menino que não vê.

Ele superou o impasse, atuou bem, ganhou o Young Artist Award e guardou essa experiência para quando estivesse do outro lado das câmeras.

A adolescência é assim mesmo: uma gangorra entre grande e pequeno, dependência e autonomia, retornos e vontades de partir. Enquanto estava ali olhando meus filhos, perdida nos desdobramentos de seus dias, eles, de repente, cresceram.

"E agora, o que faço?", pensei comigo. "O que vou fazer agora que não precisam mais de mim?"

Sabia que isso não era totalmente verdade, mas a realidade me obrigava a mudar o ritmo, a modificar os equilíbrios que tinham nos guiado até então. Depois de ter cuidado e seguido os dois em cada detalhe de suas vidas, havia chegado o momento em que, à margem, teria de vê-los levantar âncoras. Um momento delicado, feito de satisfações e de saudades, pelo qual todos passamos. As mães continuam a ser mães para sempre, mas têm de ser capazes de deixar seus filhos percorrerem os próprios caminhos.

Carlo Jr. partiu para o Aiglon, um colégio inglês na Suíça. Quando chegou a hora da universidade, ele escolheu a Califórnia e nós, Carlo e eu, nos mudamos para o nosso rancho, La Concordia, em Hidden Valley, perto de Los Angeles, onde passávamos o verão havia anos. Era uma passagem em nossa vida, um oásis de tranquilidade onde parar para rever a estrada percorrida e decidir para onde queríamos ir. Edoardo, que também já estava no Aiglon, passava as férias conosco, e também voltávamos muitas vezes à Europa. Mesmo vivendo distantes, nós nos amávamos com o amor de sempre, e a família se reunia com frequência, para se apoiar, se alegrar, se divertir.

Nosso vizinho de rancho era Michael Jackson. Os rapazes mal podiam esperar para conhecê-lo, e tanto fizeram que a hora chegou. Certa manhã, Michael ligou para nos convidar para almoçar, e aceitamos de bom grado.

Eles nos recebeu como reis, com sua cascata de cabelos cacheados, óculos escuros e o infalível chapéu preto na cabeça.

No almoço, comemos excelentes camarões e depois, com aquela sua timidez delicada e meio infantil, ele nos levou para conhecer sua imensa casa: um grande parque de diversões cheio de fantasia. Parecia que estávamos em Disneyworld. Carlo e Edoardo mal podiam acreditar no que seus olhos viam. Sentiam-se na lua e, para não decepcioná-los, no melhor da história, Michael foi com eles para o estúdio e improvisou o seu lendário *moon-walk*.

Os meninos se dividiam entre a Europa e a Califórnia, suas vidas eram cheias de música, de cinema, de literatura. Eu continuava a trabalhar, mas era cada vez mais seletiva: só aceitava os papéis que realmente me convenciam. Em harmonia com minha maturidade, podia olhar as mulheres mais jovens não com inveja, mas com terna indulgência.

Devo dizer que nem sempre é assim tão simples, cada fase da vida traz consigo caprichos e armadilhas. Aos trinta anos, somos jovens e inseguros. Aos quarenta, fortes, mas um tanto cansados. Aos cinquenta vem a sabedoria e talvez um pouco de melancolia. Mas quando chegamos ao limiar dos oitenta, somos tomados pelo desejo de recomeçar tudo outra vez, renascemos nas recordações e nos apaixonamos pelo futuro.

Se hoje a idade não me assusta, devo agradecer aos meus filhos. Desde que me tornei mãe, sempre vivi projetada para o futuro, e continuo assim até agora, seguindo as minhas paixões e as deles. Nunca paramos de aprender. O segredo reside em se conhecer e se gostar.

MÃES

Ultimamente, tinha começado a interpretar cada vez mais papéis maternais. Não que não os tivesse feito antes — basta pensar em *Duas mulheres* e *Matrimônio à italiana* —, mas agora era diferente: eu também era mãe, e levava para o set toda a gama de sentimentos que Carlo Jr. e Edoardo despertaram em mim em vinte anos de vida.

O mais intenso foi o papel de *Mamma Lucia*, um telefilme que foi ao ar em 1988 pelo Canal 5, extraído de *Fortunate Pilgrim*, romance do grande Mario Puzo, autor de *O poderoso chefão*. Ao meu lado, John Turturro, no papel de Larry, meu filho mais velho. De origem italiana, John era perfeito para o papel, e com o tempo acabaria aprofundando com paixão a sua relação com a Itália (não é por acaso que seu documentário sobre a música napolitana, que estreou em 2010 com grande sucesso, se chamava justamente *Passione* [Paixão]).

Atuando junto conosco em *Mamma Lucia* tínhamos Anna Strasberg, viúva de Lee, uma grande amiga da época em que o célebre Actor's Studio, que ela herdou do marido, recebeu os primeiros passos de Carlo Jr. e Edoardo no mundo da arte. Nos víamos com frequência nos longos períodos em que vivemos na América, antes mesmo de nos transferirmos de uma forma mais definitiva. Passávamos as férias de verão no rancho e, muitas vezes, à tarde, levava os meninos ao Studio, no Santa Monica Boulevard, um pouco para passar o tempo, um pouco para sondar o que, em nosso ofício, poderia realmente atraí-los. Eles tocavam e atuavam em pequenos espetáculos improvisados sob a sábia orientação de Anna, se divertiam e acumulavam experiências importantes para seus caminhos futuros.

Mas, voltando a *Mamma Lucia*, devo dizer que, quando são bem-conduzidos, os tempos da televisão, mais amplos em relação aos do cinema, permitem recriar um ambiente, uma atmosfera em trezentos e sessenta graus. O filme se passa na Little Italy nova-iorquina do início do século XX, reconstruída numa Iugoslávia que logo estaria mergulhada na guerra. Num bairro no meio do caminho entre o campo e a cidade, vive Lucia, uma mulher independente e corajosa, viúva duas vezes, que enfrenta uma luta diária para criar os cinco filhos "do seu jeito". Uma personagem passional, que parecia feita sob medida para mim.

Na Décima Avenida, cortada em dois pelos trilhos de um trem a vapor que invade a cena bufando tensão do início ao fim do filme, seus filhos se tornam homens e mulheres enquanto Lucia envelhece, seguindo um sonho que vai deixando de ser italiano para se tornar americano. Arrisca todas as suas fichas e quase perde tudo. No entanto, permanecendo fiel a si mesma, salva a esperança. Apesar das dificuldades, consegue preservar o sentido da família, conseguindo finalmente reuni-la em Long Island, numa casa branca e linda onde pode alimentar o desejo de uma vida nova e guardar as lembranças de quem já se foi.

Infelizmente, logo depois de filmar a cena em que um dos filhos de Lucia, o melhor, o mais vulnerável, se mata, vivemos a tragédia de um verdadeiro suicídio. Enquanto filmávamos a cena do retorno dos caixões dos soldados americanos da guerra, Ninni que, depois que as crianças cresceram costumava me acompanhar aos sets, saiu para dar uma volta. Naquele instante, um rapaz que parecia estar passando ali por acaso sacou o revólver e se matou. Foi um momento trágico, no qual cinema e realidade se misturaram de maneira perturbadora, deixando-me sem palavras, com um terrível peso no coração.

Lembro também de outro incidente, felizmente cômico, que envolveu Turturro e me deixou constrangida. Numa cena do filme, estava previsto que John tomasse um banho de banheira. Eu, como sua mãe, olhava pela janela, perdida em minhas melancolias. Durante a tomada, virei de repente, seguindo a marcação, e dei de cara com ele completamente nu. Lembro que fiquei espantadíssima! Nunca soube se foi um acidente, uma simples falta de pudor ou um ato de exibicionismo. Com certeza, são coisas que em geral não acontecem ou que pelo menos não deveriam acontecer. Virei de costas imediatamente para lhe dar tempo de recompor-se, pensando nos imprevistos da vaidade masculina.

Mamma Lucia era um filme intenso e comovente, que me deu grande satisfação. Quando o roteiro é extraído de uma história escrita por um grande escritor, como nesse caso, tudo fica mais fácil e aumentam as probabilidades de êxito. Se, além disso, quem assina a trilha sonora é um artista do quilate de Lucio Dalla, o sucesso é garantido.

Certa manhã, alguns meses antes do começo das filmagens, estava no carro com Edoardo que, como sempre, tinha começado a cantarolar. Gostava de cantar desde sempre e era muito bom nisso. Talvez tivesse herdado de sua tia Maria...

– *Qui dove il mare luccica e tira forte il vento...*

– Que música é essa? – perguntei, curiosa.

– *Te vojo bene assaje, ma tanto, tanto bene, sai* – continuou ele com um sorriso, sabendo que ia me espantar com aquele toque inesperado de napolitaneidade.

Foi assim que me apaixonei por Lucio Dalla. Quando, pouco depois, comecei a discutir com Carlo sobre a trilha sonora de *Mamma Lucia*, não tive dúvida:

– Temos que incluir "Caruso", é a canção perfeita!

Carlo ouviu a música e também ficou entusiasmado. Mas não se contentou com isso. Como sempre, mexeu os pauzinhos e escolheu o melhor intérprete possível, o mais adequado ao gênero e à atmosfera do filme.

Quem canta "Caruso" em *Mamma Lucia* é nada mais nada menos que Luciano Pavarotti, que soube traduzir em música a pulsão antiga e dilacerante daquela grande saga familiar.

Luciano estava gravando a música quando ligou para mim num dia de manhã.

– Sophia, preciso confessar uma coisa...

– O que houve? – respondi, percebendo seu embaraço.

– Sinto muito, mas não posso continuar...

– O que está dizendo, Luciano, por quê, o que aconteceu?

– Estou aqui cantando essa canção, mas tenho certeza de que *nunca* vou conseguir cantá-la como Lucio Dalla, nunca!

Fiquei boquiaberta e encantada com sua humildade, com sua insegurança. E usei todos os meus trunfos para tentar convencê-lo, encorajá-lo:

— Mas como, Luciano, com essa sua voz!... Lucio Dalla canta a versão dele, que você não pode, não deve imitar. Faça a sua, expressando aquilo que sente, aquilo que você é...

Só os grandes duvidam realmente de si mesmos. E, duvidando, conseguem se superar, tornando-se cada dia maiores.

Não muito tempo antes eu tinha feito *Mãe coragem*, uma mulher que luta sozinha para afastar os filhos da droga, desmascarando o tráfico milionário de estupefacientes. O telefilme, que foi ao ar no Canal 5 em 1987, era inspirado na história verdadeira de Martha Torres, uma emigrante latino-americana que vivia no Queens e que, por amor aos filhos, se infiltra no tráfico e consegue levar catorze narcotraficantes colombianos aos tribunais. Infelizmente, não pude me encontrar com ela, por questões de segurança, mas tentei fazer justiça à sua personagem, emprestando-lhe todo o amor — carregado de carinho, de atenções e preocupações — que reservava a meus filhos. Um amor que, de alguma forma misteriosa, se ampliava para todos os filhos do mundo. É difícil explicar racionalmente, mas quem é mãe sabe bem o que estou dizendo.

Experimentei essa misteriosa extensão do amor materno de forma muito intensa quando estive na África como embaixadora das Nações Unidas, durante a tragédia somali.

Diante da miséria, do sofrimento indizível que vi tão de perto, meus privilégios se chocaram com uma terrível sensação de impotência. Queria realmente poder fazer alguma coisa por aquelas crianças, apertar todas elas em meus braços, alimentá-las de comida e de amor. E, no entanto, não podia fazer mais do que desempenhar meu papel, um papel minúsculo, mas necessário, e esperar que um dia pudesse aliviar a dor de alguém, em algum lugar, mesmo que fosse só por um instante.

Minha última mãe nos anos 1980 foi nada mais, nada menos, que Cesira, a Cesira *ciociara* que me deu o Oscar.

Quem a trouxe de volta à cena depois de tanto tempo foi Dino Risi, que me pediu que voltasse ao set para reviver a grande personagem que De Sica tinha colado em minha carne. É verdade que seria imperdoável esquecer ou minimizar a dimensão do filme que significou uma reviravolta em minha vida. Mas o grande desafio era justamente esse: tentar, mais uma vez, me superar.

Depois de alguma hesitação inicial, acabei tentada pela possibilidade de dialogar com a Sophia de vinte e sete anos atrás, com a jovem estrela de Hollywood que conseguiu se transformar numa mãe italiana, pobre e desesperada, disposta a tudo para poupar a filha de um sofrimento atroz.

Contava com o auxílio da inteligência afiada de Risi, que já havia me dirigido, anos e anos atrás, em algumas comédias que entraram para a história, como *O signo de Vênus, Pão, amor e...* e *A mulher do padre*.

Durante as filmagens, a sensação mais viva para mim era de ter o tempo todo como espectadora, escondida atrás da câmara, a Cesira de então. Os medos, mas também a veemência juvenil daqueles dias, refloravam constantemente à minha memória. Guiada pela sensibilidade de Dino, tendo a lembrança de Vittorio como inspiração, coloquei nessa nova versão toda a minha experiência de mãe, com a qual não podia contar naquela época.

La ciociara foi ao ar em dois episódios em abril de 1989, sempre no Canal 5, obtendo sucesso e voltando a me emocionar profundamente. Misturar diversas estações da minha vida me dava forças para olhar para a frente e proporcionava um novo sentido à minha já longa experiência de atriz. O passado vive no presente e é, mais do que podemos pensar, o nosso futuro. Como de costume, a confirmação disso no campo da experiência veio de Marcello e de um diretor genial, com quem tive a honra de trabalhar de novo alguns anos depois.

FELIZ ANIVERSÁRIO

Quando Robert Altman nos convidou para participar de *Prêt-à-Porter*, eu tinha sessenta anos, e Marcello, setenta. Estávamos em 1994, felizes por festejar dessa maneira. Escrevi a ele:

> Caríssimo Marcello,
> Num certo ponto da vida, os parabéns nos surpreendem: sessenta, eu? Você, setenta? Que loucura é essa? Para mim, o tempo devia parar, e não me venham com conversa. A única injustiça do destino humano é passar mais da metade da própria vida chorando de nostalgia pela outra metade (a primeira, naturalmente), revivendo as lembranças dulcíssimas da juventude. Mas é justamente no balanço daquilo que ficou para trás que podemos encontrar a alegria dos nossos anos mais maduros.
> Caro Marcello, amigo e companheiro de tantas histórias, carregamos conosco uma galeria de personagens, sentimentos, emoções capazes de nos alimentar por toda a vida. Imagine o vazio e a miséria de quem não consegue reencontrar nem um momento de alegria, um arrepio de amor no próprio passado.
> Neste dia, pensando em nosso trabalho comum e medindo com orgulho o tempo transcorrido, renovo minha gratidão por ter tido você como companheiro insubstituível nessa longa aventura feita de personagens — deixe-me ser presunçosa — que o público jamais esquecerá.

A resposta de Marcello não se fez esperar.

> Caríssima Sophia,
> Fiquei comovido, enternecido com essas suas palavras. Mas me senti sobretudo cheio de gratidão, pois elas me fizeram redimensionar a angústia desses dias: é inútil dizer, mas quando somamos tantos anos, ficamos incrédulos quando o aniversário redondo chega de repente e saímos em busca de uma linha de defesa: "Que

loucura é essa? Para mim, o tempo devia parar, e não me venham com conversa." Nesse alarme passional, suas palavras chegaram como um bálsamo e me ajudaram a desfrutar de uma data tão difícil. Aliás, vamos nos rever, justamente nesses dias, no set de Altman. Parece um sinal benévolo do destino. Talvez exista um sábio demiurgo arquitetando nossas surpresas e alegrias... Aliás, é difícil engolir a ideia de que tudo acaba conosco, que este maravilhoso concerto de sensações e de paixões se interrompa de repente e deixe de se expandir no universo. Sim, creio que alguma coisa de nós permanece enraizada na terra, no mundo.

Infelizmente, seu fim não estava muito distante: nem eu nem ele podíamos imaginar que ele partiria apenas dois anos depois. Mas, enquanto isso, enraizados na terra, no mundo, vivemos nossa última, lindíssima aventura juntos.

ABAT-JOUR
Assim que li o texto de *Prêt-à-Porter*, vi que riríamos muito, que, como sempre, nos divertiríamos a valer. A trama tinha o sabor de um *thriller*, mas na realidade era um recorte impiedoso do mundo da moda, reunido em Paris para a semana de desfiles.

No filme, sou Isabella de la Fontaine, viúva do diretor da Câmara Nacional da Moda recém-assassinado e ex-mulher de um alfaiate russo, Sergej, que de russo não tem nada, e que reencontro depois de quarenta anos na pele, justamente, de Marcello.

A produção era gigantesca, o elenco, estelar: trinta e um personagens principais, além de cantores famosos, modelos e estilistas em carne e osso. Julia Roberts e Rupert Everett, Kim Basinger e Tim Robbins, Ute Lemper e Anouk Aimée, Lauren Bacall, Jean-Pierre Cassel e muitos outros dividiam a cena com Cher, Harry Belafonte, Nicola Trussardi, Gianfranco Ferré, Jean-Paul Gaultier, interpretando eles mesmos. No encontro desses esplêndidos personagens, o circo da *haute-couture*, com suas neuroses e perversões, reflete como num espelho as paixões e fragilidades da nossa vida.

Durante as filmagens, fiquei o tempo todo perto de Marcello. Naquele turbilhão de câmaras — cinco, seis de cada vez, não dava para saber quando você estava ou não sendo filmado — seu rosto familiar transmitia alegria e segurança. Altman, aliás, também me transmitiu segurança, reconhecendo minhas exigências mais profundas.

Quando cheguei ao set no primeiro dia e não o vi, fiquei decepcionada.

– Qual é o problema, Sophia? Não vai se aborrecer por causa dessas pequenas formalidades! – disse ele com um sorriso embaraçado, assim que percebeu meu desapontamento.

– Bob, cada um tem seu próprio jeito. Estou aqui para fazer o que você quiser, mas para isso preciso de você, de seu sorriso, de sua confiança.

A partir daquele momento, nunca mais deixou de vir me cumprimentar, toda manhã. Quanto à confiança, ele me transmitiu muita, com plena liberdade na hora de filmar a cena que virou o coração pulsante do filme.

– Como vamos fazer? – perguntou quando chegou a nossa vez, com aquele seu olhar oblíquo. – Podem fazer em italiano, se preferirem. O que gostariam de repetir dos muitos filmes que fizeram juntos?

Resolvemos nos afastar um pouco, procurando um refúgio onde pudéssemos conversar longe dos refletores. Lá, naquele cantinho discreto do set, Marcello olhou para mim com malícia, como um menino pensando numa travessura. Olhei para ele divertida, temendo o pior.

– E, então, Sophia, vamos refazer nosso *striptease*?

– Mas você é mesmo um canalha... – respondi, fingindo-me ofendida. Na realidade a ideia me atraía muito. Tinha deixado para trás a insegurança daquela época, não precisava mais de especialistas do Crazy Horse, a lição de De Sica estava bem guardada dentro de mim. Quanto à passagem dos anos, tinha aprendido com a experiência a fazer do tempo um aliado: não ia contra ele, mas também não padecia, vivia cada dia assim como era, deixando, como Mona Lisa, que minha beleza amadurecesse em paz.

Eu e Marcello fomos falar com Altman com a certeza de que escolhemos o caminho certo. Ele olhou para nós, entendeu e gritou:

– Ação!

Apesar de o destino ter nos separado no trabalho, na geografia, nos hábitos, tudo isso desapareceu como por encanto quando começamos a filmar. Por algumas horas, fomos novamente jovens, prontos a agarrar a vida, a nos amar.

O *striptease* de Mara em *Ontem, hoje e amanhã*, refeito três décadas depois, tendo ao fundo as mesmas lânguidas notas de *Abat-jour*, recebe com um sorriso o deslizar da idade e descobre na vulnerabilidade de cada um de nós o verdadeiro sumo da existência.

Naquele momento meu coração voltou a Vittorio, à sua sensibilidade, à sua maestria. E, com Vittorio, voltou também María Mercader, sua segunda mulher, que estava no set justamente no dia do nosso primeiro *striptease*, naquele longínquo verão de 1963. Olhando para mim enquanto me vestia de novo, quando a parte mais difícil já tinha sido filmada, ela deixou escapar um: "Nossa, você é mesmo uma bela mulher!!!" Esse comentário franco, quase masculino, chamou minha atenção na época e me faz sorrir ainda hoje.

Se em *Ontem, hoje e amanhã* Marcello ululava de prazer diante de Mara, em *Prêt-à-Porter* ele parece bocejar e, no melhor da história, no espaço de uma pirueta minha, adormece envolvido em seu macio roupão branco. Um achado que até De Sica teria achado genial.

UM ESTILO SEM TEMPO

O circo do *Prêt-à-Porter* tem seus princípios e seus gênios, que revolucionam nosso modo de ver o mundo. O rei dos reis, o mago da beleza, é precisamente ele, Giorgio Armani, que há anos me interpreta, me veste, me renova.

De fato, cinema e moda são dois universos bastante próximos, que se interpenetram mutuamente. Richard Gere sabe disso, pois, vestindo Armani dos pés à cabeça em *American gigolo*, foi quem apresentou o rei Giorgio ao mundo inteiro. A partir daquele momento — estávamos em 1980 — Hollywood não pôde mais viver sem ele. Armani continuou a vestir astros e estrelas, mas sem deixar de levar seu toque também aos iniciantes e jovens promissores. Com a mesma disponibilidade, recebe hoje os jovens estilistas, hospedando seus primeiros desfiles em seu teatro.

Talvez ele seja assim porque não esqueceu as dificuldades dos primeiros passos, como não esquece o grande público, convencido de que o pedestre encontrado numa esquina tem uma elegância mais autêntica e natural que a dos vips. Todos nós podemos ser chiques, basta não ceder às últimas tendências e não se deixar levar por aquela ânsia de novidade a qualquer custo que está devorando o mundo.

Conheci Armani quando ele ainda trabalhava com Nino Cerruti, em Paris. Era um rapaz lindíssimo, de olhos penetrantes, com uma presença que transmitia segurança e transpirava classe. Na primeira juventude queria ser médico, mas os acasos da vida o levaram, durante uma licença do serviço militar, para a loja de departamentos Rinascente e, sempre por acaso, para a seção de roupas....

Pensando bem, Giorgio e eu temos muitas outras coisas em comum, além de sermos perfeitamente coetâneos. Nunca tinha pensado nisso antes. E agora percebo que talvez seja este o segredo da nossa amizade.

Ambos amamos apaixonadamente nossos trabalhos. E ambos crescemos a partir de uma grande timidez. Apesar do sucesso, continuamos a ser duas pessoas introvertidas, que preferem um círculo estreito de amigos de verdade a um amplo grupo de conhecidos. Somos, os dois, terrivelmente teimosos, sempre perseguindo os objetivos que colocamos para nós mesmos.

O desprezo pela hipocrisia e pelo fingimento também nos une: não suportamos aproximações e negligências, somos dominados pelo desejo de captar a substância por trás da aparência.

No curso da minha carreira, conheci e apreciei outros estilistas antes dele: o borbulhante Emilio Schuberth, que vestiu minha estreia no *red carpet*, e o talentosíssimo Valentino, com quem partilhei um longo período da minha vida: até hoje não consigo me separar de alguns de seus vestidos. E ainda o príncipe dos cabelos, Jean Barthet, Pierre Balmain, que me vestiu em *Milionária*, Christian Dior, Cristóbal Balenciaga. Mas entrar no universo do rei Giorgio — o ano, se não me engano, era 1994 — foi como aterrissar no pacífico olho do ciclone, na calma perfeita, num estilo que os ventos do sensacionalismo não conseguem abalar.

Sua linha tem uma alma indefinível, só se pode dizer "Que maravilha!" e nada mais. É pura criatividade para vestir, para usar, para viver. Como comenta Phillip Bloch, um dos grandes estilistas hollywoodianos: "Quando você veste uma roupa Armani se sente rico, se sente bem." Não há sequer necessidade de um espelho: você sabe que cai como uma luva, que vai permitir que expresse a parte mais bonita de você mesmo.

É isso: o que leva Giorgio a continuar trabalhando é, além do medo de parar, o sonho de permitir que homens e mulheres descubram a própria beleza.

Para mim, assim como para ele, a moda esconde algo bem mais profundo do que sua dimensão puramente exterior, muitas vezes exagerada e ridícula, que triunfa nos desfiles. É a soma de alguns elementos que, seguindo as leis naturais do bom gosto, não mudam nunca. Nada a ver com o carrossel enlouquecido de imagens chocantes que, mais do que vestir, despem ou travestem as pessoas, naquele mecanismo muitas vezes perverso que durante anos impôs o perigoso ideal de modelos anoréxicas, que arruinou a imagem de moças e meninas e virou pelo avesso o próprio conceito de elegância.

Giorgio, não. Giorgio reinterpreta a cada dia o que há de mais clássico, de mais simples, de mais natural: é aí, nessa operação leve e criativa, jogada integralmente nas nuances, nos detalhes, que ele exprime sua genialidade. E faz de sua vida uma sublime obra de arte.

É verdade, tudo o que disse é verdade. Mas o presente que o rei Giorgio me deu vai bem além disso: tem um nome, um rosto, uma grande alma por trás do olhar aberto de menina. Chama-se Roberta. É ela quem me recebe a cada dois ou três meses em Milão, quando chego de carro da Suíça. É com ela que passo em revista as últimas coleções e escolho as peças mais adequadas às minhas exigências. É com ela que almoço no restaurante do hotel Armani entre flores, chocolates e champanhe. Escolhemos a mesa mais afastada e nos fazemos de importantes, como duas meninas brincando de grandes damas.

Roberta é a sobrinha de Armani, uma mulher extraordinária, com um senso estético excepcional e original. Nasceu e cresceu na beleza e, nessa beleza, traçou pouco a pouco o seu caminho.

Com ela, tudo é sempre um jogo, sério e divertido como os jogos mais bem-sucedidos.

– Que lindo esse seu colar, Roberta! – sussurro, admirada.

E ela, sem um segundo de hesitação, tira o colar e coloca em meu pescoço, como se estivesse coroando uma rainha. Não tem uma vez que não volte com alguma coisa sua: uma pequena joia, um casaco, uma echarpe. E é como se levasse comigo um pedaço vivido dessa nossa delicada amizade.

SEGREDOS

A amizade é um dos dons mais preciosos da vida, mas não há confiança que resista: cada um de nós tem seus segredos, que não quer, não pode revelar. Por mais carnosa e madura que seja, toda fruta tem um núcleo que não pode ser dividido. Esta é, talvez, a fonte do fascínio que se esconde em cada homem e em cada mulher. E a Mona Lisa sabia bem disso.

Durante anos mantive um diário pessoal, um lugar protegido onde podia me entregar livremente a mim mesma, como se fosse uma pequena câmara interior diante da qual podia interpretar finalmente todo o meu papel. Comecei na prisão e nunca mais parei. Na solidão da escrita, encontrava conforto e companhia e descobria certos timbres desconhecidos da minha voz. Eu me sentia segura em minha intimidade, como se somente lá pudesse estar final e verdadeiramente em casa.

Mas a vida, todos sabemos, tem seus degraus, e numa bela manhã de primavera, de repente, olhei para o espelho e tive medo. *O que vai ser do meu diário quando eu não estiver mais aqui?*, perguntei com o olhar perdido por um átimo.

Sou uma mulher que, apesar de emotiva e, às vezes, vulnerável, sabe tomar suas decisões.

– Não estou para ninguém – disse a Ines e Ninni e fui para o meu quarto. Observei longamente aquele caderno negro, companheiro de tantos pensamentos, de tantas emoções. Folheei levemente, sem pressa. Virando as páginas, senti o perfume dos anos, percebi as mudanças de humor nas grafias diferentes, ora ásperas, ora nervosas, ora mais relaxadas.

Finalmente, fui até o banheiro e peguei uma caixa de fósforos. Bastou um pequeno gesto e minhas palavras viraram fogo e, depois, cinzas. Não tive arrependimento, apenas, de vez em quando, um pouco de nostalgia. E não parei de escrever. Agora, porém, peço ajuda aos fósforos todo fim de ano, como se fosse o instrumento mágico de um pequeno ritual de mim para comigo.

XIV

VOLTANDO PARA CASA

Chère petite maman
mme un papillon tu vol
un androit à l'...

MÃEZINHA

"*Chère petite maman...*" A letra redonda e diligente de Carlo Jr. menino se perde nas asas azuis da borboleta que a professora lhe deu para colar na cartinha para mim. É uma daquelas poesias pré-fabricadas para o dia das mães, que as crianças entregam com orgulho depois de lutar com sua desordem e sua falta de experiência. Tenho algumas dessas cartinhas espalhadas por todo lado, em cada gaveta de cada casa. E elas não podiam faltar no meu baú de segredos, que chegou ao final de suas surpresas.

Olhando para ela com ternura, entrevejo outras folhas, dessa vez escritas por mim.

Alguém já lhe disse que você é a mãe mais amada do mundo? Feliz aniversário!

Sophia

O papel timbrado remete, num cursivo dourado de outros tempos, à Piazza D'Aracoeli, 1, Palazzo Colonna, Roma. Devia ser 1961 ou 1962, sei lá. É uma das muitas cartas que escrevi à minha mãe na vida, um dos muitos carinhos cotidianos que lhe mandava do mundo inteiro.

E do fundo do baú surge outra, de alguns anos antes:

Mãezinha linda, queria tanto que suas cartas fossem um pouco mais longas e um pouco mais divertidas... Por que não me descreve seus dias, as coisas que faz? O que anda acontecendo em casa? As coisas por aqui vão bem. Mãezinha, pode me fazer o favor de recortar tudo o que sair sobre mim nos jornais, colocar num envelope e enviar para mim? O filme vai indo bem e tudo funciona como uma máquina aqui na América. Sinto falta da Itália e talvez o principal motivo disso seja você. Te adoro, mãezinha.

E, ainda, datada de 27 de janeiro de 1958:

Querida mãezinha, as cartas no começo de um filme são sempre iguais. Cheias de preocupações e tormentos, especialmente nesse filme...

Será Orquídea Negra?, *penso enquanto continuo a ler.*

É um filme particularmente difícil, bastante dramático e que exige muita concentração, portanto, não fique zangada por não ter escrito com tanta frequência. Mas a mesma coisa não pode ser dita a seu respeito, pois sei muito bem que pode dedicar a mim, se quiser, pelo menos dez minutos por dia. Sabe que é o maior prazer receber notícias de vocês e sobretudo da Itália.

Sempre fomos próximas, minha mãe e eu, apesar dos milhares de quilômetros que tantas vezes nos separaram. E Deus quis que estivéssemos juntas até no momento inesperado de sua morte. Esta foi a única lembrança que durante todos esses anos suavizaram minha dor. Um pensamento que agora me leva a interromper essa longa viagem na memória e dar um passo atrás. A morte, e mais ainda a de uma mãe, rompe a cronologia da existência, quebra o tempo da narrativa e me deixa suspensa num espaço vazio, feito de escuridão e de silêncio. Era o início de maio de 1991 e estava voltando de uma viagem, talvez a formatura de

Carlo Jr, no Pepperdine's Seaver College. Como sempre, o avião fazia escala em Zurique, de onde eu seguiria para casa. Mas não foi assim. Não tinha nada de urgente a fazer e alguma coisa dentro de mim me levou a ligar para minha mãe em Roma. Estava com vontade de vê-la. "Claro, o que me custa?", pensei. "Trocar o voo é questão de minutos."

Liguei para ela, feliz de poder fazer uma surpresa.

– Mãezinha, sou eu, Sophia! Como você está?

– Como quer que esteja, a gente não se vê nunca...

– Pois pode arrumar meu quarto e colocar os pimentões no forno que estou chegando!

Ela começou a chorar de emoção e tive a certeza de ter feito a coisa certa.

Passamos dois dias tagarelando no sofá. Eu dormia muito para me recuperar do *jet lag* e, nos intervalos, comia as delícias caprichadas que ela preparava, temperadas com seu amor: o molho genovês, os enroladinhos de vitela, as infalíveis beringelas à *parmigiana*. Foram horas de paz, parecia até que o destino queria me dar a oportunidade de voltar a ser criança antes do fim.

Naquela noite, já estava na cama quando de repente ela apareceu na porta. Apoiada à moldura, olhava para mim com o olhar embaçado.

– O que houve, mãezinha? – perguntei meio adormecida.

– Não estou me sentindo bem, Sofi'.

Percebi imediatamente que não era um capricho. Levantei rapidamente e corri para ela.

– Estou me sentindo estranha, vamos até o banheiro, por favor.

Com uma mão em seu ombro e a outra sob o braço, levei-a lentamente pelo corredor, passo a passo. Pareceu uma distância infinita. Abri a porta do banheiro, ela entrou, olhou para a pia e começou a vomitar sangue. Olhava para mim com um olhar assustado, como quem pergunta o que está acontecendo. Tentei tranquilizá-la, sorrir, mas estava apavorada.

– Me leve para a cama – disse ela num sussurro.

Fomos até o quarto e ajudei-a a se deitar. Ela fechou os olhos como quem vai repousar.

– Mamãe? – chamei.

Interfonei para o porteiro.

– Suba até aqui, suba logo!

Ele chegou, olhou para ela e ergueu os braços, impotente.

– Sra. Sophia, precisamos chamar alguém...

Liguei para Maria. Estava no carro, indo para o campo com uma amiga. Voltou a cem por hora, sacudindo um lenço branco para fora da janela. Mas era tarde demais.

Quando meu pai se foi, catorze anos antes, fiz um esforço para sentir alguma coisa, mas não senti nada.

Com minha mãe, ao contrário, foi embora um pedacinho de mim.

Quanto mais o tempo passa, mais a ferida da sua morte se aprofunda. Sinto falta do nosso encontro telefônico cotidiano. Sinto falta de suas raivas repentinas, de seu amor combativo e exclusivista. Muitas vezes, minha irmã e eu, sobretudo quando estamos sozinhas, nos olhamos e, sem dizer uma palavra, dividimos a mesma saudade, a mesma irreparável ausência.

A história da minha mãe sempre me envolveu, como filha, mas também como atriz. Uma personagem emocional, inocente, dramática, histérica. Dezenove anos depois de sua morte, em 2010, interpretei minha mãe em *Minha casa é cheia de espelhos*, uma minissérie televisiva da Rai, extraída justamente do romance autobiográfico escrito por Maria. Já tinha feito isso, também na telinha, trinta anos antes, no telefilme *Sophia Loren, Her Own Story*, inspirado em *Living and Loving*, livro em que Aaron Edward Hotchner, grande escritor e amigo de Paul Newman, recolheu minhas primeiras memórias: o desafio foi realmente emocionante, pois interpretava tanto o meu papel quanto o dela, num divertido e muitas vezes inquietante exercício de duplicação. A bem dizer, examinando melhor nossas vidas, talvez a verdadeira estrela fosse ela, não eu.

Em *Minha casa é cheia de espelhos*, o fato de minha mãe não estar mais conosco aumentou a emoção. Não foi fácil tranquilizar meu coração para lhe dar voz, uma roupagem crível. Queria dar mais, mais, mais. Queria homenageá-la do único modo que eu sabia.

Não sei se consegui. Com certeza, interpretar o papel de minha mãe me obrigou a reviver nossa história juntas, nossa ligação tão estreita, pois, às vezes, mais parecíamos irmãs do que mãe e filha. Abraçando seu ponto de vista, pude entender coisas que antes me escapavam. E, de certa maneira, voltei para casa.

A IMACULADA

Voltar para casa hoje significa para mim encontrar minha irmã Maria. Nossas existências, mesmo tão diversas, correm entrelaçadas. Não importa se vivemos distantes, se nascemos em dois signos opostos — ela, Touro, exuberante e combativa, eu, Virgem, combativa, mas reservada —, ou se não fazemos o mesmo trabalho. Sempre nos ajudamos e apoiamos uma à outra e nunca faltamos nos momentos mais importantes. Quando chego a Roma e entro em sua casa com Majid, o médico iraniano com quem ela tem um casamento feliz desde 1977, sinto novamente os perfumes da infância, como se o tempo não tivesse passado. Em seu belíssimo príncipe persa, encontro o irmão que nunca tive e, nela, encontro todo o afeto da minha família de origem condensado num longo e forte abraço.

Assim que cruzo a soleira vejo a rainha da casa deles, a Imaculada. É um quadrinho que, muito tempo atrás, vivia dentro da gaveta de um armário espelhado em Pozzuoli, uma daquelas gavetas que guardam as coisas mais heterogêneas: um ou outro retrós de linha, lencinhos, cartas e flores secas, passagens de trem, fotografias, rolinhos de cabelo, elásticos, medalhinhas, contas das despesas... A Imaculada pertencia à irmã de vovó Luisa, aquela que partiu para a América no início do século passado. Maria a salvou do esquecimento e nunca mais se separou dela. Agora que a Imaculada vive com ela, Maria não se esquece de reverenciá-la com uma vela sempre acesa e folhas frescas e de diverti-la com pequenos jogos, anjinhos de papel, bonequinhos.

– Viu como a Imaculada está bem, Sofi'? De tanto nos proteger, ela também envelheceu, e precisa de um pouco de distração...

– Mas que história é essa, Maria! – digo, fingindo protestar. Mas, ao contrário, no fundo da minha alma, entendo-a perfeitamente: cada um de nós esconde uma dimensão espiritual, encantada, que alimenta de forma misteriosa, obedecendo ao próprio coração.

Quando nos vemos, Maria e eu passamos o tempo conversando e cozinhando. Ou, para ser precisa, ela tagarela e eu ouço, ela cozinha e eu como...

– Lembra-se daquela vez, na Espanha, em que você estava dormindo e eu...

– E você?

– Eu saía com a equipe assim que você pegava no sono e ia dançar a sevilhana feito uma louca...

– Ah, é? Se eu soubesse! Mas quer dizer então que na América você também...

– Claro. Assim que você dormia, eu levantava, me vestia e descia para pegar o carro de Frank Sinatra, que estava me esperando... Ia ouvi-lo nos clubes e, às vezes, até cantava com ele!

– Quer dizer que você roubou uma vida própria! – digo sorrindo. – Como uma ladra!

E como uma ladra, ela, às vezes, tenta descobrir meus segredos... Provoca, enrola, arma ciladas. E eu, como uma verdadeira atriz, tento desviá-la com um olhar, um gesto, uma frase. Mas sei que com ela não funciona e no final me entrego à sua sábia direção.

— É inútil bancar a atriz para cima de mim, Sofi', conheço você muito bem — exclama divertida, orgulhosa de sua vitória.

Essas escaramuças entre irmãs nos mantêm vivas, iluminam nossas alegrias e ternuras. E chegam ao ápice em torno dos fogões.

— Mas o que está fazendo, Maria, botando alho nos *friarielli*?*

— Olhe, se não quiser, posso tirar o alho...

— Mas onde já se viu *friarielli* sem alho?

— Resolva de uma vez, Sophia: quer ou não quer esse alho?

É bom saber que nada no mundo vai nos separar, como nada nos separou até agora. E que, enquanto ela estiver aqui, sempre encontrarei o caminho de casa.

Quando estou em Roma, além do sofá de Maria e Majid, minha casa é o Hotel Boscolo, onde os maravilhosos proprietários, Angelo e Grazia, reservaram uma suíte para mim: é um oásis de paz, na qual passo dias serenos, protegida dos curiosos, atendida por um impecável e caloroso *staff*. O Sr. Giuseppe se transformou num amigo e a cada vez que vou embora nos despedimos com afeto e já com uma pontinha de saudade.

A MOÇA DOS ÓCULOS BRANCOS, DA RISADA CONTAGIOSA E SEMPRE, SEMPRE DE BOM HUMOR

No início dos anos 1990, voltei, mais uma vez, para "casa", mas dessa vez conduzida por um grande diretora. Estou falando de Lina Wertmüller, a moça dos óculos brancos e da risada contagiante. Desde os tempos de Vittorio, não tinha uma sensação de tanta intimidade e familiaridade num set de filmagem. Hoje,

---

* Cimas de nabo refogadas no azeite de oliva com alho. (*N. da T.*)

penso que o fato de ter sido dirigida, nos anos maduros, por uma mulher não aconteceu por acaso.

E devo dizer que Lina é uma mulher excepcional: mesmo sendo extremamente sofisticada, sabe se aproximar das pessoas, é um poço de imaginação, de calor humano, de positividade. É bonita por dentro e por fora, parece uma menina, com aquela sua alegria de viver, de gozar a vida. Embora não nos falemos com tanta frequência, sempre tivemos uma relação maravilhosa.

Já tínhamos trabalhado juntas num filme, no final dos anos 1970: desafio qualquer um a lembrar do título desse filme: *Fatto di sangue fra due uomini per causa di una vedova (si sospettano moventi politici)* [Crime de sangue entre dois homens por causa de uma viúva (há suspeitas de motivos políticos)]. Os produtores preferem títulos curtos, como *Senso* e *Sciuscià*? Pois então ela trata de provocá-los com títulos intermináveis, observando, divertida, as suas tentativas de mutilá-los.

Sim, Lina tem um lado moleque que a torna irresistível. Pensando bem, acho que ela se parece muito com o Giamburrasca que criou na TV, com Rita Pavone e sua inesquecível *Pappa col pomodoro*. Espero que o título do parágrafo dedicado a ela lhe agrade.

Com *Crime de sangue*, como ela mesma conta em sua vibrante autobiografia *Tutto a posto e niente in ordine* [Tudo certo e nada em ordem], resolveu jogar com a maquiagem para fazer brotar meu lado mais trágico e mediterrâneo. O filme era ambientado na Sicília, nos anos 1920, num clima selvagem e cheio de contrastes. E ela me queria assim.

Lembro muito bem daquela tarde. Estávamos em Paris, em nossa casa na avenue George V. Lina apareceu para me entregar o roteiro recém-escrito. Enquanto conversávamos sobre o filme, ela começou a rabiscar meu rosto.

— Vamos descer essas sobrancelhas... para baixo, como os frontões de um templo grego! — ria ela, atormentando-me com o lápis diante do espelho.

Queria ter certeza de que conseguiria apagar qualquer vestígio da estrela internacional para colocar em cena uma mulher totalmente italiana, totalmente meridional.

— Lina, Lina! O que você está fazendo? — tentava eu, inutilmente, me defender, enquanto meu coração me dizia que podia confiar. E foi o que fiz, com a condescendência que se costuma ter com as crianças criativas, que em geral são as mais pestes, mas também as mais interessantes.

Mas a nossa Lina não se satisfazia em atormentar só a mim. Marcello, que atuava ao meu lado, junto com Giancarlo Gianinni, foi, por sua vez, punido com uma barba longuíssima de verdadeiro socialista que o incomodou o filme inteiro.

Começamos na comédia e acabamos no melodrama, tendo como pano de fundo as notas dilacerantes da *Casta Diva* de Maria Callas. E nos divertimos a valer.

Em 1990, Lina voltou ao ataque com Eduardo De Filippo, remetendo-me, como dizia no início, direto para Pozzuoli, para a cozinha de vovó Luisa. Como? Ora, com o ragu, é claro, "o evento mais sagrado do ritual dominical!".

No set de *Sábado, domingo e segunda*, o ragu não saía do fogo, da manhã à noite. Mesmo porque todo o filme girava em torno de sua preparação na cozinha de azulejos de Rosa Priore, uma grande mulher e dona de casa, empenhada em recuperar sua honra que o ciúme do marido colocava em dúvida. E também porque todos os membros da equipe — a partir de mim, de Luca De Filippo, no papel de Peppino, de Luciano de Crescenzo e de Puppella Maggio até os técnicos, eletricistas e maquinistas — pretendiam ser donos da única verdadeira receita de ragu e continuavam a duelar a golpes de grandes e inesquecíveis macarronadas. Por outro lado, basta ver o início do filme, ambientado num açougue e tendo a incontrolável anarquia napolitana como pano de fundo, para entender que todos querem prevalecer e é impossível chegar a um acordo.

— Dona Cecì, gosto muito de vocês, mas estou com pressa... — diz dona Rosa. — Me dê *nu chilo d'anesso*, um quilo e meio de picadinho, três quilos de chá de dentro, *'na puntata di natica*, maçã do peito, dois quilos de acém e ponta de agulha.

— E um peso de terneiro e daquela linguicinha especial, a *cervellatina*, não?

Fala após fala, cada comadre tenta impor sua verdade.

— Minha sogra, que é famosa pelo ragu, me ensinou a dourar primeiro *'a carne* sem cebola...

— Madonna santa! — deixa escapar incautamente Rosa. — Isso é até blasfêmia!

— Não, desculpe se me intrometo, mas a senhora *have ragione*, porque dourando a carne e a cebola separados, o ragu fica mais delicado, mais fino...

— Ah, então carne e cebola junto é mais popular, é isso? Me desculpe, mas a senhora é de onde?

— O que isso tem a ver? Sou de Afragola, por quê?

— Aaaah...

Depois desse "Aaah", o bate-boca se generaliza e tem início mais um glorioso fim de semana.

Felizmente, as coisas no set eram mais tranquilas, embora a bem da verdade não fôssemos tão diferentes de Rosa e suas comadres. Seja como for, cada um caprichava no seu ragu, obtendo ótimos resultados.

Como recorda Lina, o aroma da nossa cozinha atraiu para nossa mesa até Al Pacino, que também estava filmando em Cinecittà.

— O que temos para o almoço? — quis saber o grande ator surgindo um dia na porta de correr da nossa cozinha de campanha. Pegamos rapidamente uma cadeira e nos apertamos para abrir lugar para ele. Para nós, mais que uma surpresa, foi uma honra. Para ele, uma ótima oportunidade de saborear o ragu napolitano DOC, tão diferente daquele proposto pela cozinha internacional.

Quem também experimentou foi Karl Maden, que interpretou o personagem de Peppino na Broadway. De fato, a comédia de Eduardo era conhecida no mundo inteiro e foi, na sua época, encenada até por Laurence Olivier, em Londres. Mas sua essência é intraduzível. Como reproduzir em inglês aqueles diálogos, aquelas brigas, aquela atmosfera?

Lina, que trabalhou o roteiro junto com Raffaele La Capria, antecipou a ambientação dos primeiros anos 1950 para 1934, justamente em Pozzuoli, permitindo que eu me identificasse ainda mais profundamente com a personagem. O que, aliás, não foi difícil: conhecia bem aquele mundo e nunca o esqueci. Filmamos em Pozzuoli, Nápoles, Trani e Cinecittà. O cenógrafo Enrico Job, amantíssimo marido de Lina, reconstruiu minha cidade natal tal como a recordava. Hoje não sobrou nada daquele mundo.

No elenco, estava também minha sobrinha Alessandra, no papel da filha de Rosa, Giulianella. Já tinha sido minha filha em *Um dia muito especial*, mas agora era um papel bem mais importante.

Certa manhã, minha irmã Maria apareceu no set, angustiada com um grave problema de saúde. Chamou a filha à parte e desabafou sua angústia com ela. Sem saber de nada, só vi as duas confabulando num canto, sem entender o porquê. Mas demorou para que pudesse notar os efeitos daquela conversa. Filmando uma briga de amor, os olhos de Ale, brilhantes de pranto verdadeiro, funcionaram muito bem, dando à cena uma grande carga de verdade. Tinha talento, a menina, mas acabou preferindo seguir outros caminhos na vida.

Por sorte, Maria não tinha nada, e seu marido, Majid, que havia ficado muito preocupado, se tranquilizou. Eles tinham se encontrado muitos anos antes, numa clínica romana. Ele, jovem médico prestes a voltar para a Pérsia; ela, jornalista aguerrida, com um casamento desfeito nas costas, batalhando em busca de si mesma. Assim que seu olhar cruzou com aqueles maravilhosos olhos médio-orientais, Maria jurou a si mesma que não o deixaria escapar. E tanto fez que conseguiu!

Sábado, domingo e segunda foi um grande sucesso na Itália e no exterior. E me deixou de herança uma das minhas personagens mais queridas, à qual me entreguei totalmente. Da primeira vez que viram o filme, Carlo Jr. e Edoardo riram o tempo todo, trocando cotoveladas como dois moleques soltos: reconheceram em Rosa muitos comportamentos, gestos e palavras da Sophia de todos os dias, o que parecia extremamente divertido para eles.

Mas tinha chegado a hora de fechar a porta da cozinha e retornar ao vasto mundo: o que esperava por mim era uma década que se desenrolou como um longo, maravilhoso tapete vermelho.

STANDING OVATION

Em 1963, num elegantíssimo vestido branco desenhado por Emilio Schuberth, fui chamada pela Academy of Motion Pictures Arts and Sciences para entregar o prêmio de melhor interpretação masculina. Com o penteado volumoso da época e a voz firme comecei seguindo o roteiro:

– *It is my privilege to present the Oscar for the best performance as an actor...*

Mas em seguida, dirigindo-me aos organizadores nos bastidores, explodi em bom italiano:

– *La busta, per favore...* [O envelope, por favor] – suscitando a afetuosa hilaridade da plateia.

O vencedor era Gregory Peck, por *O sol é para todos*.

Vinte e oito anos depois, no Shrine Civic Auditorium de Los Angeles, os papéis se inverteram, mas a emoção na sala era sempre a mesma.

Dessa vez — foi em 25 de março de 1991 — coube a Gregory, com os cabelos brancos e o bigode só um pouco mais cinza, esperar por mim no final da longuíssima escada, que subi, prudente e comovida, num resplandecente vestido de Valentino.

Encontrei com ele na noite anterior, no hotel: faziam quase trinta anos que não nos víamos, desde a época de *Arabesque*... Quando a porta do elevador abriu, dei de cara com ele, de repente, como se o tempo tivesse parado. Um *flash*, um instante que durou uma eternidade. Em seu olhar surpreso, na leve hesitação quando virou de lado para me deixar passar, percebi um mundo de coisas que gostaria de ter dito e não disse. Nem nunca mais diria.

Quando me entregou meu segundo Oscar, dessa vez pela carreira, o público se levantou numa *standing ovation*, enquanto eu tentava reprimir as lágrimas. Se alguém pensou que estava representando, enganou-se. Falei de gratidão e de generosidade, de felicidade e de orgulho. Recordei o medo que me impediu de ir a Hollywood em 1962 para receber o Oscar por *Duas mulheres*.

– Esta noite, continuo apavorada, mas não estou sozinha – concluí, procurando meus amigos entre o público. – Quero partilhar esta noite especial com os três homens da minha vida. Meu marido, Carlo Ponti, sem o qual não seria a pessoa que sou hoje, e meus filhos, Carlo Jr. e Edoardo, que me ensinaram a conjugar as mil formas do verbo "amar". Obrigada, América.

Quem me comunicou a vitória, algumas semanas antes, foi Karl Malden, um dos melhores atores característicos de Hollywood, pegando-me completamente de surpresa. Uma surpresa feliz, que pensei em replicar para a família, mantendo a notícia em segredo até que descobrissem sozinhos.

– Mãe! – gritou Edoardo no telefone no dia seguinte. – Mãe! O Oscar pela carreira! Ouvi no rádio. Mas por que, *por que* não disse nada?

Dei um sorrisinho de lado por esse pequeno engano. Não é todo dia que se pode pregar uma peça como essa!

Não pensava que pudesse sentir uma emoção semelhante. Mas estava enganada. Voltei ao palco dos Academy Awards em 1993, para "reverenciar um caro amigo, com uma história cinematográfica excepcional". Doze indicações, quatro Oscar de melhor filme estrangeiro, dois dos quais em seguida: *A estrada*, em 1957, produzido por Carlo, e *As noites de Cabíria,* no ano seguinte. Partilhando comigo esse privilégio, meu querido Marcello, talvez ainda mais emocionado que eu.

Federico Fellini também recebeu uma longa *standing ovation* entre lágrimas e sorrisos.

– Sentem-se, por favor, acomodem-se – disse o Maestro em seu inglês deliciosamente macarrônico. – Se alguém aqui deve se sentir desconfortável, esse alguém sou eu!

Ao receber a estatueta, que conhecia muito bem, me deu um beijo e disse ao amigo de todas as horas:

– Obrigado, Marcellino, obrigado por ter vindo...

– De nada – respondeu ele, entre constrangido e divertido.

Conversavam como se estivessem em algum expresso Rimini-Roma de trinta anos atrás. E, no entanto, estavam em Hollywood, diante do *gotha* do cinema mundial.

O público captou, em seus gestos desajeitados e carregados de emoção, a intensidade de uma relação humana e profissional, que mergulhava no tempo e foi capaz de fazer sonhar o mundo inteiro.

E o pensamento do grande Fellini, que morreria alguns meses depois, logo voou para sua mulher:

– Obrigado, Giulietta e, por favor, pare de chorar!

Três anos depois, morria também o próprio Marcello. A última vez em que o vi foi em Milão. Estava entrando no carro para ir ensaiar, no teatro, *As últimas luas*, de Furio Bordon, e eu entrava no meu, indo para o aeroporto. Marcello me olhou longamente, talvez adivinhando que era a última vez que nos víamos.

Ainda é muito difícil voltar aos dias de sua morte. Estava fechada em meu quarto, mergulhada em meu pudor. Não queria misturar minha dor com a dos outros, não queria alardear meus sentimentos para uso e consumo da mídia. Estava sozinha, tentando encontrar uma forma de entender profundamente o que havia acontecido. No dia de seu funeral mandei um tapete de orquídeas para acompanhá-lo com seu delicado frescor. E para levar o meu amor de sempre.

A década dos Oscar italianos ainda nos reservava uma grande satisfação. Em 1999 foi o ano de *A vida é bela*, com três estatuetas. E quem premiou Roberto Benigni pelo melhor filme estrangeiro foi, mais uma vez, eu, dessa vez vestida por Armani.

– *And the Oscar goes to...* – disse, enquanto no salão surgiam os primeiros gritinhos esperançosos... – *Robeeeeerto!!!!*

O auditório foi envolvido por aquela alegria bem italiana. Enquanto eu agitava o envelope no ar como uma garotinha, Roberto embarcou numa cômica corrida de obstáculos, escalando em pé as filas de poltronas que o separavam de mim. E Steven Spielberg teve de ajudá-lo, impedindo que se estatelasse em cima das estrelas engalanadas.

Finalmente, o bufão subiu no palco e correu a meu encontro. Nosso abraço foi direto e vertiginoso. Assim como o seu discurso, irrefreável, hilariante, carregado de brio e de cultura. Fiquei observando, estupefata, enquanto ele falava de mergulhos no oceano, de tempestades de granito, da autora da eternidade. Uma homenagem àqueles que perderam a vida para que hoje pudéssemos dizer que a vida é bela. Um beijo a Giorgio Cantarini, o menino do filme. E, naturalmente, depois de agradecer aos pais, em Vargaio, por terem lhe dado o maior de todos os dons, a pobreza, dedicou o prêmio à sua mulher, Nicoletta Braschi, afogada num mar de lágrimas de felicidade.

Foram anos de prêmios, de reconhecimentos, anos em que colhi o fruto do meu trabalho, feito de alegria e sacrifícios, divertimento e esforço. Em 1996, eu e Carlo fomos até nomeados Cavaleiros da Gran Croce al Merito da república italiana, pelo presidente Oscar Luigi Scalfaro. Os prêmios pela carreira foram muitos, é impossível se lembrar de todos. Vão do César de Honra ao Urso de Ouro de Berlim, do David di Donatello ao Cecil B. DeMille Award do Globo de Ouro e muitos outros mais. Mas cada um deles trouxe consigo uma carga de sentimentos, de lembranças especiais de pessoas que me estimaram e me escolheram, iluminando minha vida por um ângulo diverso. Para cada um deles, guardo um sentimento de gratidão e de maravilha.

Em 1998, Veneza também decidiu premiar minha carreira com o Leão de Ouro, mas esta bela notícia me pegou num momento de grande fragilidade. Estava cansada e vulnerável, talvez até por causa do acúmulo de emoções que colocaram à prova a minha sensibilidade, cada vez mais aguçada com o passar do tempo. Novamente, Carlo e os meninos me apoiaram, me protegeram, receberam o prêmio em meu lugar. E choraram junto comigo, que olhava para eles de longe, com amor.

Meu amor, naqueles meses difíceis, derramou-se, mais uma vez, na cozinha, desde sempre o meu universo de paz, meu baluarte diante das dificuldades do mundo. Foi assim que nasceu *Ricordi e ricette* [*Recordações e receitas*], a forma mais natural que encontrei para partilhar os sabores da minha vida, ligando-os a episódios e encontros que me trouxeram até aqui. O livro fez muito sucesso e chegou a ganhar um prêmio na Feira do Livro de Frankfurt. Para lembrar que, afinal, o verdadeiro sucesso se esconde, muitas vezes, no segredo doméstico da simplicidade.

OS CAZZABUBBOLI*

Todos esses prêmios estão bem ali na estante. De vez em quando, mexo neles para tirar a poeira, e sorrio por dentro. Gosto de recordá-los, um a um, gosto de mantê-los ordenados e limpos,

---

* Palavra do dialeto toscano, mais precisamente aretino, para designar, entre outras coisas, objeto de pouco valor e forma estranha. (*N. da T.*)

gosto de viajar na imaginação, de Hollywood a Berlim, de Cannes a Veneza e Nova York. Mas, depois, gosto de retornar e, se possível, sentir de novo o perfume da minha terra.

Francesca e Nunziata, telefilme adaptado posteriormente para o cinema, extraído do romance de Maria Orsini Natale, conta a história de duas masseiras de Nápoles entre os séculos XIX e XX. A autora enviou a Lina Wertmüller uma cópia datilografada do texto, antes de ser publicado, e ela se apaixonou. Depois, como acontece muitas vezes no cinema, foram necessários dez anos para que acontecesse alguma coisa. E agora, na passagem do milênio, lá estávamos nós de novo, Lina e eu, acompanhadas por um elenco maravilhoso, cuja sintonia transpirava em cada fotograma.

E, mais uma vez, a locação deu sua contribuição. Filmamos em parte na ilha encantada de Prócida, que nos recebeu com entusiasmo, revelando pouco a pouco os seus cantinhos mais escondidos e mais verdadeiros. Embora fosse muito próxima de Pozzuoli, eu não conhecia a ilha, mas lá deixei meu coração. Na baía da Corricella, em Punta Pizzaco, na estrada panorâmica que olha para Capri, entre palácios antigos imersos nas plantações de cítricos a pique sobre o mar, respirávamos um ritmo lento e natural, que tornava mais suave o trabalho e mais leves as exigências do set de filmagem.

Mas o cinema tem seus truques e nem todas as tomadas aconteceram no Golfo de Nápoles. Se a Villa Montorsi ficava em Franciacorta e não em Sorrento, o pastifício que ocupava um lugar central na história ficava em Frascato, onde pusemos para secar ao sol quilômetros e quilômetros de espaguetes de plástico.

Seja como for, atuar sob a sábia direção de Lina, junto com seu ator do coração, Giancarlo Giannini, de belos bigodes gattopardianos, e dois jovens bonitos e talentosos como Claudia Gerini e Raoul Bova, fez com que eu me sentisse em família.

E, de fato, tratava-se de uma grande família. Nas vestes de dona Francesca, tenho os cabelos grisalhos e tantos fios de pérolas quantos são os meus numerosos filhos. Aos quais vem se juntar, em razão de uma promessa feita à Madonna, uma órfã adotada, Nunziatina, a única a seguir minha vocação de empreendedora orgulhosa e sem preconceitos, que se fez sozinha e acumulou uma grande fortuna. Tudo vai bem até que o príncipe Giordano Montorsi, cansado do papel de príncipe consorte, desperta um belo dia do seu aristocrático torpor e resolve se tornar banqueiro, com resultados desastrosos para os destinos da família.

— Você nasceu príncipe, seja príncipe, assim como eu sou masseira... — tenta avisar Francesca, percebendo o perigo. Mas sua advertência não adiantou de nada.

O filme me deu de presente uma história linda, quinze amplos e vistosos chapéus, que chamávamos ironicamente de *cazzabubboli*, e uma personagem forte e frágil ao mesmo tempo, exatamente como eu. O grande monólogo final é o melhor presente que Lina já me deu: "Não se morre de dor, Nunziati, mas é muito duro..."

Meus papéis de mãe não acabaram por aí. Cinco anos depois, retornaria às telas no musical *Nine*, de Rob Marshall, como mãe de Guido Contini, isto é, Fellini. Era um filme ambicioso, baseado num célebre musical da Broadway inspirado em *8½*. Aceitei prontamente em homenagem a Fellini, com quem, pelos caprichos da sorte ou talvez porque não fosse o seu tipo de atriz, nunca cheguei a trabalhar. E aceitei porque gostava da ideia de atuar com Daniel Day-Lewis, certamente o maior ator da atualidade.

Os pontos de partida originais e os grandes intérpretes, de Penélope Cruz a Judi Dench, passando por Nicole Kidman e Marion Cotillard, não foram suficientes para fazer um filme à altura do modelo. Mas em meu coração resta uma dança terna e dilacerante com Danny, que à sombra de sua mãe cultiva a sua neurótica criatividade. E resta a nostalgia daquela época extraordinária do cinema italiano que tive o privilégio e a honra de viver em primeira pessoa.

XV

VOZES

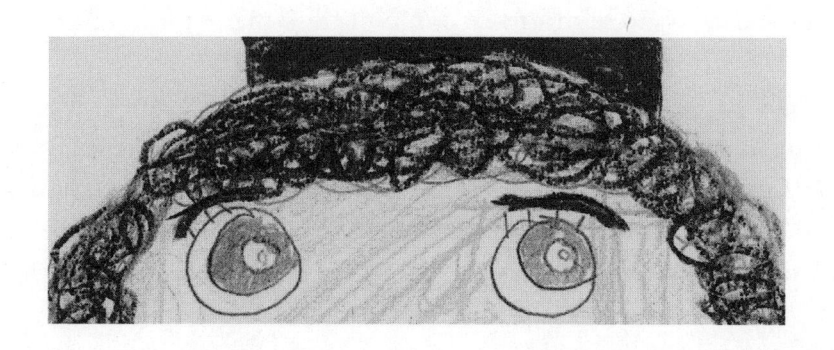

OS HOMENS DA MINHA VIDA

Mãe no set e fora dele. E, com meu filho Edoardo, as duas coisas ao mesmo tempo. Minha vida é realmente um conto de fadas que, como todos os contos, abre e fecha seus capítulos com grandes alegrias e imensas dores.

Carlo se foi em Genebra, em 10 de janeiro de 2007, com noventa e quatro anos, prostrado pelo diabetes, que nas últimas semanas o entorpeceu pouco a pouco e, enfim, por uma complicação pulmonar que foi fatal. Segurando sua mão estávamos eu e Edoardo, enquanto seus filhos Guendalina e Alex e o nosso Carlo Jr. estavam voando, seja da América, seja de Roma.

Recordo o telefonema da clínica, naquela sombria tarde de inverno, dizendo que era melhor irmos rápido, pois o fim se aproximava. Recordo uma noite infinita, sem esperança. Recordo o gelo daquele amanhecer frio, quando nos despedimos dele antes de sua última viagem para Magenta, onde tinha nascido e onde seria sepultado.

Quanto mais normal é a morte, mais terrível ela é. Tem alguma coisa de profundamente inatural em ser obrigado a deixar partir quem amamos tanto. É girar em busca de apoio, sabendo que não existe. É ficar sozinho, abandonado até pelas palavras.

De resto, o que pode ser dito quando, depois de cinquenta e seis anos juntos, tudo chega ao fim? Toda manhã, quando acordo, é difícil acreditar que Carlo não existe mais. Procuro por ele nos cantos da nossa casa, consigo reencontrá-lo na voz dos nossos filhos, idênticas à dele, na expressão dos nossos netos, que hoje em dia iluminam meus dias e completam de uma maneira que jamais poderia esperar o meu sentimento de maternidade.

Lucia e Vittorio, Leonardo e Beatrice fizeram de mim a avó mais feliz do mundo. Em meu baú, encontro uma foto que fizeram de mim e que me dá mais orgulho do que qualquer foto de autor. Diante deles, eu me anulo, não existo mais. Não tendo a responsabilidade de educá-los, posso mimá-los o quanto quiser: enchê-los de chocolate até o inverossímil, papáricá-los e amassá-los até não poder mais. Em seus sorrisos, em seus talentos, projeto minha alegria, meu sonho de um futuro mais sereno, de um amanhã melhor. São crianças de sorte, e espero que possam restituir ao mundo tudo o que receberam, assim como fizeram seus pais.

Carlo Jr., que seguiu seu amor pela música, hoje é um maestro, graças aos conselhos do pai. Quando o vejo de pé no pódio, tão realizado, tão seguro, meu coração dispara e se enche de orgulho.

Trabalhou com grandes maestros, entre os quais Mehli, Zubin Mehta e Leopold Hager, dirigiu muitas orquestras em todo o mundo, da Orquestra Nacional Russa à Simón Bolivar Symphony Orchestra, da Orchestre Philharmonique de Strasbourg à Orchestra del Teatro San Carlo e à Orchestra del Maggio Fiorentino. E encontrou seu grande amor: a violinista húngara Andrea Mészáros, que compartilha com ele a paixão musical e a educação de dois filhos maravilhosos. Mas o pódio não é bastante. Cultiva há tempos a aspiração de colocar sua experiência a serviço dos jovens: convencido de que a música é um poderoso instrumento de crescimento individual e de emancipação social, hoje trabalha com entusiasmo nesse campo.

Edoardo, ao contrário, confirmou seu talento para o cinema. Posso revê-lo, aliás, bem diante dos meus olhos, ainda pequeno, brincando com marionetes e improvisando cenas e esquetes, enquanto o irmão toca piano. Talvez seja mesmo verdade que a vocação existe e, quando existe, é visível desde o início. Ser diretor sempre foi sua ambição, que perseguiu com inteligência e coração. Sasha Alexander, sua belíssima esposa, é atriz, sempre em busca de um equilíbrio entre o trabalho na ficção televisiva e o cuidado das crianças. Em relação à minha época, as mulheres de hoje têm mais sorte, são julgadas mais por aquilo que sabem fazer do que por sua aparência. Mas, aumentando as possibilidades de escolha, aumentam também as dificuldades em balancear família e trabalho. O mundo é mais complexo, mais exigente e demanda grandes sacrifícios das mulheres, proporcionais às satisfações. Mas, no final, voltamos sempre ao mesmo ponto, e cada uma de nós tem de acertar contas consigo mesma. Quem melhor do que eu para entender Sasha?

Já disse a ela muitas vezes e repito agora: os meus melhores filmes são eles, os meus filhos. E a felicidade deles é o prêmio que me deixa mais honrada.

— Mamãe — disse um dia Edoardo, na porta de casa. Carlo não estava mais entre nós e Lucia, sua primeira filha, tinha acabado de fazer um ano. — Mamãe, eu e Sasha resolvemos casar!

Todo mundo sabe que sempre tive um fraco por casamentos, e o de Carlo e Andrea, primeiro em Genebra e depois na estupenda catedral de São Estêvão, em Budapeste, derreteu meu coração, mas não esgotou totalmente o meu desejo de véus e vestidos brancos.

— Que maravilha, Edoardo! — sussurrei feliz com aquela alegria que nem esperava mais.

Ele me olhava em silêncio, como se me passasse a palavra.

— E onde? — perguntei timidamente, imaginando uma locação hollywoodiana.

— Em Genebra, na igreja russa... Você sabe, Sasha é ortodoxa e, depois, papai gostava tanto dela...

Carlo não era um homem de igreja, mas sempre sentiu uma misteriosa atração por aquela pequena e preciosa igrejinha no coração da cidade velha. Quando saía para passear com Edoardo, coisa que acontecia muito nos últimos anos, dava sempre um jeito de passar diante dela. "Vamos por ali...", dizia quase com pudor. E Edo já sabia que aquele "por ali" significava a *Église russe*. Nós não escolhemos onde e como expressar o sopro mais sagrado de nossa alma. A verdade verdadeira é que somos escolhidos.

TRIBUTOS

A essa altura da minha vida e da minha carreira, atrás de cada esquina, se esconde uma festa, se oculta uma surpresa. Como o tributo que, na noite de 4 de maio de 2011, Hollywood organizou para mim.

– Quando ouço o nome de Sophia, pulo, pulo porque é uma explosão de vida. Como um beijo na bochecha. E uma coisa maravilhosa poder sentir meu coração pulsar, meu coração bater, tu-tutu. Ela é muito Itália, muito italiana. Quando se move, quando caminha, é a Itália que caminha. Podemos ver a Sicília, a Toscana, a Lombardia caminhando. E depois Milão, Florença, Nápoles, a torre inclinada de Pisa, o Coliseu, a pizza, os espaguetes, Totò, De Sica, tudo isso está dentro dela.

As palavras não são nada diante dos gestos, da mímica, da comicidade implícita em cada gesto de Roberto Benigni. Não satisfeito, o grande cômico, na arrebatadora videomensagem que enviou especialmente para aquela noite, cantou para mim uma canção feita em cima das notas de *O sole mio*, para concluir com um cumprimento malandrinho:

– Obrigado, Sophia, meu amor, corpo inexaurível. *Bye, bye.*

Ainda bem que ele estava lá para me fazer rir, do contrário, ninguém conseguiria deter o rio de lágrimas. Aquela noite foi para mim como um terceiro Oscar, pela alegria, pela importância, pela emoção. Meus filhos eram meus paladinos, minhas noras me passaram tranquilidade, Billy Crystal apresentou, John Travolta e Rob Marhall, Christian De Sica, Jo Champa, Sid Ganis e tantos amigos recordaram nossos anos juntos. Tudo que uma atriz, uma mulher, uma mãe pode desejar.

Naquele mesmo ano, em 12 de dezembro, no Auditorium della Musica de Roma, os rapazes e eu recordamos Carlo e o nosso amor por ele naquele que seria seu nonagésimo nono aniversário. Sentada na plateia, vendo Carlo Jr. reger a trilha sonora da nossa vida, com sua energia e seu talento, e Edoardo comentá-la com um breve e comovente discurso em forma de carta, senti que, por um momento, o vazio que sua morte tinha deixado era preenchido. Nas notas de *Doutor Jivago*, de *Duas mulheres*, de *A estrada*, na companhia da música de Armando Trovajoli e Nino Rota, a saudade se transformou em gratidão por tudo aquilo que tinha nos levado até lá. E por um segundo, estivemos mais uma vez juntos, todos os quatro.

Com suas palavras, Edoardo pintou Carlo mais intensamente do que qualquer imagem, de qualquer cena de cinema. Relembrou nossas tardes de amor ouvindo Tchaikovsky, as cenas de Fellini, entre anedotas tocantes, piadas breves e pérolas de sabedoria regadas de vinho, o toque delicado de suas grandes mãos que lhe transmitiam, desde menino, tanta segurança. E ainda nos brindou com uma imagem dele de costas, de roupão e pantufas, com as pernas ao vento, quando saía de casa na névoa do amanhecer para ver seu roseiral. Aquele jardim era seu orgulho e sua alegria: filas de rosas vermelhas, brancas, rosas, amarelas. Cuidava delas com aquela sua atenção especial, forte e delicada ao mesmo tempo.

– Por que gosta tanto das rosas, papai?
– Porque as rosas são um pouco como os sonhos, aqueles grandes exigem paciência e trabalho duro.

* * *

Carlo não está mais aqui, mas continua a inspirar nossas paixões e a nos manter unidos em sua lembrança. Eu e os rapazes vivemos distantes, mas nos queremos bem, nos seguimos e nos acompanhamos pelo mundo, nos lembramos, nos ajudamos, nos telefonamos. E nos demos presentes belíssimos.

EM BUSCA DA VERDADE

No limiar desse aniversário tão importante, Edoardo me deu de presente o meu sonho de mocinha, um sonho que, pelo menos uma vez, roçou o pensamento de todas as atrizes. Mas não se limitou a isso. Pensou e repensou esse sonho com amor. E seu amor é o presente mais belo, cultivado com calma, durante anos, à espera de que os tempos estivessem maduros.

Hoje, depois de ter trabalhado muito, Edoardo é um diretor sensível e rigoroso, que faz da empatia sua maior força. Gosta das pessoas, tenta entendê-las, interpretar suas viagens. É isso que lhe interessa: a verdade dos sentimentos comuns.

Às vezes, basta uma conversa de poucas horas para que ele nos dê o tom e indique o caminho.

Para ele, aconteceu com Milos Forman, o grande diretor de *Hair* e de *Amadeus*, com quem teve a sorte de poder conversar numa certa tarde já distante. "Não importa que o drama seja dramático ou que a comédia seja engraçada", disse o Mestre naquele dia, com a simplicidade dos grandes. "O importante é que tudo seja verdadeiro."

Edoardo nunca mais se esqueceu disso, e repete consigo mesmo a cada vez que diz: "Câmera, ação!"

Em 2001, ele me dirigiu em *Corações estranhos*, seu primeiro filme. Filmamos em Toronto, e no elenco estavam Mira Sorvino, Malcolm McDowell, Klaus Maria Brandauer. E, sobretudo, ele, Gérard Depardieu, um dos maiores atores que já encontrei. Como Alec Guinness, como Peter O'Toole, assim que Gérard abre a boca cria-se um mundo, com todos os seus relevos e seus claro-escuros.

Se na vida ele é inquieto e desregrado, no set é um grande profissional, gentil e concentrado. Ao gênio, ao talento, une a precisão de um artesão. Conhece tão bem o próprio rosto que basta agir sobre um pequeno músculo para mudar completamente de expressão. Exatamente como o meu primeiro professor, Pino Serpe! E o ritmo!... Tem um senso de ritmo tão impressionante que não precisa de ensaios: qualquer uma de suas primeiras cenas já tem condições de ser a boa.

Em uma outra ocasião, ficaria perdida olhando, admirando, atuando junto com ele. Mas, daquela vez, tinha outra coisa na cabeça. Ali, dirigindo o filme, estava o meu filho, e isso não era um mero detalhe sem importância.

De fato, não foi muito fácil encontrar o equilíbrio justo entre a mãe e a atriz. Mais do que normalmente, sentia a responsabilidade de dar o melhor de mim nessa estreia de Edoardo, que criou uma narrativa complexa, entrelaçando as histórias de três mulheres que se encontram por acaso no aeroporto. Depois, numa manhã qualquer, descobri o que precisava fazer: era bem mais simples do que pensava.

Parece engraçado, mas o mérito foi todo de um cachorro.

Naquele dia, estávamos filmando uma cena que previa a passagem de um pequeno poodle do outro lado da rua. Era um detalhe banal, mas muito importante para Edoardo. Pois bem, o poodle não quis saber de história. Partia, chamado pelos adestradores, mas bem no meio da cena, parava. Ou melhor, empacava. Não havia nada que desse jeito: biscoitinhos, gulodices, gritos, berros, coleiras transparentes. Nada, o cãozinho ficava ali, paralisado, no meio de todo mundo, talvez com medo, talvez porque era o que tinha vontade de fazer.

Sua teimosia nos obrigou a fazer a cena tantas vezes que no final já estávamos no automático. E foi justamente aquele automatismo quase hipnótico que desatou o nó da minha preocupação. Olhava Edoardo, que recomeçava tudo de novo com a maior paciência. Estava completamente absorvido pelo seu papel. Não havia nem mães, nem mulheres, nem famílias para ele. Naquele momento, havia apenas o seu filme, seus atores, sua equipe.

Naquele instante, compreendi que nosso parentesco não contava no set. Edoardo era o diretor, e eu, a intérprete. Ele dirigia, e eu devia me limitar a representar. Era suficiente que ouvisse o que ele tinha a dizer e me deixasse levar. E foi assim que me despi de minhas vestes maternais para me concentrar no texto e na minha verdade de atriz.

Foi uma experiência importante para os dois, que nos enriqueceu como profissionais e reforçou nossa relação, preparando-nos para enfrentar juntos, mais de dez anos depois, outro grande desafio: o seu presente para mim. A história de uma mulher madura que, trancada em seu quarto, é dispensada pelo último amor de sua vida, num telefonema dramático, feito de palavras, de hesitações, de silêncios, e fica destruída.

BERINJELA À *PARMIGIANA*

A primeira vez que tocou no assunto pelo telefone, me pegou de surpresa.

— *A voz humana?* Está falando daquela da Magnani, da Bergman, de Simone Signoret? Aquela de...

— Mãe, é inútil fazer toda a lista. Claro que é dela que estou falando. *A voz humana*. De Cocteau.

Dentro de mim explodiu, como sempre, a guerra.

— Que ótimo, é meu sonho desde sempre, desde que vi, ainda mocinha, com Nannarella!

E logo em seguida, pontual, o contracanto:

– Será que estou à altura?

Conhecendo-me bem, eliminei as firulas inúteis daquele emaranhado e guardei apenas seu precioso coração: aquele entusiasmo da novidade, aquele medo "da primeira vez" que me leva a interpretar cada filme como se fosse uma iniciante. Enquanto elaborava meu próprio trabalho, Edoardo cuidava da produção, da locação, do roteiro, do corte que pretendia dar ao filme.

Entre nós teve início aquela discussão que se desenvolve em torno do embrião de um projeto e vai crescendo em círculos. Uma discussão cheia de divagações, vital e criativa, que sempre acompanha o nascimento de um filme e é capaz de acender a imaginação, os sentimentos.

Tudo dentro de mim estava iluminado. Há muito tempo isso não acontecia comigo.

Tive a tentação de rever as interpretações das muitas atrizes que fizeram o monólogo, pensando que poderiam sugerir algumas dicas.

– Não, mamãe, não se deixe influenciar – disse Edoardo. – Cada atriz tem de dar a sua versão.

Obedeci, tentando dizer o mínimo para poder ouvir o que ele esperava de mim.

E um belo dia, ele se saiu com essa:

– E se fosse em napolitano?

Eu não queria acreditar. Era uma ideia tão ousada, tão delicada, tão próxima de mim, que fiquei comovida.

Do outro lado da linha, Edoardo percebeu meu silêncio e não se deixou abater:

– É claro, uma mulher abandonada precisa falar em sua língua materna, a língua que falava quando era criança...

Quem traduziu a peça de Cocteau foi Erri De Luca. Quem poderia fazer melhor que ele? Tanto eu quanto Edoardo gostávamos dele como escritor e confiávamos em sua pena límpida e enxuta, capaz de escavar nas profundezas. Falamos com ele ao redor de uma mesa e pouco tempo depois, o texto estava pronto.

– Como você fez, Erri, como conseguiu terminar tão rápido? – perguntei admirada.

– Pensava, ouvia sua voz e... ela me ditava as palavras – respondeu ele com sua sumária simplicidade.

Agora, era minha responsabilidade dar àquele texto o melhor de mim. Dessa vez, porém, percebi que só o instinto não bastaria. Ensaiamos direto durante um mês e meio, quase como se faz no teatro. Atentos, concentrados, fechados num quarto de hotel como num camarim. E depois, finalmente, achamos que estávamos prontos — se é que alguém alguma vez está realmente pronto — para começar.

Filmamos em Roma, no estúdio De Paolis, o mesmo de *Um dia muito especial*, em seguida em Ostia, na mesma praia de *Bela e canalha*, e depois, finalmente, em Nápoles, entre Palazzo Reale, as vielas do Pallonetto di Santa Lucia, o bairro histórico de Sanità, o belvedere Sant'Antonio e Posillipo.

Sim, porque Edoardo tinha resolvido abrir o "quarto do abandono" em que Cocteau confinou expressamente a sua personagem, para a cidade, o mar, as recordações afiadas — um perfume, uma passagem, um toque — que, como flechas, o coração nos manda no fim de um amor. São breves flashbacks que explodem como raios e logo se fecham no fio daquele telefonema que se enrosca ao redor do quarto e da dor de Angela. No coração dessas lembranças está o amante, um Enrico Lo Verso que, não por acaso, é enquadrado apenas de perfil, pela nuca, por trás, beijando-a apaixonadamente quando ainda são felizes. Um homem que vem do Norte e muitas vezes não entende nem a sua fala dialetal. Mais uma forma de dizer que ele não consegue compreendê-la e que talvez, ou melhor, com certeza, não a merece.

Trabalhamos muito, vencendo acanhamentos, embaraços, tendo a nosso lado Carlo, que deu seu apoio na escolha da música, Guendalina, produtora associada, e Alex, que se jogou inteiro na pós-produção em DVD. Cada vez que olho para trás e nos revejo todos juntos, fico emocionada. Na vida, as dores não podem ser evitadas, mas podem ser resolvidas. Nós nos tornamos, com o tempo, uma grande família unida. Quanto a mim, tinha entendido que ali devia ser atriz e não mãe, mas não foi nada fácil me entregar a um papel tão exposto diante de Edoardo. A pessoa abandonada fica nua, numa nudez que precisei tirar de dentro de mim para representar diante dele, superando aquele pudor que um filho geralmente exige.

Imagino que, para ele, também deve ter sido difícil. Como diretor, buscava a verdade. E conhecendo-me tão bem tratou de me espremer até encontrá-la. Foi assim que, no final de uma cena particularmente dura, continuei a chorar mesmo depois do "Corta!". Chorava sem parar, mas não estava sozinha. Chegando perto dele, vi que ele também estava chorando.

Há no filme, em relação ao original, uma outra abertura que não dá esperança, mas que, como um contraponto napolitano, mede a distância entre o desespero e aquela normalidade perdida. Enquanto a dor se transforma em luto, na peça ao lado a governanta põe a mesa para dois e, como toda terça-feira, tira do forno as suas berinjelas à *parmigiana*. O prato da casa, do amor, da partilha. O prato que representa a força, a determinação de Angela, mesmo na derrota. O prato que temperou minha vida e que, hoje, torna ainda mais humana a minha voz.

– São oito e quinze, senhora, estou indo embora...

ERA UMA VEZ

No fundo dessa longa estrada se abre o futuro, ainda cheio de sonhos. Voltar a Nápoles, minha cidade amada, entre minha gente que me aplaudia festivamente dos balcões, me fez voltar a ser jovem, me fez feliz. Mas se começasse a me considerar totalmente satisfeita, sentiria o peso da vida. Viver, ao contrário, é propor novas metas a cada dia.

Mergulho em meus pensamentos, começo um projeto cultivado há algum tempo... Mas já está tarde, preciso tentar dormir pelo menos algumas horas. Amanhã é véspera de Natal, minha família espera por mim.

Já estou fechando a tampa do meu baú quando encontro duas folhas desbotadas que falam de mim. Talvez tenham sido escritas por mim, sei lá quando, sei lá por quê. Começo a ler enquanto lá fora o mundo adormece na neve.

Era uma vez uma menina de pernas magras, olhos imensos, boca inquieta.

Era uma vez uma menina que amava cada fio de grama existente na natureza, o feio, o bonito.

Era uma vez uma menina nascida num novelo de raízes amargas em cuja flor ela descobriu o mundo, montanhas a escalar, estradas a percorrer.

Era uma vez uma jovem que amou o grande universo todo seu — todo por percorrer.

Era uma vez uma mulher que quis vencer todos os medos e viver no mundo com seus olhos imensos e sua boca inquieta.

Era uma vez uma mulher que se tornou atriz oferecendo no espetáculo para os outros os mil rostos sonhados e talvez jamais vividos.

Era uma vez uma mulher que quis ser esposa — e foi uma coisa muito difícil e dura de conseguir.

Era uma vez uma mulher que quis ser mãe, como todas as outras, e ter filhos só seus.

Era uma vez uma atriz que interpretou muitos filmes — todos eles foram picos a ser alcançados. Nem todos os picos são o

Himalaia, e nem todos os filmes... Mas todos foram dignos de ser vividos.

Era uma vez uma vida amarga e estupenda que uma menina, uma mulher e uma atriz continuam a refazer.

Haverá sempre uma vez para toda menina que olhar o mundo com olhos imensos e com essa ânsia de vida.

Epílogo

— Psiiii, não faça isso, não vê que está dormindo?
 — Mas daqui a pouco é hora de comer...
 — Al-môn-de-ga! Al-môn-de-ga! Al-môn-de-ga!
 — Vovó, vovó! Vovó Sophia!

Oh, Deus, que horas são? Devo ter adormecido. Já é de manhã, o sol está alto, dormi demais. O rio da memória me transportou suavemente até aqui, à mercê de sua corrente caprichosa.

Os murmúrios dos apaches atrás da minha porta fechada tornam-se cada vez mais insistentes.

— Entrem, *piccirilli*, entrem. Afinal, que horas são?

A primeira a entrar é Lucia, com uma série tripla de saltos e piruetas. Essa menina não anda, voa!

— São dez horas, vovó, dez! — diz sorrindo.
 — Dez?!

Acho que nunca acordei tão tarde em toda a minha vida.

Atrás dela chega Vittorio. Antes dele chega o seu olhar, tão intenso que às vezes quase fere.

— A gente não tinha que fazer almôndega hoje de manhã, vovó?

Leonardo segue a fila, com um prato de fina porcelana nas mãos, roubado da mesa para fazer as vezes de volante:

— Bruuuum, bruuum, sai da frente que vou passar.

Por último chega Beatrice, que precisa fazer um esforço para subir na minha cama, alta demais para ela, e murmura em meu ouvido a minha canção: "*Zoo Be Zoo Be Zoo*". Essa menina vai longe.

– Crianças, vovó demorou muito para conseguir dormir ontem de noite. Esperem por mim na cozinha!

Quando chego, Ninni já liberou a mesa, colocou a carne numa tábua, a farinha numa tigela grande e cortou o pão dormido. E já enrolou as mangas dos quatro pequenos chefs, que olham para mim como potros na linha de partida.

– Vamos fazer assim: eu preparo a carne e vocês fazem as almôndegas, certo?

As crianças gritam de alegria, os olhos brilhantes como estrelinhas de Natal, e logo estão com a mão na massa.

Não tem uma almôndega igual à outra, penso com meus botões, maravilhada. *Que bonitinhos, tão soltos, tão livres...*

– E, então, crianças, o que vocês vão ser quando crescerem?

Leonardo se lança, cheio de segurança:

– Piloto de Fórmula 1.

Sua irmã Lucia, doce como mel, sussurra:

– Bailarina.

Beatrice olha para mim com ar interrogativo:

– Grande? Eu?

Vittorio, o mais reflexivo da tribo, comenta cheio de sabedoria:

– Não sei, talvez pianista. Mas ainda falta muito...

– E você, vovó, e você? – gritam em coro os meus apaches. – O que você vai ser quando crescer?

Caio na gargalhada com prazer.

– Eu? Ainda não sei, preciso pensar...

Índice onomástico

Agiman, Sophie 201
Aimée, Anouk 279
Alexander, Sasha 311
Alfieri, Vittorio 169
Altman, Robert 166, 278, 279, 280, 281
Altoviti, Antonio 96
Andreotti, Giulio 42
Annunziata, Peppino 74
Armani, Giorgio 282, 284, 303
Armani, Roberta 284
Armstrong, Louis 102, 114
Arpino, Giovanni 171
Astaire, Fred 131
Austen, Jane 114

Bacall, Lauren 279
Bach, Johann Sebastian 120
Baker, Chet 102
Balenciaga, Cristóbal 283
Balmain, Pierre 219, 283
Bapst, Ruth (Ninni) 11, 91, 228, 231, 235, 274, 285, 324
Barlacchi, Cesare 62
Bartali, Gino 108
Barthet, Jean 283
Basinger, Kim 279
Bassani, Giorgio 85, 96

Battaglia, Rick 97
Beatles, The 171, 219
Beethoven, Ludwig van 120
Belafonte, Harry 279
Belmondo, Jean Paul 156
Benigni, Roberto 303, 312
Benvenuti, Leonardo 189
Bergman, Ingrid 137, 138, 199, 316
Bertoletti, Giulio 46
Biagi, Enzo 165, 176
Bianchi, Giorgio 40
Bianchi, Regina 189
Birri, Fernando 89
Blanchett, Cate 125
Blasetti, Alessandro 58, 85, 86, 87, 88, 105, 110, 114
Blasetti, Mara 87
Bloch, Phillip 283
Bolognini, Mauro 86
Bonnard, Mario 40
Bordon, Furio 302
Bosè, Lucia 54, 56, 116
Bourdin, Lise 101
Bova, Raoul 305
Brandauer, Klaus Maria 314
Brando, Marlon 115, 209, 211, 212, 213, 215, 234

Braschi, Nicoletta 303
Brazzi, Rossano 128
Brecht Bertolt 170
Brel, Jacques 235
Bridges, Alan 239
Brown, Eleonora 156
Bruscia, Ines 104
Bugliari, Anna Maria 55
Burton, Richard 236, 237, 238, 239, 240, 241, 242

Callas, Maria 108, 297
Calvino, Italo 171
Camerini, Mario 58
Campanile, Achille 85
Canale, Gianna Maria 54
Cantarini, Giorgio 303
Capitani, Giorgio 166
Capra, Frank 122
Carabella, Flora 169
Cassel, Jean Pierre 279
Castellani, Renato 189
Cat, The, ver Jones, Ray 219, 220, 221
Cavalieri, Lina 108
Cecchi D'Amico, Suso 85, 86, 171
Cerruti, Nino 282
Cervantes Saavedra, Miguel de 233
Champa, Jo 313
Chaplin, Charles 172, 207-215, 234, 268
Chaplin, Oona (nata O'Neill) 209, 210, 213
Cher (Cherilyn Sarkisian) 279
Chiari, Walter 61
Churchill, Winston Leonard Spencer 240

Cifariello, Antonio 126
Cipi, ver Ponti, Carlo Jr.
Clark, Mark Wayne 28
Cocteau, Jean 84, 316, 317, 318
Comencini, Luigi 62, 107
Continenza, Sandro 85, 86
Cooper, Gary 131
Coppi, Fausto 108, 199
Cotillard, Marion 306
Cruz, Penélope 306
Crystal, Billy 313
Cukor, George 122, 142, 154, 268
Curtiz, Michael 142

Dalla, Lucio 275, 276
Davis, Miles 102
Day-Lewis, Daniel 306
De Bernardi, Pietro 189
De Carlo, Yvonne 105
De Crescenzo, Luciano 297
De Curtis, Liliana 83
De Filippo, Eduardo 80, 81, 176, 187, 189, 190, 297, 299
De Filippo, Luca 297
De Filippo, Luigi 189
De Filippo, Luisa 191
De Filippo, Peppino 81, 107, 171, 189, 190, 297, 299
De Filippo, Titina 187, 189, 190
De Laurentiis, Dino 58, 75, 95, 96, 102, 131, 168
De Luca, Erri 317, 318
De Santis, Giuseppe 96, 99
De Sica, Christian 191, 313
De Sica, Manuel 191
De Sica, Vittorio 38, 42, 58, 73, 74, 77, 80, 85, 86, 87, 88, 101, 103, 105, 107, 108, 109, 142,

151, 154, 155, 156, 157, 158, 166, 169, 171, 172, 175, 176, 187, 189, 190, 191, 194, 221, 236, 238, 241, 242, 243, 277, 281, 312
De Watteville, Hubert 183, 184, 225, 228, 236
Del Poggio, Carla 49
Dell'Anno, Paolino 249, 250
DeMille, Cecil B. 140, 304
Dench, Judi 306
Deneuve, Catherine 170
Depardieu, Gérard 315
Di Nello, Orlando 198
Dietrich, Marlene 176
Dior, Christian 208, 283
Domingo, Plácido 235
Dominguín, Luis Miguel 116
Donizetti, Gaetano 62
Douglas, Kirk 141
Drake, Betsy 122
Dunaway, Faye 170
Duranti, Doris 68

Eisenstaedt, Alfred 334
Ekberg, Anita 171
Eliot, Thomas Stearns 114
Elisabeth II, rainha do Reino Unido 138
Ellington, Edward Kennedy (Duke) 102
Everett, Rupert 279
Fallaci, Oriana 167
Fellini, Federico 49, 169, 171, 196, 302, 306, 313
Ferrari, Virgilio 105
Ferré, Gianfranco 279
Ferrer, Mel 139

Fiastri, Giuliana 57
Fitzgerald, Ella 30, 120
Flaiano, Ennio 86, 96, 171
Foreman, Carl 137, 138
Forman, Milos 314
Fracassi, Clemente 68
Franchina, Basilio 96, 98
Freud, Sigmund 234
Frings, Kurt 240
Frost, David 233
Furia, Giacomo 79

Gabin, Jean 242
Gable, Clark 142
Ganis, Sid 313
Garbo, Greta 16, 17, 231, 267
García Márquez, Gabriel 89
Gardner, Ava 115, 119
Garinei, Pietro 102
Gary, Romain 215
Gassman, Vittorio 61, 96
Gaultier, Jean Paul 279
Gere, Richard 282
Gerini, Claudia 305
Gershwin, George 114
Giannini, Ettore 105
Giannini, Giancarlo 305
Giovannini, Sandro 102
Girosi, Marcello 131
Goddard, Paulette 208
Grace Kelly, princesa de Mônaco 115
Grant, Barbara (nata Harris) 123
Grant, Cary (Archibald Alexander Leach) 113, 115, 117-124, 133-138, 150, 220
Grant, Jennifer 123
Gualino, Riccardo 57
Guerra, Tonino 189

Guinness, Alec 174, 215, 217, 315
Guttuso, Renato 99

Hager, Leopold 310
Hathaway, Henry 129
Hayworth, Rita 30, 116
Hepburn, Audrey 139, 147
Hepburn, Katharine 128, 267
Heston, Charlton 171, 215
Hitler, Adolf (Führer) 244
Hohenstaufen, dinastia 17
Holden, William 136
Hopper, Hedda 132
Hotchner, Aaron Edward 292
Howard, Trevor 136

Jackson, Michael 271, 272
Job, Enrico 299
Jones, Jennifer 30

Kelly, Gene 131
Kerr, Deborah 44
Kidman, Nicole 306
King, Martin Luther 171
Koscina, Sylva 56
Kramer, Stanley 115

La Capria, Raffaele 299
Ladd, Alan 125
Lancaster, Burt 97
Lattuada, Alberto 49, 58, 61
Laurie, Piper 147
Lawrence, Marc 62
Lean, David 239
Lemper, Ute 279
LeRoy, Mervyn 42, 43, 66
Levi-Montalcini, Rita 267
Liszt, Franz 16

Litvak, Anatole 172
Livia, cozinheira da casa Ponti 91, 219
Lo Verso, Enrico 318
Lollobrigida, Gina 47, 54, 56, 59, 86, 105-108
Lombardo, Goffredo 66, 67, 182
Loy, Nanni 26
Lucherini, Enrico 192, 197
Lumet, Sidney 141

Maggio, Giustina (Pupella) 189, 297
Magnani, Anna 106, 141, 154, 159, 316
Malden, Karl 301
Mangano, Silvana 61, 80, 81, 96, 102, 106, 168
Mann, Abby 173
Mansfield, Jayne 131, 132
March, Fredric 173
Marchesi, Marcello 61
Marotta, Giuseppe 76, 85, 172
Marshall, Rob 306
Martin, George 219
Masina, Giulietta 302
Mastroianni, Barbara 170
Mastroianni, Chiara 170
Mastroianni, Ida 165
Mastroianni, Marcello 81, 85, 86, 87, 88, 105, 106, 110, 114, 151, 165-171, 174, 175, 176, 180, 187, 189, 192-196, 204, 231, 233, 241, 242, 243, 245, 277, 278, 279, 280, 281, 297, 302
Mastroianni, Ruggero 168
Mattia, família 26, 27
McDowell, Malcolm 314
Mercader, María 191, 281

Índice onomástico

Mészáros, Andrea 310
Metz, Vittorio 61
Milian, Tomas 171
Miller, Arthur 115
Minervini, John 130
Molino, Walter 46, 47
Mollica, Vincenzo 47
Monicelli, Mario 171
Monroe, Marilyn 115, 173, 174
Montand, Yves 85, 141
Morante, Elsa 152
Moravia, Alberto (A. Pincherle) 85, 86, 96, 131, 151, 152, 158, 159, 160, 161, 172, 178
Moro, Aldo 166
Muccardi, Concetta 176
Mussolini, Alessandra 178, 196, 299
Mussolini, Benito (Duce) 195, 244
Mussolini, Elisabetta 196
Mussolini, Romano 178, 195, 196

Negulesco, Jean 126
Newman, Paul 215, 216, 232, 292
Ninni, ver Bapst, Ruth
Niven, David 215
Noiret, Philippe 215
Nuvolari, Tazio 181

O'Neill, Eugene 133, 209
O'Toole, Peter 233, 234, 236, 238, 315
Occhini, Giulia (Dama) 199
Olivier, Laurence 299
Orsini Natale, Maria 305
Oury, Gérard 141

Pacino, Al 298
Page, Geraldine 147
Palumbo, Vera 48

Pampanini, Silvana 62
Parise, Goffredo 171
Parsons, Louella 132, 135
Pasolini, Pier Paolo 96, 99
Patellani, Federico 55
Pavarotti, Luciano 275, 276
Pavone, Rita 296
Peck, Gregory 30, 174, 208, 215, 300
Pedersoli, Carlo (Bud Spencer) 44
Pender, Bob 121
Perkins, Anthony 133
Pertini, Sandro 253, 254, 261
Pica, Tina 39, 107, 109
Piccioni, Piero 102
Pierangeli, Anna Maria 102, 154
Pinelli, Tullio 171
Pirandello, Luigi 242
Ponti, Alexandre (Alex) 57, 231, 309, 319
Ponti, Beatrice 10, 11, 310, 323, 324
Ponti, Carlo 10, 53, 56, 57, 58, 59, 60, 61, 65, 66, 69, 74, 75, 81, 95, 96, 98, 99, 101, 102, 104, 105, 113, 115, 122, 123, 126, 131, 133, 134, 135, 136, 137, 141, 142, 147, 149, 150, 151, 153, 154, 155, 157, 160, 173, 178, 179, 180, 181, 182, 184, 187, 189, 191, 192, 195, 196, 197, 198, 199, 200, 201, 202, 207, 209, 210, 214, 219, 220, 225, 226, 229, 230, 231, 236, 239, 240, 241, 242, 243, 245, 249, 250, 269, 271, 275, 301, 302, 303, 304, 309, 311, 312, 313, 314, 319

Ponti, Carlo Jr (Cipi) 11, 101, 102, 123, 184, 187, 197, 225, 226, 229, 230, 231-233, 235-238, 240, 241, 252, 269, 270-273, 289, 291, 300, 301, 309, 310, 311, 313
Ponti, Edoardo 11, 84, 102, 123, 184, 233, 235-238, 240, 252, 270-273, 275, 300, 301, 309-319
Ponti, Guendalina 57, 309, 319
Ponti, Leonardo 11, 310, 323, 324
Ponti, Lucia 11, 310, 311, 323, 324
Ponti, Vittorio 11, 310, 323, 324
Porter, Cole 114
Power, Tyrone 30, 116
Pratolini, Vasco 85
Presley, Elvis 235
Puzo, Mario 273

Quarteto Cetra 85
Quinn, Anthony 140, 141, 142

Rachelina, tia de Sophia Loren 12
Ranier III, príncipe de Mônaco 115
Reda, Stefano 48
Reed, Carol 137
Reinhardt, Django 102
Risi, Dino 107, 109, 241, 277
Rissone, Giuditta 191
Robbins, Tim 279
Roberts, Julia 279
Roccardi, Giovanni 66
Rocchetti, maquiador de Sophia Loren 133
Romanoff, Mike 131
Rondi, Brunello 171
Rondinella, Giacomo 79
Rondinella, Luciano 79
Rosi, Francesco 180
Rossellini, Renzo 68
Rossellini, Roberto 42, 58, 68, 99, 199
Rossi Drago, Eleonora 62
Rota, Nino 313
Rotunno, Peppino 109
Ruet, Jacques 175

Sapienza, Maria Paola 102
Sartre, Jean Paul 173
Scalfaro, Oscar Luigi 303
Scarlatti, Domenico 120
Scarpetta, Eduardo 83, 191
Scarpetta, Rosa (nata De Filippo) 191
Schell, Maximilian 173
Schneider, Romy 171
Schuberth, Emilio 138, 283, 300
Scicolone, Giuliano 40
Scicolone, Giuseppe 40
Scicolone, Maria 20, 21, 27, 28, 29, 31, 40, 41, 45, 49, 62, 63, 64, 69, 103, 105, 119, 130, 134, 139, 151, 172, 178, 188, 190, 195, 196, 226, 246, 253, 275, 292, 293, 294, 295, 299
Scicolone, Riccardo 15, 17, 18, 20, 21, 40, 64, 69, 134, 246
Scicolone, Sofia 15, 18, 23, 40, 41
Scola, Ettore 166, 243, 245
Scotti, Tino 61
Secchiaroli, David 197, 333, 334
Secchiaroli, Tazio 196, 333, 334
Sellers, Peter 215, 218, 219, 221

Índice onomástico

Serpe, Pino 39, 40, 47, 315
Shakespeare, William 114
Sharif, Claire (nata Saada) 217-218
Sharif, Omar 174, 176, 180, 215, 217
Shaw, George Bernard 114, 218
Signoret, Simone 141, 316
Sinatra, Frank 30, 114, 115, 117, 119, 133, 134, 235, 294
Soldati, Mario 57, 96, 97, 100, 105
Sordi, Alberto 48, 85, 107
Sorvino, Mira 314
Spain, Sarah 113
Spielberg, Steven 303
Spinola, Matteo 197
Stanwyck, Barbara 131
Stoppa, Paolo 80, 154, 171
Strasberg, Anna 273
Strasberg, Lee 273

Tamiz, Majid 293, 295, 299
Tati, Jacques 172
Taylor, Elizabeth (Liz) 44, 135, 237, 238, 239, 240
Taylor, Robert 43, 44
Tebaldi, Renata 62, 68, 108
Teresa de Calcutá (Agnese Gonxha di Bojaxhiu) 267
Tolo, Marilù 197
Torén, Märta 67
Torres, Martha 276
Toscani, Fedele 55
Totò (Antonio De Curtis) 80, 81, 82, 83, 84, 85, 190, 312
Travolta, John 313
Trovajoli, Armando 102, 103, 172, 313

Truman, Harry Spencer 254
Trussardi, Nicola 279
Turturro, John 273, 274

Ustinov, Peter 215, 216

Valentino (V. Garavani) 283, 300
Valeri, Franca 107
Valli, Alida 57
Valli, Romolo 171
Vallone, Raf 96, 107
Vancini, Florestano 96
Verde, Dino 103
Verdi, Giuseppe 68, 120
Vergani, Orio 55
Vidor, King 140
Villa, Claudio 39
Villa, Pancho (Doroteo Arango) 140
Villani, Dino 54
Villani, Domenico (Mimì) 16, 19, 20, 21, 159
Villani, Dora 19, 30, 116, 159, 192, 193, 253
Villani, família 18, 19
Villani, Guido 19, 26
Villani, Luisa 15, 16, 17, 18, 19, 20, 21, 23, 26, 28, 30, 31, 45, 63, 103, 149, 159, 294, 297
Villani, Mario 19, 26, 28
Villani, Romilda (mãezinha) 16, 17, 18, 21, 27, 30, 36, 37, 40, 41, 44, 45, 54, 58, 63, 81, 130, 134, 149, 192, 193, 201, 215, 217, 289, 290, 291
Visconti, Luchino 42, 58, 99, 169, 171
Vita, Anna 48

Vitali Marini, Palmira 62
Vittorio Emanuele II, rei da Itália
    191

Wasserman, Dale 233
Wayne, John 126, 127, 128
Wertmüller, Lina 86, 166, 295-
    306

Wood, Natalie 147

Zampa, Luigi 58
Zaranella babá de Sophia Loren
    19
Zavattini, Cesare 81, 154, 171,
    172, 173

Créditos de fotos

Página 3 (embaixo) © Agência GBB Contrasto; Página 4 (no alto) © Agência GBB Contrasto; Página 5 (centro) © Agência GBB Contrasto; Página 5 (embaixo) © Mondadori/Getty; Página 6 (no alto) © Fedeli/Reporters Associati & Archivi; Página 6 (embaixo) © Reporters Associati & Archivi; Página 7 © Vitali/Reporters Associati & Archivi; Página 10 (no alto) © Reporters Associati & Archivi; Página 13 (no alto) © Fedeli/Reporters Associati & Archivi; Página 14 © Vitali/Reporters Associati & Archivi; Página 16 (no alto) © Publifot/Olycom; Página 17 © Auguste; Página 18 (no alto) © Pierluigi/Reporters Associati & Archivi; Página 22 © Vitali/Reporters Associati & Archivi; Página 23 © Pierluigi/Reporters Associati & Archivi; Páginas 27 (no centro e embaixo), 28-29-30 (no alto) © Pierluigi/Reporters Associati & Archivi; Páginas 31-32-33 (no alto) © Reporters Associati & Archivi; Página 34 © Klaus Collignon; Página 35 © Pierluigi/Reporters Associati & Archivi; Página 36 © Tazio Secchiaroli/David Secchiaroli; Página 37 (no alto e ao centro) © Reporters Associati & Archivi; Página 41 (no alto) © Pierluigi/Reporters Associati & Archivi; Página 41 (embaixo) © Keystone/Getty Images; Página 42 (no alto) © Tazio Secchiaroli/David Secchiaroli; Página 42 (embaixo) © Pierluigi/Reporters Associati & Archivi; Página 43 (no alto) © Tazio Secchiaroli/David Secchiaroli; Página 43 (embaixo) © Norman Hargood;

Página 44 © Photo by Jean-Claude Deutsch/Paris Match via Getty Images; Página 45 © Keystone/Getty Images; Página 46 (no alto) © Photo by Alfred Eisenstaedt/The LIFE Picture Collection/Getty Images; Página 48 © Tazio Secchiaroli/David Secchiaroli; Página 49 © Claudio Patriarca; Página 50 (no alto) © Tazio Secchiaroli/David Secchiaroli; Página 51 © Photo by Jack Garofalo/Paris Match via Getty Images; Página 55 © Tazio Secchiaroli/David Secchiaroli; Página 56 © Reporters Associati & Archivi; Página 58 (no alto) © Photo by Kevin Winter/DMI/The LIFE Picture Collection/Getty Images; Página 60 © Photo by Etienne George/RDA/Getty Images; Página 61 (no alto) © Photo by Jean-Paul Aussenard/WireImage/Getty Images; Página 61 (embaixo) © Photo by Ernesto Ruscio/FilmMagic/Getty Images; Página 62 © AP Photo/Eric Draper.

As seguintes imagens e documentos sao provenientes do arquivo da família Loren Ponti: páginas 2, 3 (no alto), 4 (embaixo), 5 (no alto), 8, 9, 10 (embaixo), 11, 12, 13 (embaixo), 15, 16 (embaixo), 18 (embaixo), 19, 20, 21, 24, 25, 26, 27 (no alto), 30 (embaixo), 33 (embaixo), 37 (embaixo), 38, 39, 40, 46 (embaixo), 47, 50 (embaixo), 52, 53, 54, 57, 58 (embaixo), 59, 63, 64.

A editora fez o possível para contatar os proprietários dos direitos de imagem e se mantém à disposição para regularizar eventuais direitos de uso.

Este livro foi composto na tipologia Adobe Garamond Pro,
em corpo 13/15,7, impresso em papel Lux Cream 70g/m^2
na Lis Gráfica e Editora.